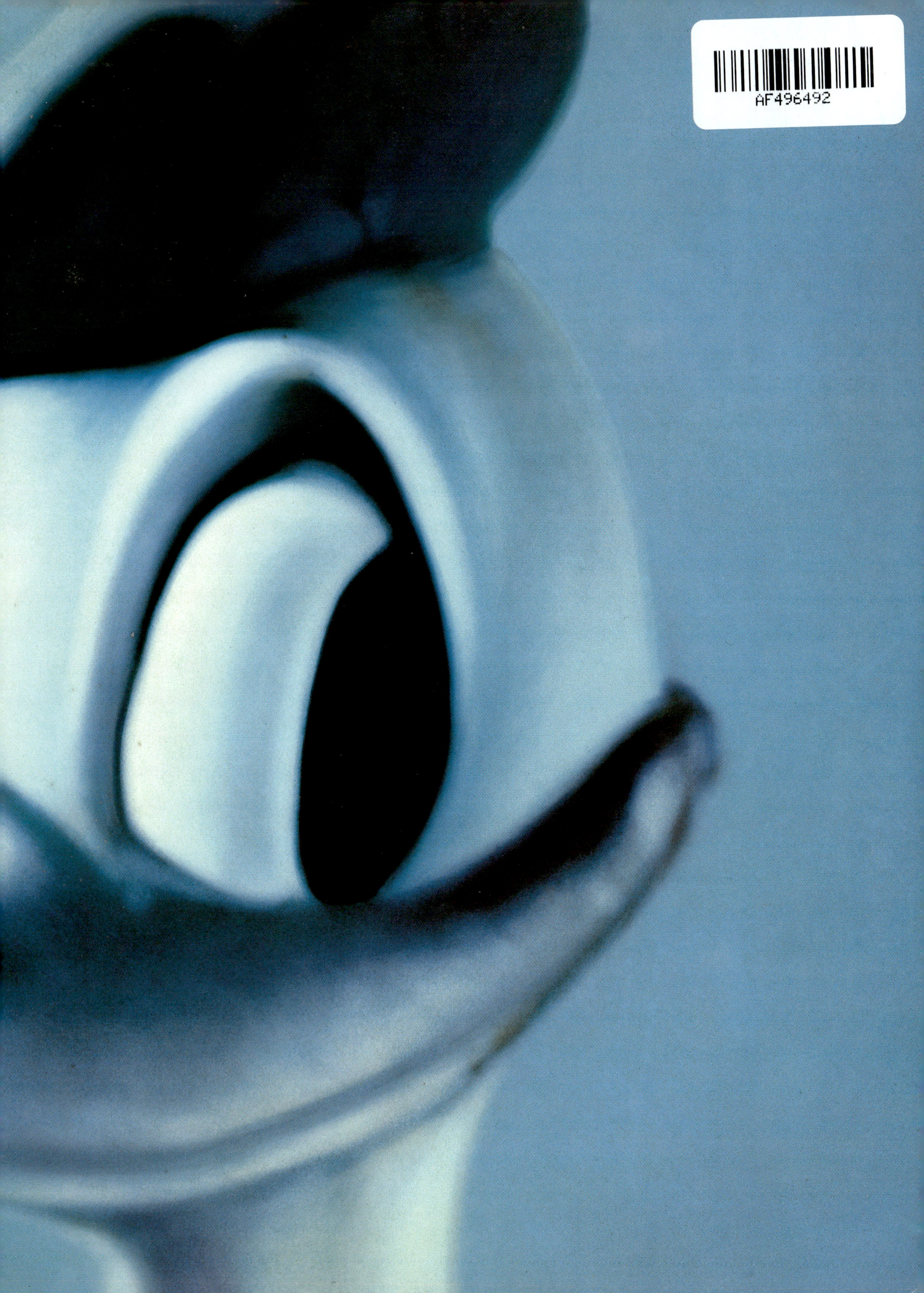
AF496492

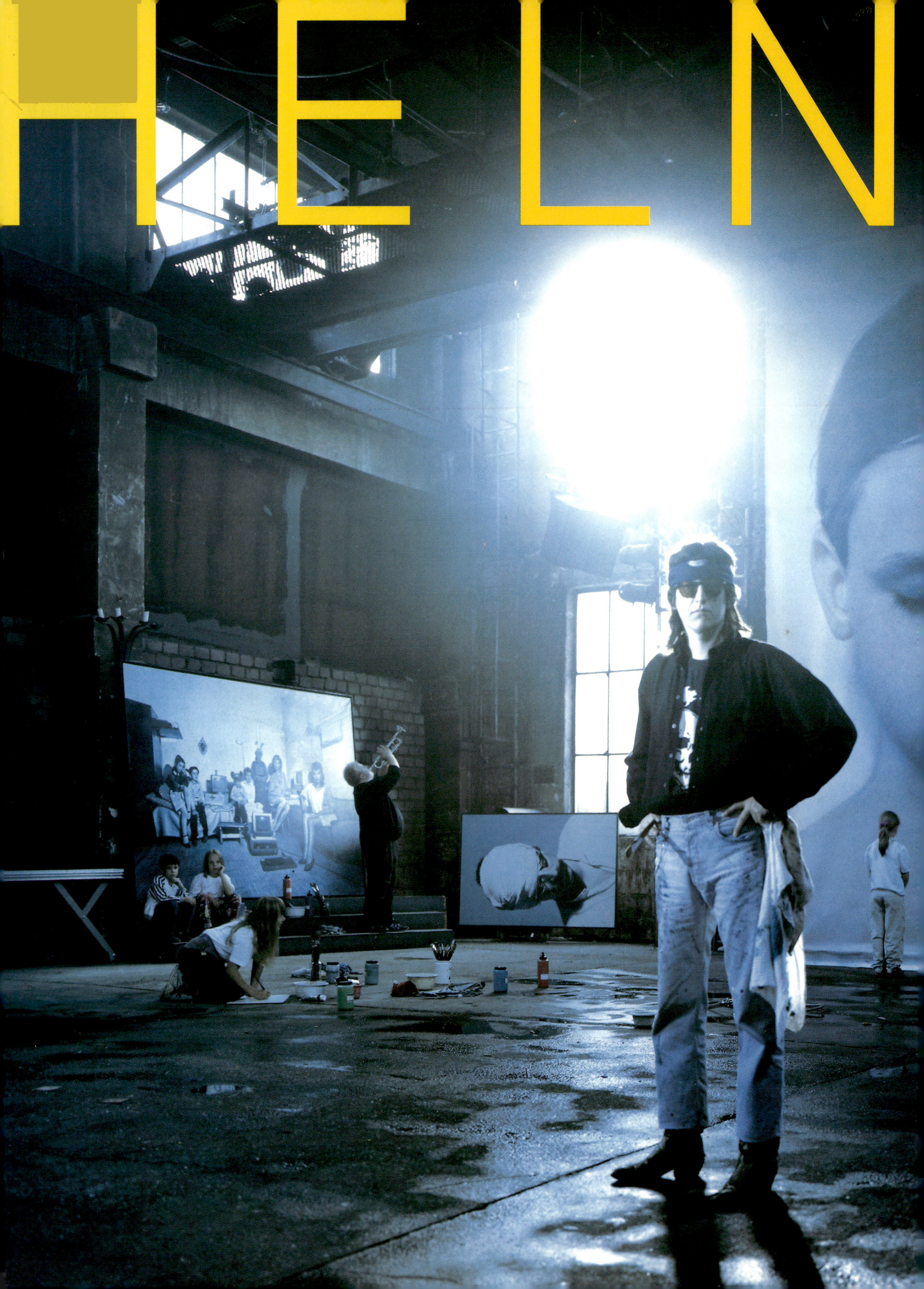
HELN

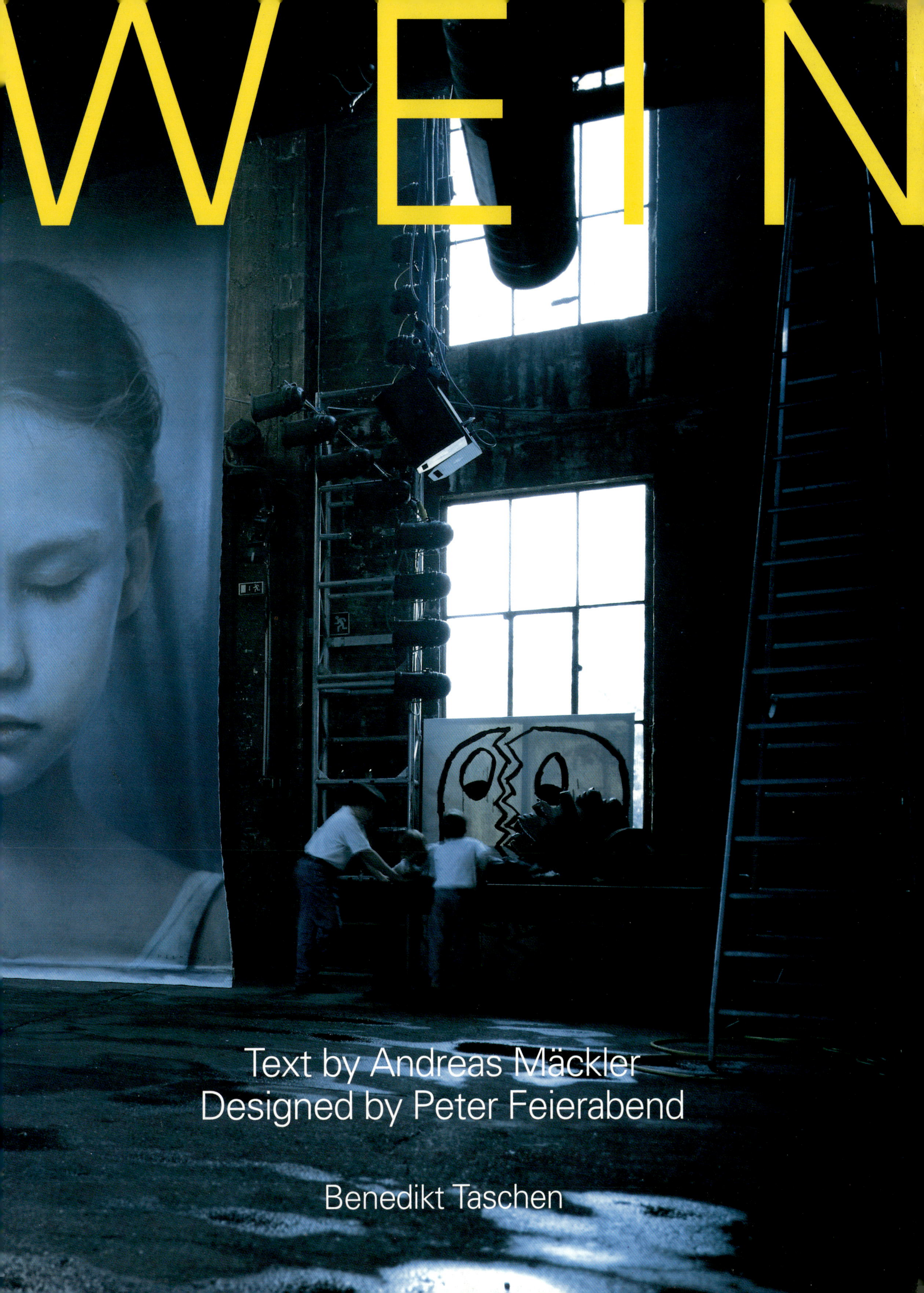

WEIN
Text by Andreas Mäckler
Designed by Peter Feierabend
Benedikt Taschen

Gottfried Helnwein – Horror und Transzendenz

»Rockmusik, Film und Comic strips sind die Kunst des 20. Jahrhunderts – elementare Kunstformen, mitreißend, von einer elementaren Kraft und Intensität. Und diese Qualitäten habe ich bei den meisten abgesegneten Werken der Hochkunst ziemlich vermißt. Die sind im Vergleich dazu meistens blutleer, langweilig und haben wenig mit dem Leben und den Menschen zu tun.« Als Gottfried Helnwein 1990 dieses Resümee zur Kunst der Gegenwart zog, hatte er mit seinem eigenen Werk längst bewiesen, daß er seiner Zeit – wieder einmal – weit vorauseilt. Denn er mußte kein Rockmusiker werden und hat auch nie einen Comic strip gezeichnet. Die Filme über ihn – vielfach preisgekrönt – behandelten sein Leben und Werk. Auch wenn sie so spannend wie beste Kriminalfilme waren, dienten sie immer nur als Medium seiner wahren Passion und waren nicht die Sache selbst. Sie jedoch haben ihn weltberühmt gemacht: Bilder, die elektrifizieren und wie ein Bannstrahl in das Auge des Betrachters eindringen. Keine Rockmusik, kein Comic strip und keine Filme reichen an sie heran.

Halten wir fest: Gottfried Helnwein – 1948 in Wien geboren – entnimmt nach einem spektakulären Debüt in den siebziger Jahren seine Motive vielfach der Populärkultur. Er greift die brennenden Probleme der Gegenwart auf, und er nährt Träume. Seien es Idole wie James Dean, Mick Jagger, Marlene Dietrich oder Clint Eastwood, seien es Themen wie die Vergewaltigung von Frauen, die klinischen Deformationen in einer monströsen Gesellschaft oder der Selbstmord des Individuums: Immer gelingt es ihm, den Nerv der Zeit zu treffen und ihn freizulegen, d. h. ihn künstlerisch zu artikulieren.

Mit solchen Bildern schließlich selbst zum umworbenen Künstler-Star geworden, bleibt Gottfried Helnwein dennoch weiterhin jenem selbstgesteckten obersten Ziel verpflichtet, das ihn immer wieder andere, verblüffende Wege in der Kunst suchen läßt. Seine Schöpfungskraft beweist er dabei nicht zuletzt durch sein jedesmal aufs neue bewiesenes Geschick,

das breite Publikum anzusprechen, zu faszinieren, zu schockieren und auch zu vergnügen. Hier ist Wirkung der Maßstab. Nicht nur eine verschwindend geringe Elite von Kunstexperten soll erreicht werden, sondern jeder Mensch ist Gottfried Helnweins Adressat. Den über Jahrhunderte erprobten Gesetzen der Rhetorik nachgebildet, stehen seine Gemälde deshalb den Regeln der Wirkungsästhetik des frühen 19. Jahrhunderts sehr viel näher als ihrem modernen Pendant des L'art pour l'art, denn er verwendet in vielen seiner Bilder, die als Poster, Plakate und Plattencover zirkulieren, gezielte Formeln, die jeder kunstsoziologisch erfaßbaren Gruppe »ihren Teil« anzubieten wissen: Den traditionell interessierten Betrachtern imponiert beispielsweise die unübertroffen technisch-handwerkliche Perfektion seiner Gemälde, die den Vergleich zu den Meisterwerken der Kunstgeschichte nicht zu scheuen brauchen. Gesellschaftspolitisch Interessierte erhalten in Gottfried Helnweins Protest gegen Heuchelei in allen Facetten, gegen Umweltverschmutzung und gegen Rüstung jene Bildwerke, die das machtpolitisch Geschaffene als hochgradig oppositionswürdig anprangern. Und die Jugend erhält ihre Ikonen. Seine Titelbilder für *Time, Esquire, Rolling Stone, Lui, Playboy, L'Espresso, Spiegel, Stern* u. a. begründete Helnwein mit dem Hinweis: »Ich würde mich frustriert fühlen, wenn ich mit meinen Bildern nur ein paar hundert Leute erreiche und nicht Millionen wie jeder Skifahrer oder Fußballer.«

Als mediengerecht kann man zudem die äußere Erscheinung von Gottfried Helnwein bezeichnen. Bis in die Signalhaftigkeit seines Outfits hinein hat sich die Person und ihr Leben selbst dem Werk eines modernen, großen Künstler-Stars anverwandelt, ist essentieller Teil dieses Œuvres – ein Markenzeichen – geworden. Selbstverständlich ist diese künstlerische Maxime genau entgegengesetzt zu der allgemeinen Auffassung vom Kunstschaffen, das als ein Phänomen des Exklusiven gilt. Aber gerade darum geht es ja nicht. Vielmehr wirkt der Odem der Unmittelbar-

keit in Helnweins Bildern deshalb so stark und nachhaltig, weil er den Bezug zur Lebenswirklichkeit der Gegenwart niemals verlassen hat. Es ist, als sollte sich in seinem Werk die Apokalypse der Zivilisation unter neuem Vorzeichen erfüllen. Kritiker haben ihn deshalb oft als den »Boris Karloff des Pinsels« tituliert oder als den »Schockmaler mit der sensiblen Seele«. Aber welche Klischees auch immer die Presse für Gottfried Helnwein fand, sie hinkte seinem Genius hinterher wie Blinde, die Blinde führen. Denn kaum daß wir den Künstler auf eine Formel gebracht zu haben glaubten, ist er uns schon wieder entglitten. Als in seinem Frühwerk zum Beispiel die vernarbten, mißhandelten Kinder – ein Spiegelbild der eigenen Kindheit im Österreich der Nachkriegszeit – zu einem makabren Klischee zu entgleiten drohten, wechselte er sofort das Genre. Aber wer nun geglaubt hatte, Helnwein wäre Anfang der achtziger Jahre mit einer Vielzahl von Star-Portraits harmloser geworden, den belehren die Bilder eines Besseren. Seien es John F. Kennedy, Andy Warhol, William Burroughs oder Keith Richards – immer ging sein Blick messerscharf unter die Oberfläche der kosmetisch und ideologisch restaurierten Gesichter. Großformatige Diptychen, Triptychen, Polyptychen und die einhundert Meter lange Bilderstraße der »9. November Nacht« als Mahnmal zur fünfzigsten Wiederkehr der Reichskristallnacht im Deutschland der Nazizeit (1938) schlossen sich dann Mitte der achtziger Jahre nahtlos an das große Grundthema seiner Kunst, das er – trotz stilistischem Wandel – nie verlassen hat: Es ist der Mensch in allen Facetten seiner Existenz. Horror und Transzendenz liegen hier ebenso nahe beieinander, wie das Triviale mit dem Erhabenen wechselt. Norman Mailer stellte daher nicht ohne Bewunderung fest: »Helnwein is one of the few exciting painters we have today.« Wer sollte ihm da widersprechen?

Gottfried Helnwein – Horror and the Transcendent

»Rock music, films and comic strips are the art of the 20th century: basic artforms that make a powerful impact, with elemental potency and intensity. These are the very qualities I have tended to miss in most approved works of high art. In comparison, the latter are generally bloodless and boring, and have little connection with real life and people.« When Gottfried Helnwein made this assessment of contemporary art in 1990, he had long since shown in his own art that he was way ahead of his times. Yet again.

Helnwein did not feel himself obliged to become a rock musician. Nor has he ever drawn a comic strip. Films about him, which have won many awards, have dealt with his life and work. Even if they were as exciting as the best thriller movies, they still served purely as the medium of his true passion, and were not the thing itself. Yet they were what made him world famous: images that froze the blood in people's veins, electrifying images that send a current deep into the eye, evocative and immense, of a vast compass that is unparalleled. There is neither rock music nor comic strip nor film that comes anywhere near them.

The facts of the matter are that, following a spectacular debut in the 1970s, Gottfried Helnwein – born in Vienna in 1948 – went on in the decade that followed to draw his subject matter extensively from popular culture. He tackled the urgent issues of the day. He confronted the problems that preoccupied people and gave nurture to their dreams. Taking idols such as James Dean, Mick Jagger, Marlene Dietrich and Clint Eastwood, or subjects such as rape, clinical deformity in a monstrous society, or suicide, Helnwein touched the nerve of the age and laid it bare for all to see. That is to say, he gave it artistic expression.

These pictures made Gottfried Helnwein himself a star artist. Yet still he continued to follow the goal he had set himself, a supreme aim that has forever had him taking new and astonishing approaches to art. His creative power is proven not least by his ever new ability to appeal to a wide public, to fascinate and shock and also to delight. Effect, not lack of effect, is the criterion. Helnwein aims to reach more than only a tiny and shrinking elite of art experts. He is out to reach everyone. And for this reason his paintings, which adhere to the centuries-old tried and tested laws of rhetoric, have a far greater aesthetic affinity with art of the early 19th century than with more recent art-for-art's-sake work – for in many of his pictures (which have wide currency as posters or album covers) he skilfully uses available formulae to offer something to every group that can be defined in terms of the sociology of art. Thus, for instance, those with traditional tastes can be impressed by the matchless technical expertise of his paintings, which need fear no comparison with the great masterpieces of the past. Those whose concern is with society and politics are satisfied by Helnwein's work of protest and commitment, his opposition to hypocrisy and environmental pollution and armaments, his antagonism to power politics. And for the young he preserves icons. Commenting on the covers he has done for many magazines worldwide, such as *Time, Esquire, Rolling Stone, Lui, Playboy, L'Espresso, Spiegel* or *Stern,* Helnwein has observed: »I should feel frustrated if my pictures were only to reach a few hundred people, and not the millions any skier or footballer reaches.«

Gottfried Helnwein's very appearance can be seen as a pitch at the mass media. In his attention-getting outfits, he lives the life that accords with the work of a major modern art star. His image has become a trademark, an essential part of his work. This artistic stance is of course diametrically opposed to the prevailing view of an artist's labours as an exclusive business: but then, that is precisely what Helnwein is out to avoid. Rather, the air of immediacy in Helnwein's pictures remains so fresh and abiding because he has never quit the real realm of the here-and-now. It is as if his work were presenting the apocalypse of civilization in a new light. Critics have often dubbed him the Boris Karloff of the paintbrush, or a shocker artist with a soft centre. But, whatever clichés the press have come up with, they have always been far wide of the nature of his real genius. Barely have we supposed we've found the formula that will express him but he's eluded our grasp once again. For instance, when the scarred and mistreated children of his early work (drawn from his own childhood in post-War Austria) threatened to become a macabre cliché in themselves, he promptly changed genre.

But anyone who was imagining that the Helnwein of the early Eighties, the Helnwein of numerous star portraits, had become a more harmless creature, was in for a rude awakening. Whether the subject was John F. Kennedy, Andy Warhol, William Burroughs or Keith Richards, Helnwein's scalpel gaze invariably cut and penetrated beneath the surface of faces that conformed to the demands of cosmetics and ideology. Then in the mid-Eighties, large-format diptychs, triptychs and multiple-panel works, as well as the hundred-metre-long street of images »Night of 9th November« (a memorial for the fiftieth anniversary of the Nazi *Kristallnacht* in Germany in 1938), seamlessly met his art's abiding central concern, a concern which (for all his stylistic changes) he has never abandoned: the life of humanity, seen from every angle. Not a thing is omitted. Horror and the transcendent are as closely juxtaposed as the trivial and the sublime. Full of admiration, Norman Mailer noted: »Helnwein is one of the few exciting painters we have today.« And who would want to contradict him?

Gottfried Helnwein – l'horrible et le sublime

«Le rock, le cinéma et les bandes dessinées, voilà l'Art du 20ème siècle: des formes artistiques simples dont la puissance et l'intensité élémentaires nous entraînent. Qualités plutôt rares dans la plupart des œuvres d'art reconnues qui sont, comparées à elles, le plus souvent anémiées, ennuyeuses, et ont peu de choses en commun avec la vie et les êtres humains.» Lorsque Gottfried Helnwein émit ce jugement sur l'art contemporain en 1990, son œuvre personnelle prouvait depuis longtemps qu'il était – une fois de plus – bien en avance sur son époque. Car il n'a pas dû se vouer au rock et n'a jamais non plus créé de bandes dessinées. Les films qui ont été tournés – plusieurs prix leur ont été décernés – concernaient sa vie et son œuvre. Bien qu'aussi passionnants que le meilleur film policier, ils n'étaient qu'un véhicule de sa vraie passion, ses toiles, auxquelles il doit sa célébrité: elles vous glacent le sang dans les veines, elles électrisent le spectateur qui les perçoit comme un anathème, elles sont suggestives et ouvrent en même temps de vastes horizons sans pareils. Ni le rock, ni les bandes dessinées, ni le cinéma ne peuvent les égaler.

Mais retenons d'abord ceci: Gottfried Helnwein, qui est né à Vienne en 1948, va chercher au début des années 80, après des débuts spectaculaires dans la décennie précédente, de nombreux motifs dans la culture populaire. Il s'inspire des problèmes brûlants de l'actualité, ceux qui font réfléchir les gens, et il nourrit leurs rêves. Qu'il s'agisse d'«idoles» comme James Dean, Mick Jagger, Marlene Dietrich ou Clint Eastwood, de sujets tels que le viol, les signes cliniques d'une société monstrueuse ou la destruction de l'individu: il réussit toujours à mettre le problème à nu, à le révéler à tous, c'est-à-dire à l'énoncer artistiquement.

Finalement, cette méthode a fait de lui une vedette adulée. Il n'empêche que Gottfried Helnwein reste fidèle à son objectif premier qui lui fait sans cesse chercher des voies artistiques différentes, stupéfiantes. Il nous prouve sa puissance créative par son adresse jamais en défaut

quand il s'agit d'intéresser le grand public, de le fasciner, de le choquer et aussi de l'amuser. L'effet et non l'absence d'effets sert ici de critère. L'œuvre de Gottfried Helnwein ne s'adresse pas à une élite infime de connaisseurs, mais à tout un chacun. Imitant les lois de la rhétorique qui ont fait leur preuves durant des siècles, ses toiles sont donc beaucoup plus proches de l'esthétique du début du 19ème siècle que de son pendant moderne l'Art pour l'Art, car il utilise dans nombre de ses œuvres, que l'on retrouve sur les posters, affiches et couvertures de disques, des formules adaptées offrant à chaque groupe appréhensible au niveau artistico-sociologique, ce qui peut le toucher: les spectateurs s'intéressant à le peinture traditionnelle seront par exemple impressionnés par la perfection technique inégalée de ses peintures, qui ne craignent pas la comparaison avec les chefs-d'œuvres historiques. Ceux qui sont ouverts aux questions socio-politiques trouvent dans la protestation de Gottfried Helnwein et son engagement contre les visages divers de l'hypocrisie, contre la pollution de l'environnement et contre l'armement des œuvres qui dénoncent les résultats d'une politique orientée sur la puissance. Et la jeunesse est confrontée à ses icônes. Helnwein a précisément justifié ses couvertures pour les plus grands magazines tels que *Time, Esquire, Rolling Stone, Lui, Playboy, L'Espresso, Spiegel, Stern* et beaucoup d'autres en faisant remarquer: «Je me sentirais frustré si mes toiles ne touchaient que quelques centaines de personnes et non des millions comme le peut un skieur ou un footballeur.»

De plus, on peut dire que Gottfried Helnwein est médiatisable de par son apparence. L'homme lui-même et sa vie sont devenus, jusque dans les signaux vestimentaires, l'œuvre d'un artiste-vedette moderne, une partie essentielle de l'œuvre – une griffe. Il est évident que ce précepte artistique s'oppose en tous points à l'idée que l'on se fait de la création artistique, perçue comme un phénomène exclusif. Il ne s'agit précisément pas de cela, on note

bien plus que le caractère imminent des toiles de Helnwein doit sa puissance et sa persistance au fait que le peintre n'a jamais quitté les repères de la vie réelle et de l'actualité. On dirait que l'Apocalypse de la civilisation doit s'accomplir dans son œuvre sous d'autres présages. C'est pour cette raison que les critiques l'ont surnommé «le Boris Karloff du pinceau» ou «le peintre de choc à l'âme sensible». Mais quels que soient les clichés qu'ait imaginé la presse internationale pour Gottfried Helnwein, elle trottait péniblement derrière son génie, les aveugles montrant ainsi le chemin aux aveugles. Car à peine pensions-nous avoir trouvé la «formule» de l'artiste qu'il s'était déjà échappé. Dans son œuvre précoce par exemple, lorsque les enfants-martyrs couverts de cicatrices – un reflet autobiographique de l'Autriche de l'après-guerre – menacèrent de se muer en un cliché macabre, il changea immédiatement de registre. Celui qui pensait que Helnwein, peintre de stars, était devenu inoffensif au début des années 80, est vite détrompé. Le regard de l'artiste glisse comme un scalpel sous les visages à la plastique et à l'idéologie restaurées de John J. Kennedy, Andy Warhol, William Burroughs ou Keith Richards. Vers 1985, des diptyques de grand format, des triptyques, des polyptyques et la route en images de «La Nuit du 9 novembre» longue de cent mètres, un avertissement qui commémore le cinquantième retour de la Nuit de Cristal dans l'Allemagne nazie de 1938, ont parachevé son œuvre dont le thème fondamental, jamais délaissé malgré une évolution du style, est l'Etre humain dans toutes les phases de son existence. Aucune dimension n'est laissée de côté. L'horrible et le sublime se côtoient ici, tout comme le trivial alterne avec le solennel. Norman Mailer a constaté, non sans admiration: «Helnwein is one of the few exciting painters we have today.» Qui le contredirait?

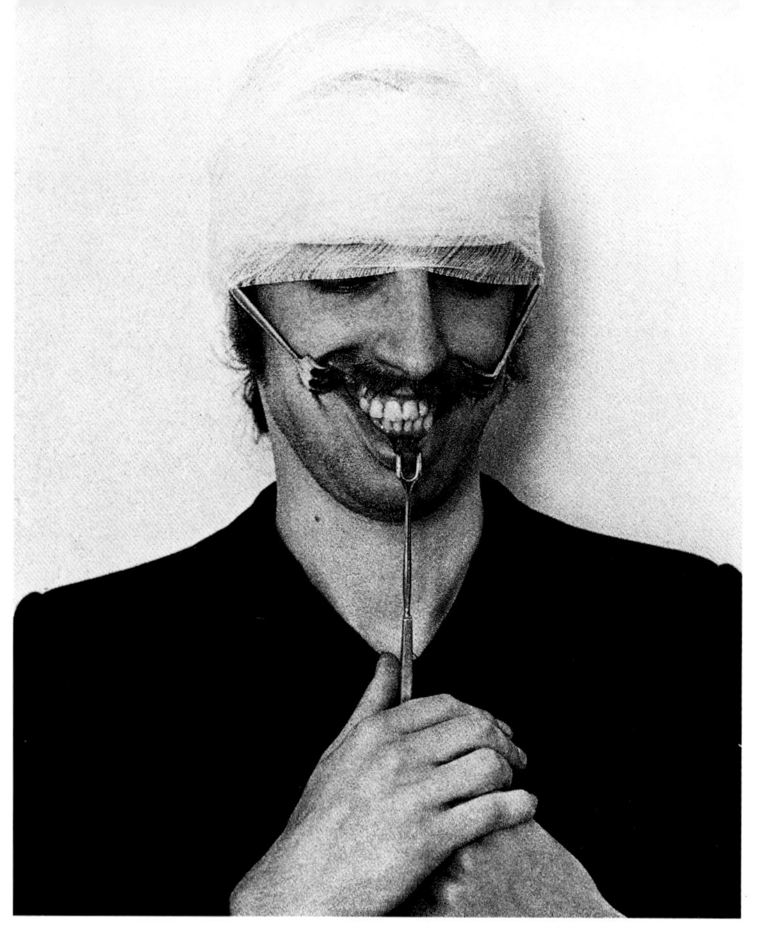

1 **Selbstbildnis mit Schmunzelhilfe**, 1972

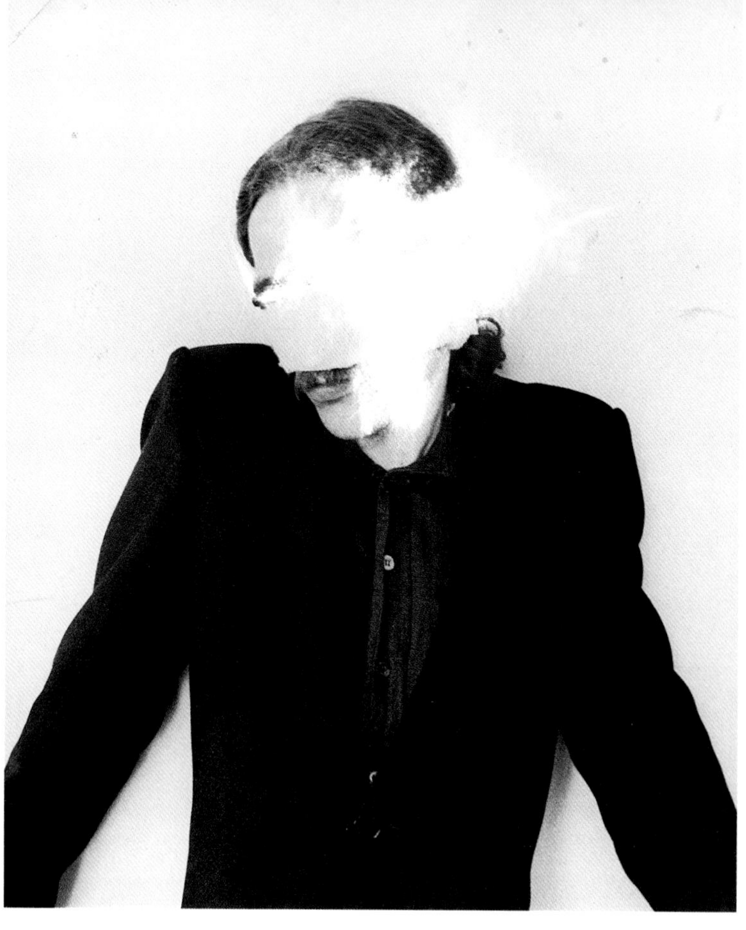

2 **Selbstbildnis**, 1972

3 **Selbstbildnis**, 1970

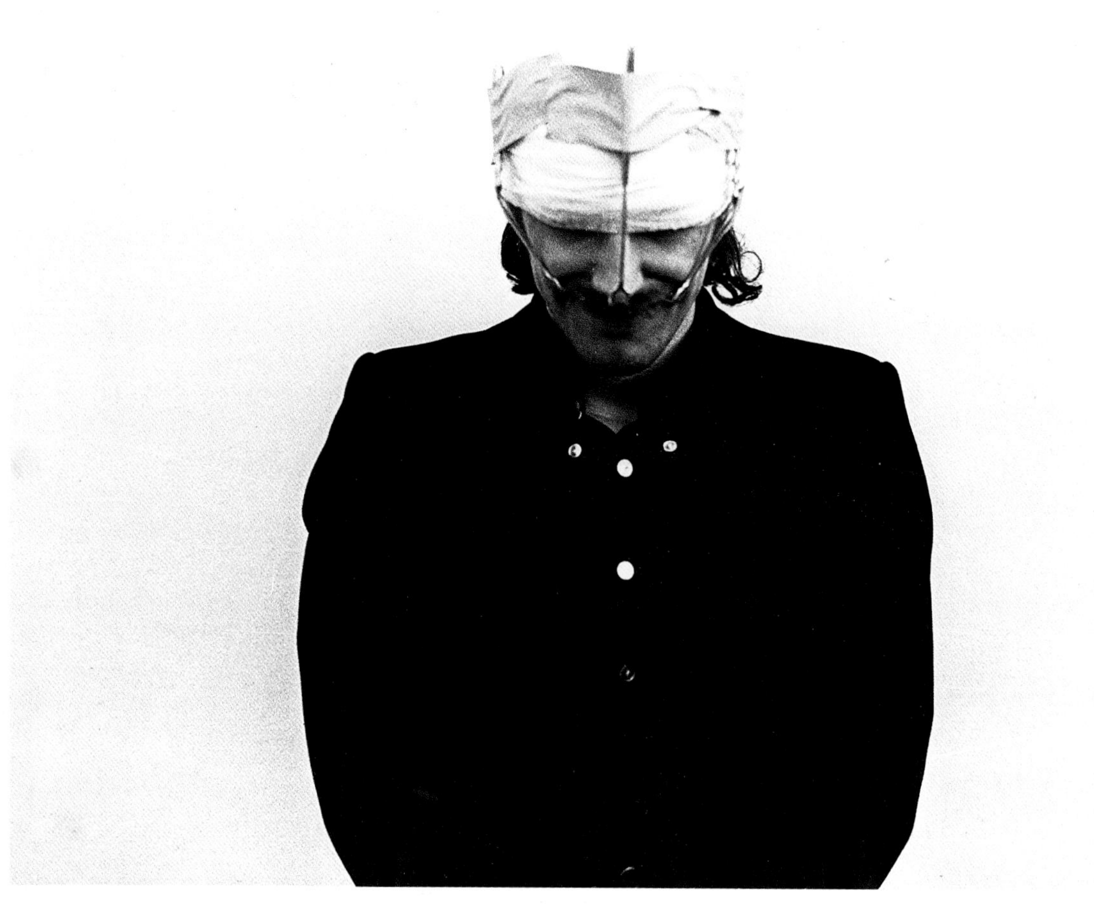

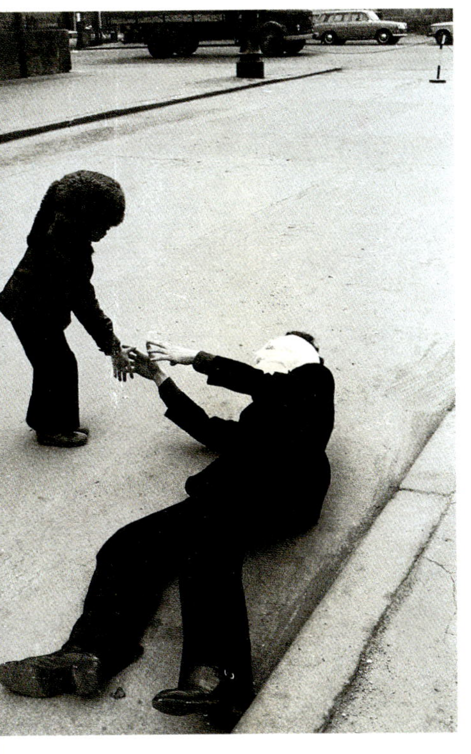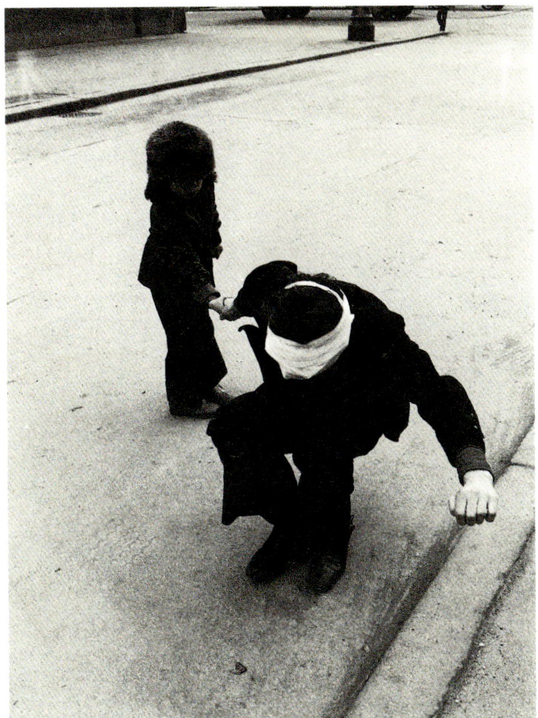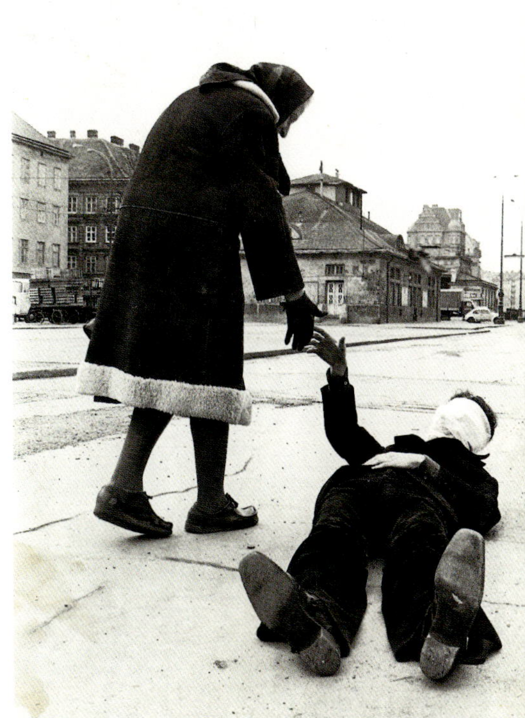

4   **Aktion Allzeit Bereit, Wien**, 1976

5   **Aktion Café Alt Wien, Wien**, 1976

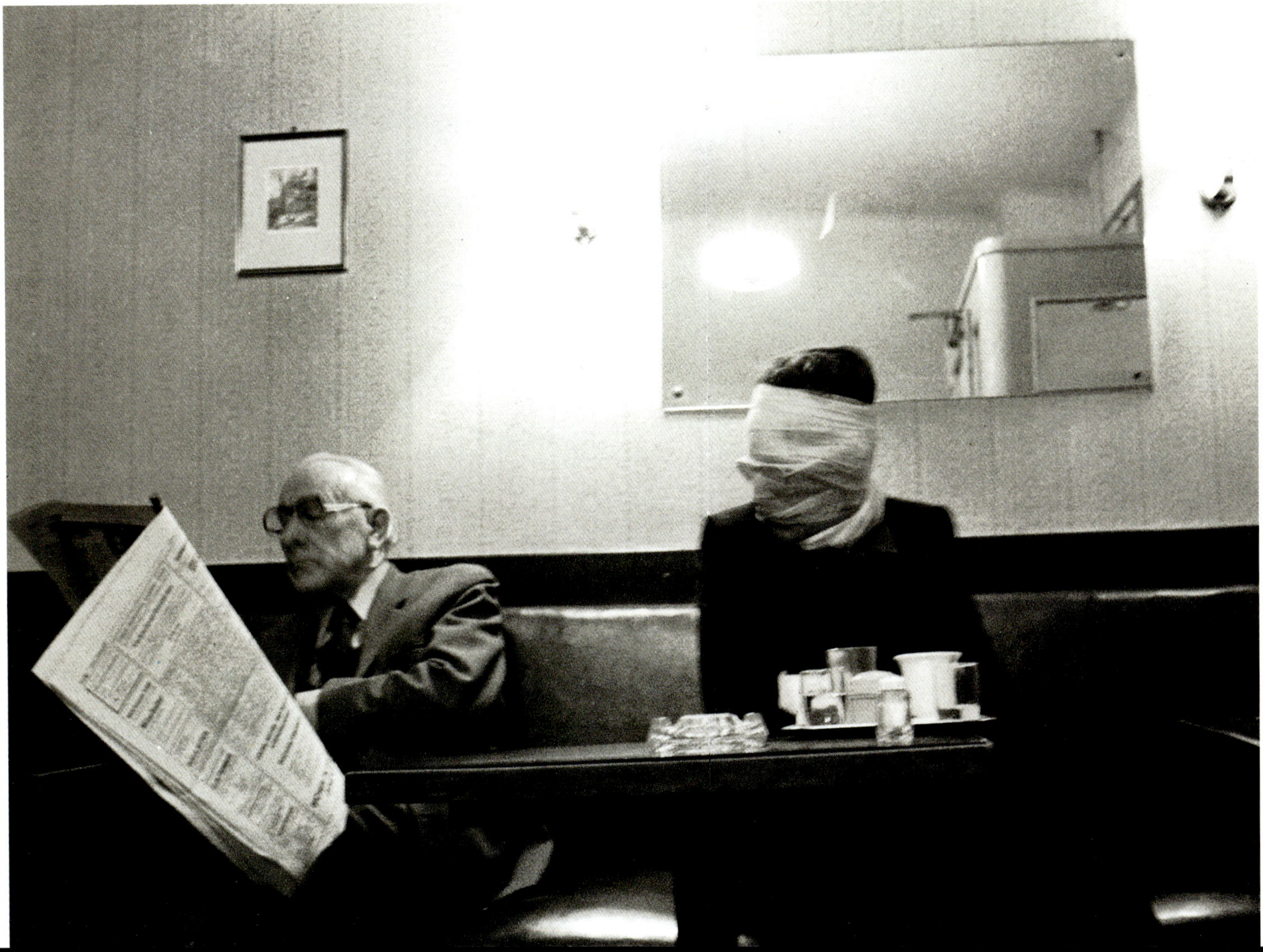

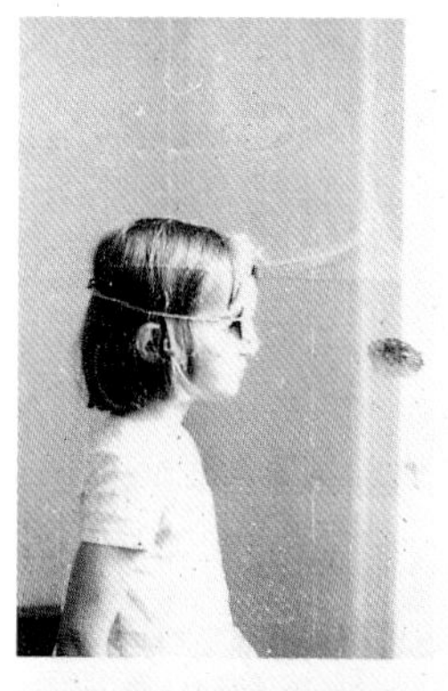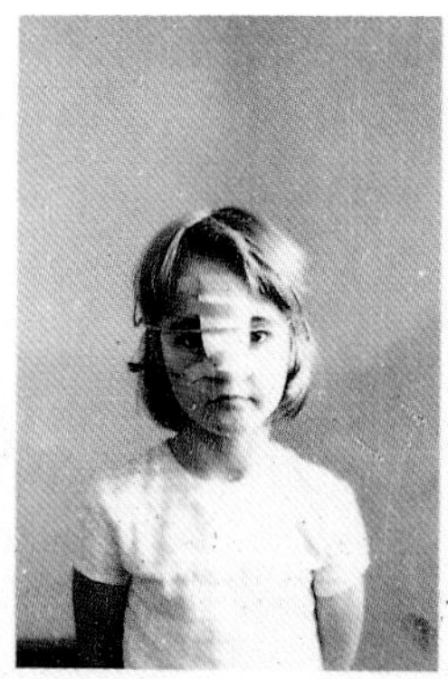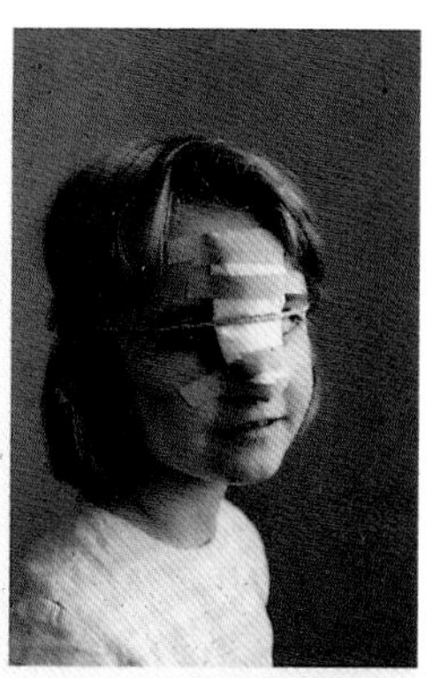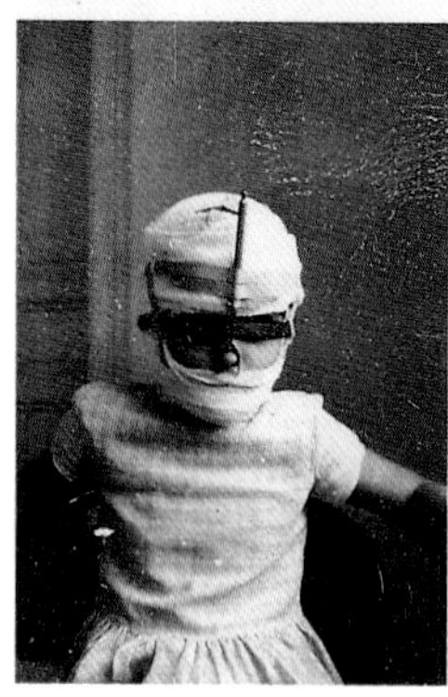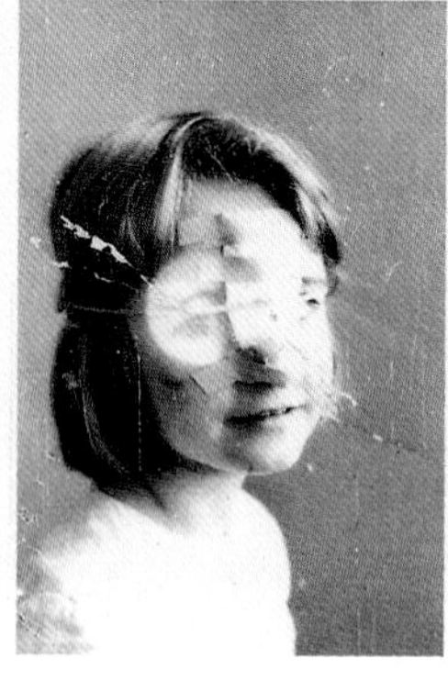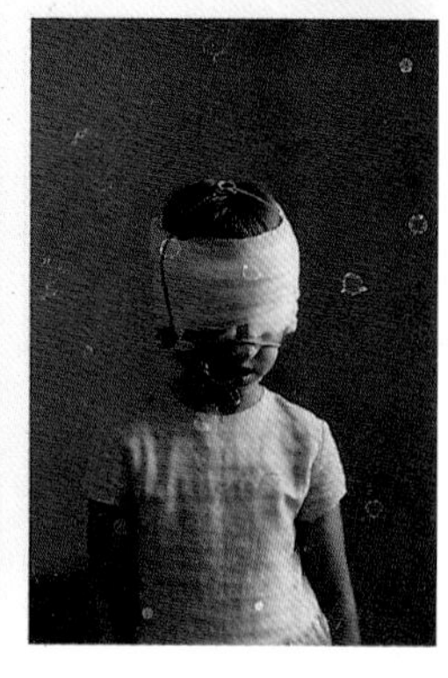

6 Selbstdarstellung als sechsjähriges Mädchen, Wien, 1972

Frühe Aktionen

Neben den gemalten Bildnissen verletzter und mißhandelter Kinder inszenierte Gottfried Helnwein seit den frühen siebziger Jahren zahlreiche Aktionen. Sie stehen in Verbindung zum »Wiener Aktionismus« und haben Ähnlichkeiten mit den Bandagen-Aktionen von Rudolf Schwarzkogler und dem Gestus der körperlichen Ausdruckskunst von Egon Schiele und Oskar Kokoschka.

Early Action Work

From the early 1970s on, alongside his painted portraits of injured and mistreated children, Gottfried Helnwein put on numerous action events. They were linked to Vienna Actionism, and reminiscent of the bandage actions of Rudolf Schwarzkogler as well as the expressive, gesturally physical art of Egon Schiele and Oskar Kokoschka.

Activités précoces

Depuis le début des années 70, Gottfried Helnwein a réalisé de nombreuses opérations artistiques à côté de ses peintures d'enfants blessés et maltraités. Elles sont liées au «Wiener Aktionismus» et ressemblent aux opérations «pansements» de Rudolf Schwarzkogler et à l'art des expressions corporelles de Egon Schiele et Oskar Kokoschka.

7 Lichtkind, 1972

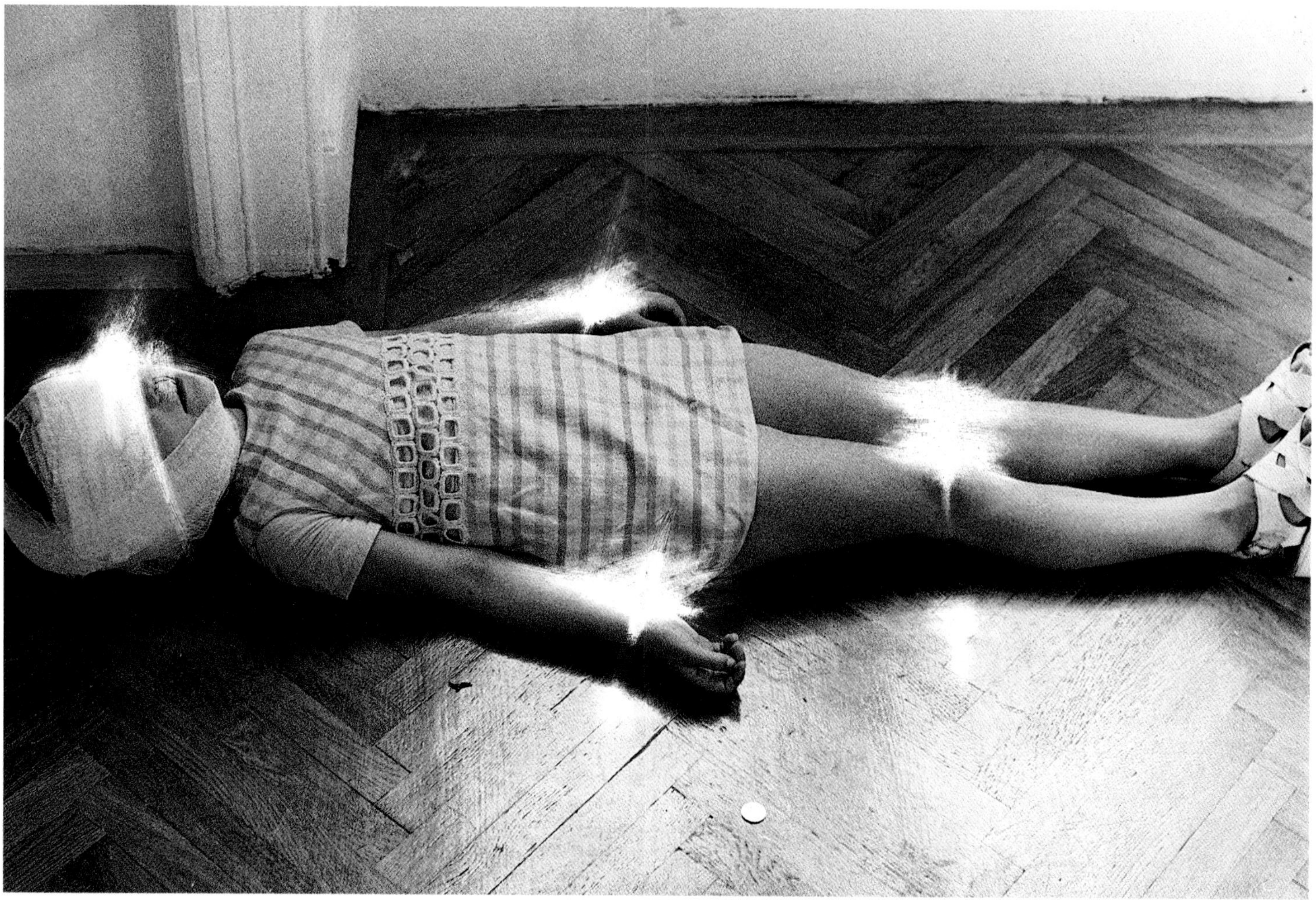

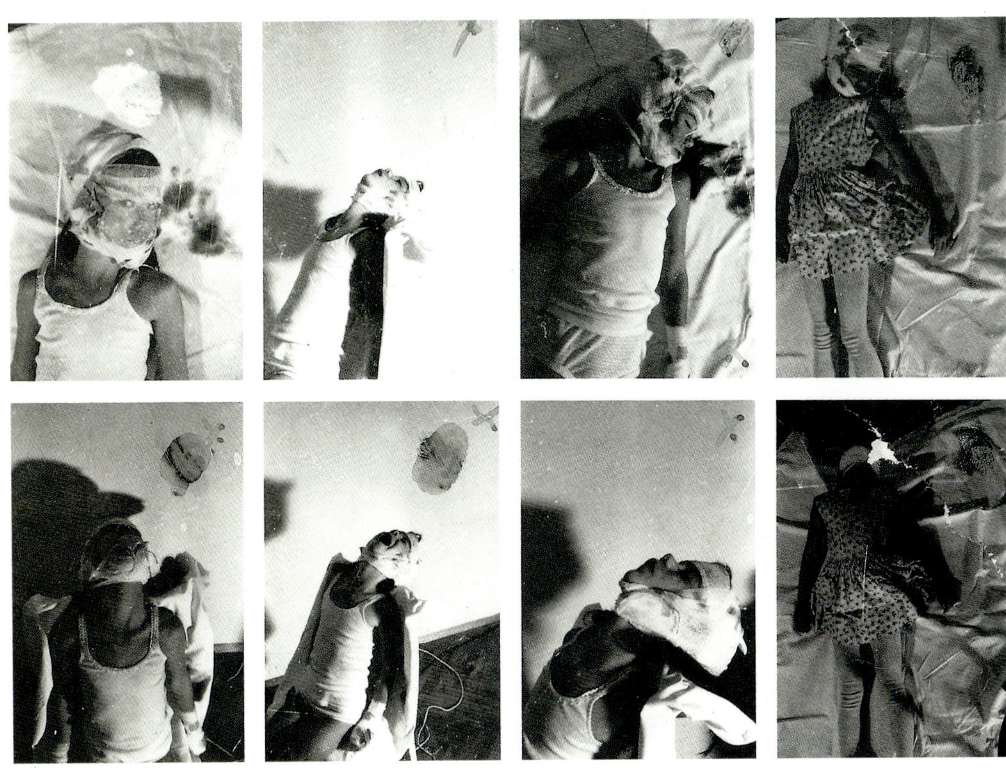

8 **Aktion Ewige Jugend, Wien**, 1972

9 **Beautiful Victim I**, 1974

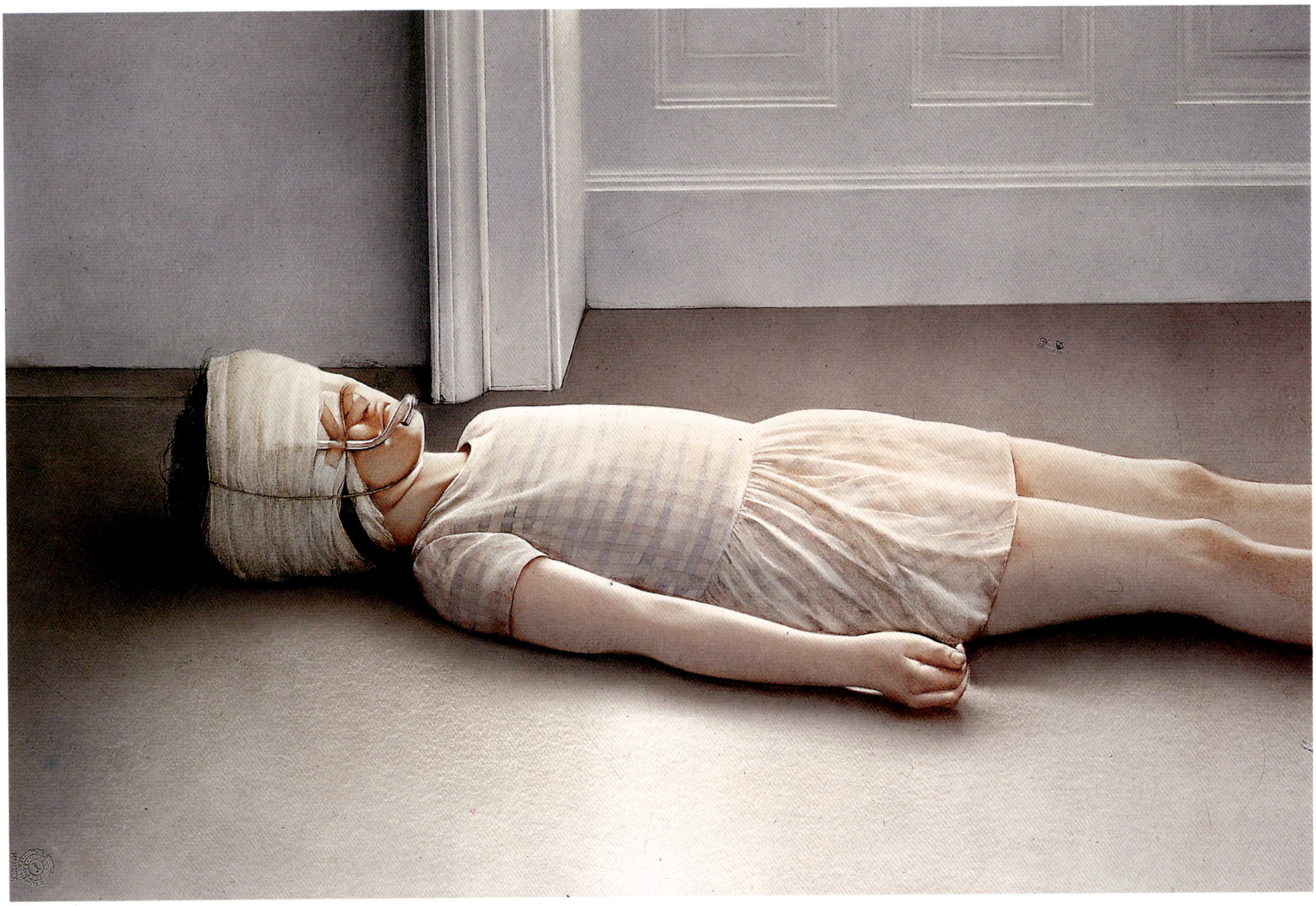

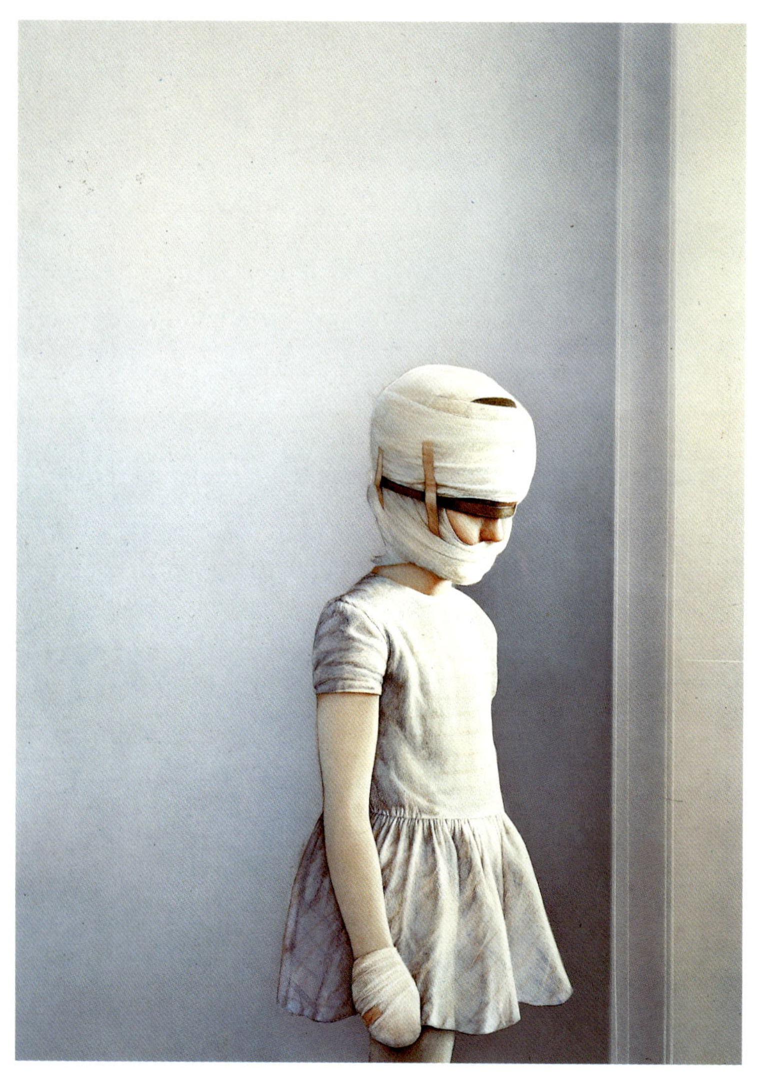

10 **Beautiful Victim II**, 1974

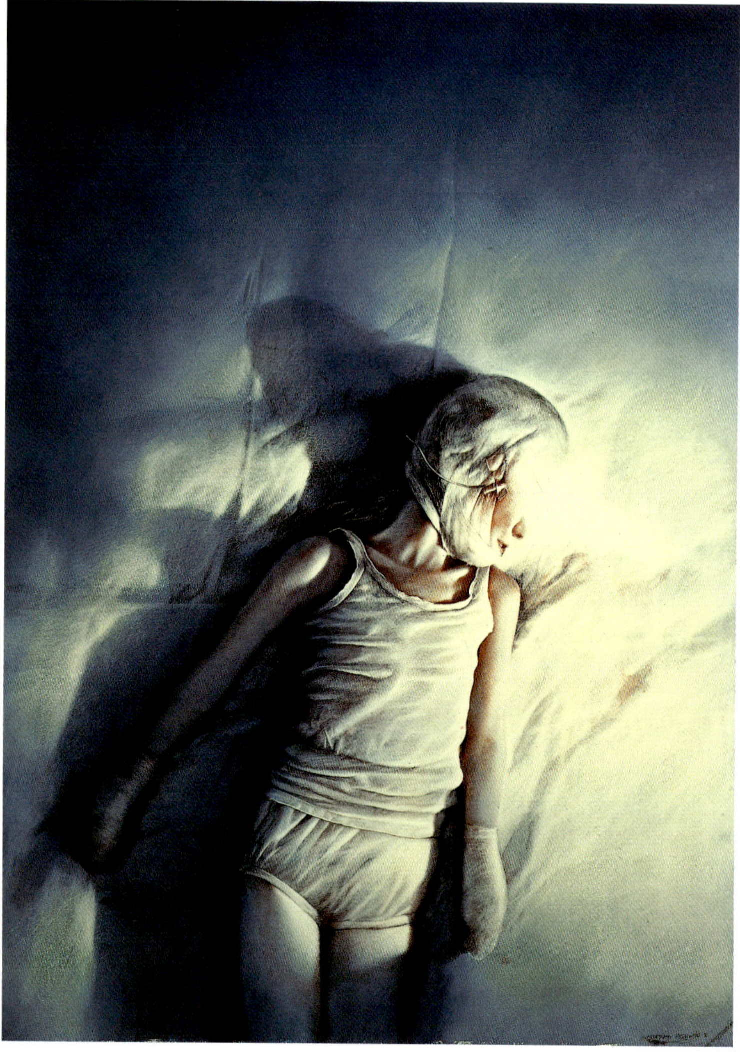

11 **Lichtkind**, 1976

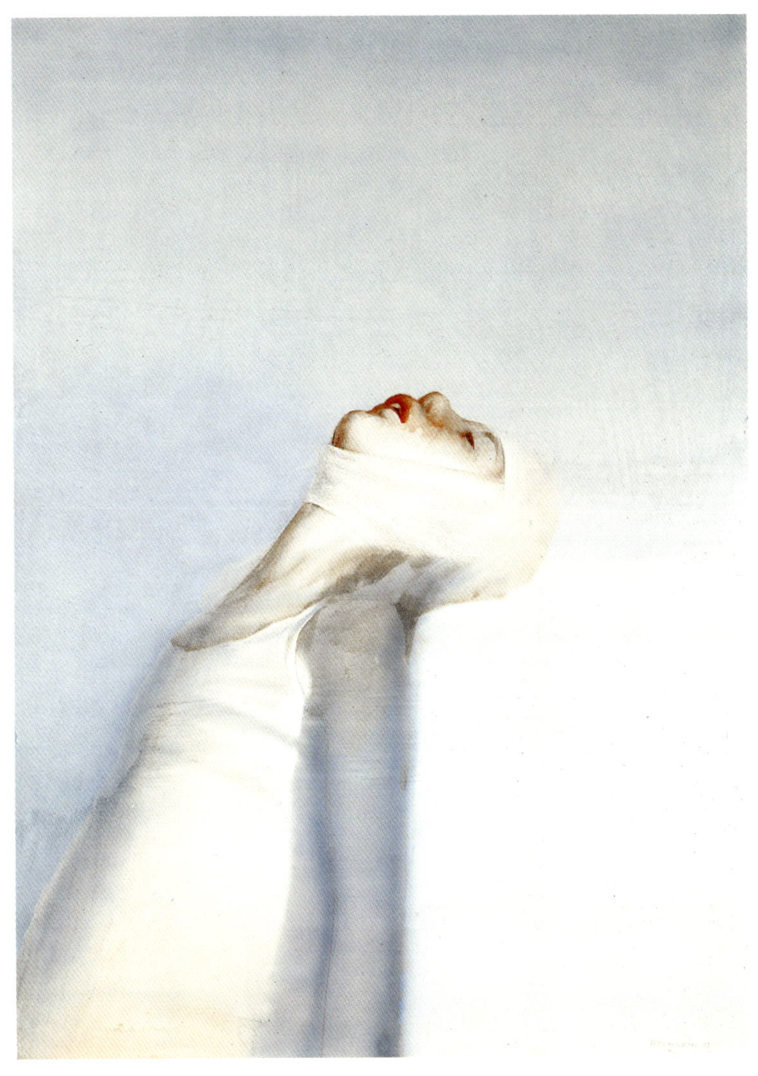

12 Roter Mund, 1978

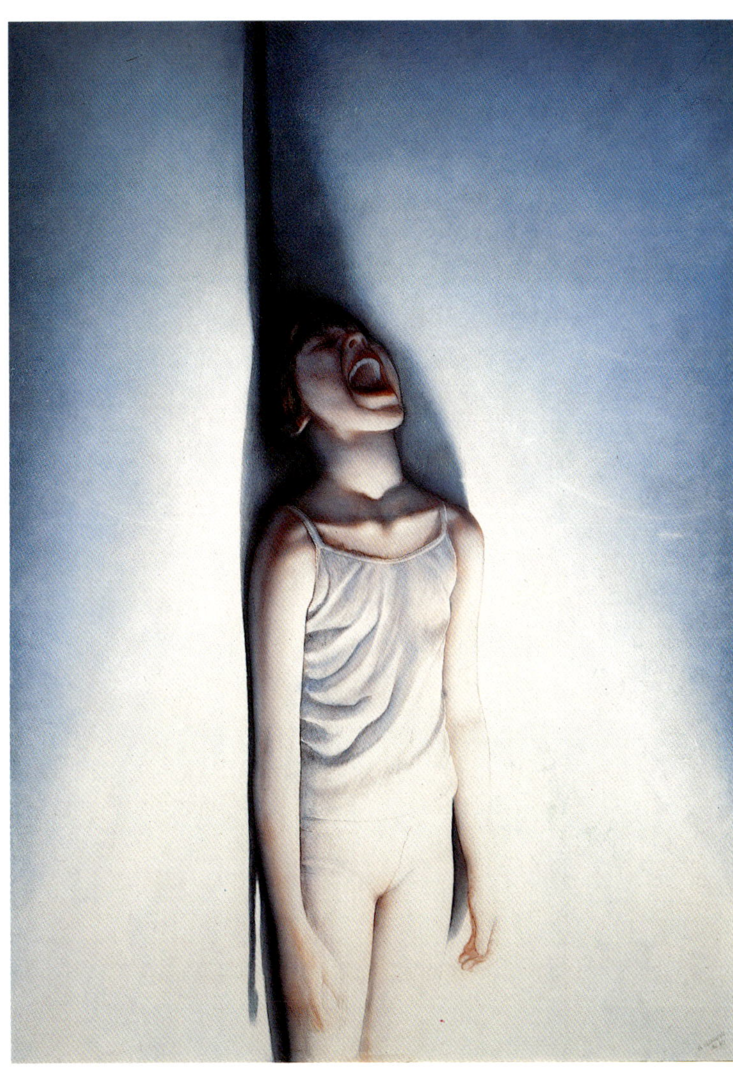

13 Das Lied II, 1980

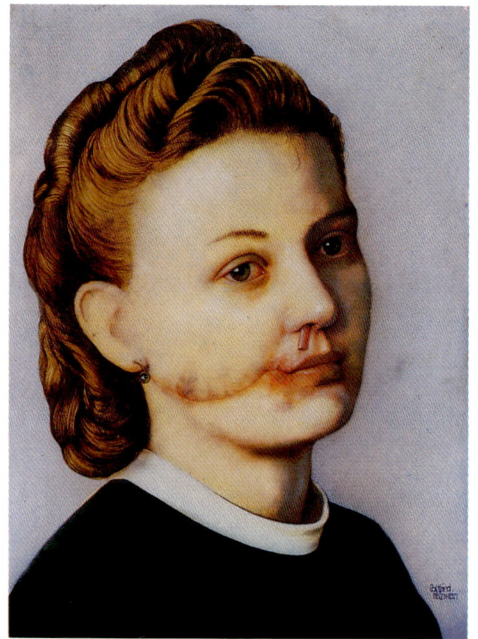

14 Mutter, du hier?, 1971

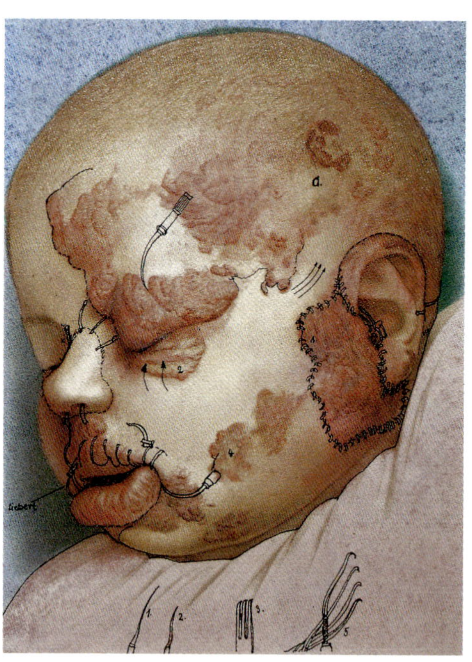

15 Kleine Korrektur, 1971

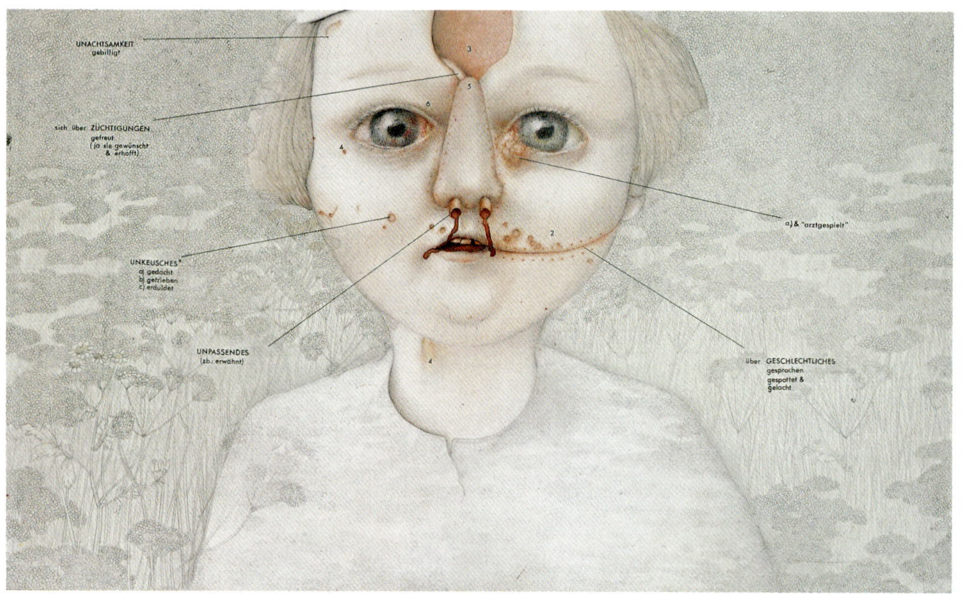

16 Gemeines Kind, 1970

Frühe Kinderbildnisse

Die Kinderbildnisse nehmen im Werk Helnweins eine zentrale Stellung ein. Es sind eindringliche, überaus subtil gestaltete Dokumente von unendlichem Leid und Schmerz; von Kindern, die verletzt und verunstaltet, die unmenschlichen Gewaltakten ausgesetzt worden sind – durch Menschen oder Apparate. Und diese Bilder in ihrer stillen Ambivalenz von Unschuld und Betroffenheit haben die Reaktionen der Betrachter immer sehr stark herausgefordert – vielleicht, weil gerade sie eine typische Kindheit in Österreich darstellen, in der die Menschen ihre eigene verkorkste Kindheit wiedererkennen.

Early Portraits of Children

Portraits of children occupy a central place in Helnwein's work. They are documents that make a powerful impact and yet are subtly constructed, and they present infinite pain and suffering – the pain of children hurt, deformed, and subjected to inhuman acts of violence, by human beings or by machines. In their quietly ambivalent mood of grief and innocence, these pictures have always offered a powerful challenge to the viewer – perhaps because they are not untypical of childhood in Austria, and people recognise their own abused childhoods.

Premiers portraits d'enfants

Les portraits d'enfants occupent une position centrale dans l'œuvre de Helnwein. Ils documentent de manière pénétrante et très subtile la douleur immense que connaissent les enfants blessés et défigurés, victimes d'actes de violence inhumains perpétrés par des hommes ou des appareils. Et l'ambivalence muette de ces portraits, aussi innocents que conternants, provoque une réaction intense chez le spectateur – peut-être justement parce qu'il se reconnaît dans ces représentations d'une enfance typique en Autriche.

17 Peinlich, 1971

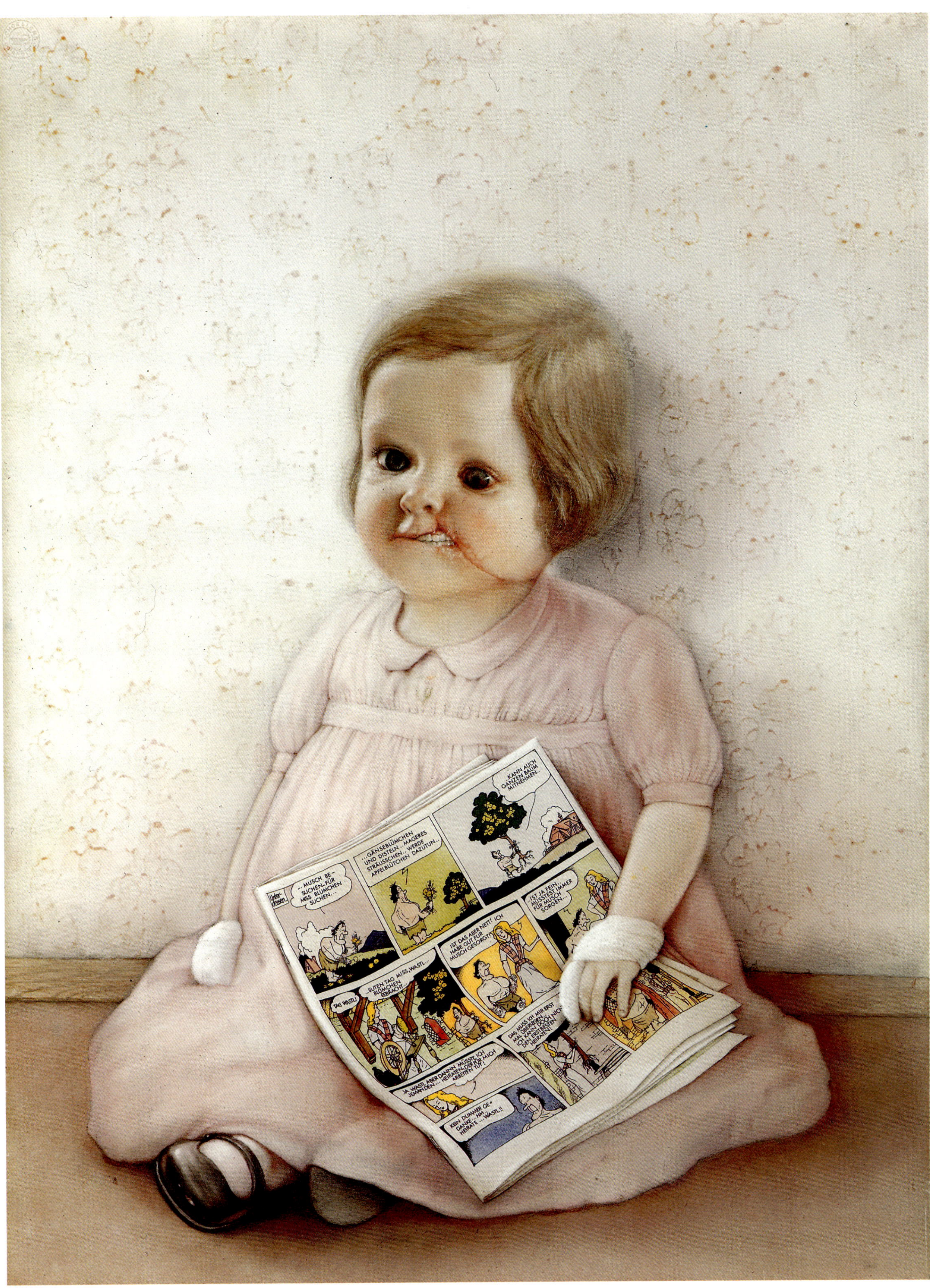
Unterdessen..
... MUSCH BE-
SUCHEN..FÜR
MISS BLÜMCHEN
SUCHEN...
...GÄNSEBLÜMCHEN
UND DISTELN.. MAGERES
STRÄUSSCHEN.. WERDE
APFELBLÜTCHEN DAZUTUN..
KANN AUCH
GANZEN BAUM
MITNEHMEN..
IST JA FEIN,
MÜSSTEST IMMER
FÜR MUSCH
SORGEN...
TAG WASTL!
...GUTEN TAG MISS WASTL...
...BLÜMCHEN
GEBRACHT...
IST DAS ABER NETT! ICH
HABE GUT FÜR
MUSCH GESORGT!
DAS MUSS ICH MIR ERST
MAL ÜBERLEGEN
ICH KANN DOCH NICHT
DEN ERSTBESTEN
HEIRATEN!
JA WASTL ABER DANN.. MÜSSTE ICH
JEMANDEN ... HEIRATEN, DER FÜR MICH
ARBEITEN TUT!
KEIN DÜMMER GE-
DANKE... HM..
HEIRATE ...WASTL!!

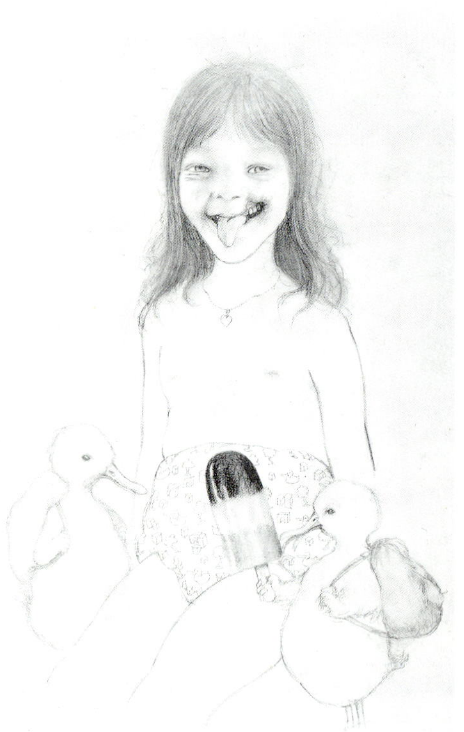

18 Guten Morgen, Liebe Enten, 1972

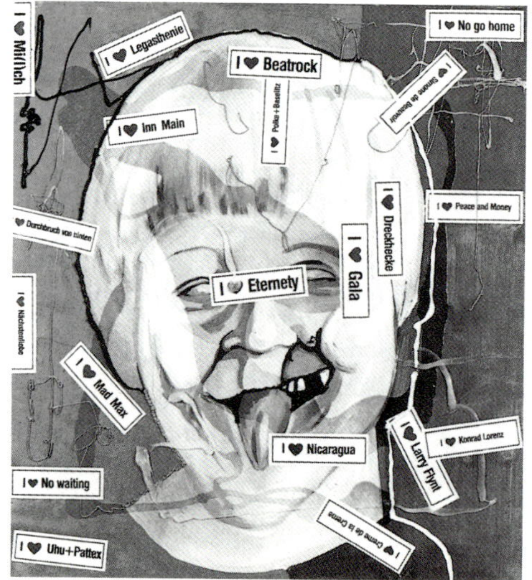

19 Martin Kippenberger **Kaputtes Kind**, 1985

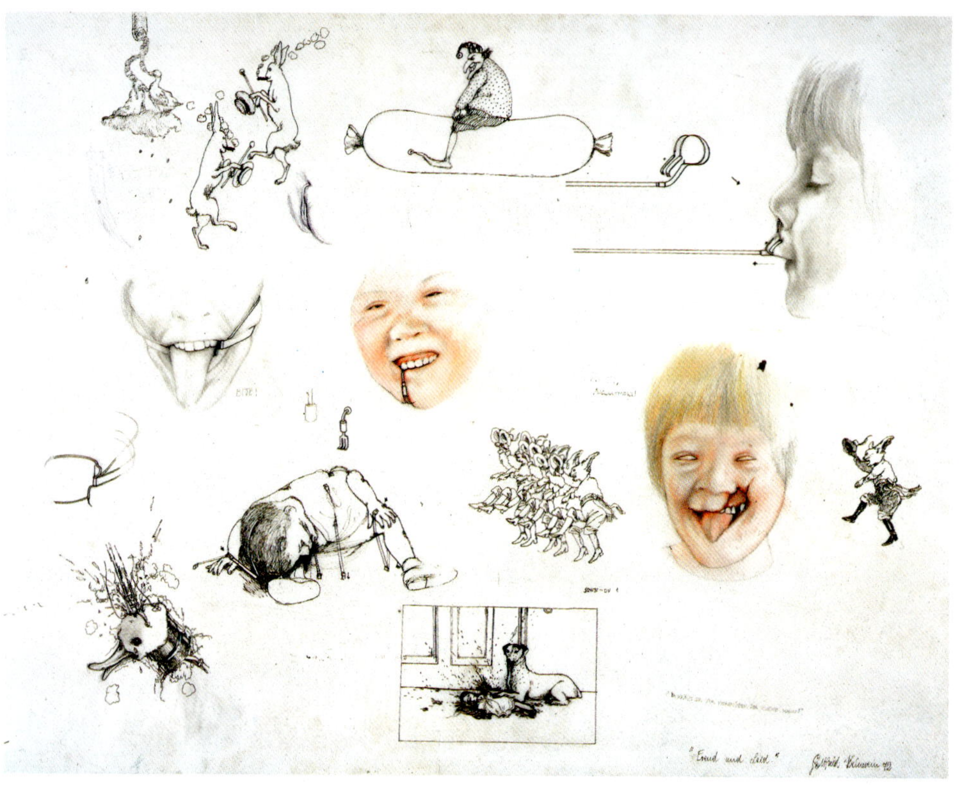

20 Freud und Leid, 1972

Ein kleines Mädchen mit einer Blindenbinde am Arm steht lachend vor einem Kolonialwarenladen. Es streckt dem Betrachter frech die Zunge heraus. Und Blut läuft ihm zwischen den Beinen herunter. Was ist geschehen? Waren das Mädchen und die kleine, eisschleckende Ente kurz zuvor nicht gerade dort glücklich, wo die Bensdorp-Schokolade von Österreichs Kindern jahrzehntelang wie göttliches Manna begehrt worden ist? Die Gebrochenheit der Idylle und die Wehrlosigkeit der Kinder – in diesem Bild hat Gottfried Helnwein eines seiner stärksten Anliegen auf den Punkt gebracht: für die Rechte der Kinder und gegen jede Form der Kindesmißhandlung zu kämpfen.

A young girl wearing a blind person's armband is seen standing outside a grocer's, laughing, cheekily sticking her tongue out at us. And blood is running down between her legs. What has happened? Surely the girl and the duck licking its ice lollipop were happy just a moment ago? After all, the children of Austria worshipped Bensdorp chocolate for decades as if it were manna. The picture is about a wrecked idyll and the defencelessness of children. In it, Gottfried Helnwein has summed up in one image one of his central concerns: to fight for the rights of children and combat child abuse in any form whatsoever.

Une petite fille portant le brassard des aveugles rit devant la vitrine d'une épicerie. Elle nous tire la langue, et le sang coule le long de ses jambes. Que s'est-il passé? La petite fille et le caneton qui mange une glace n'ont-ils pas été heureux ici, à cet endroit où les enfants autrichiens ont convoité pendant des décennies le chocolat Bensdorp comme la manne biblique? L'idylle est fragile et l'enfance vulnérable – Gottfried Helnwein a fixé ici ce qui lui tient le plus à cœur: lutter pour les droits de l'enfant et contre tous les mauvais traitements que l'on peut lui faire subir.

21 Das Sonntagskind, 1972

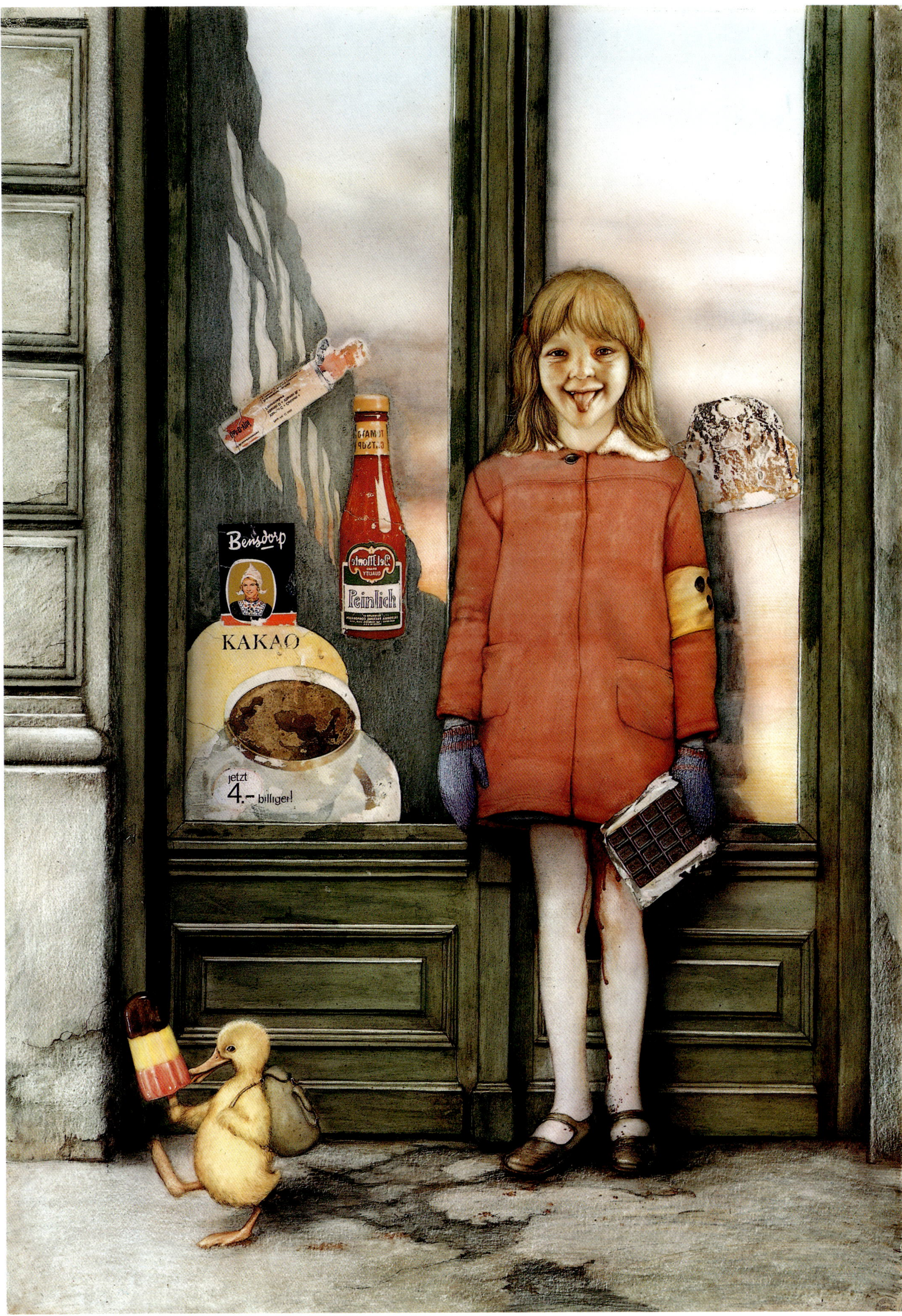
Bensdorp
KAKAO
jetzt
4.- billiger!
Peinlich

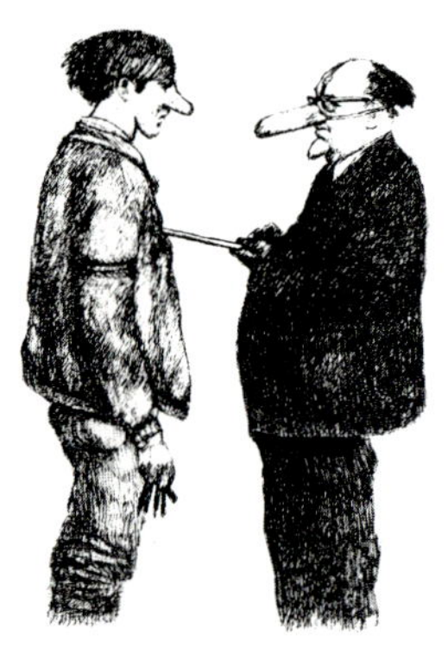

22 Ich und Du, 1972

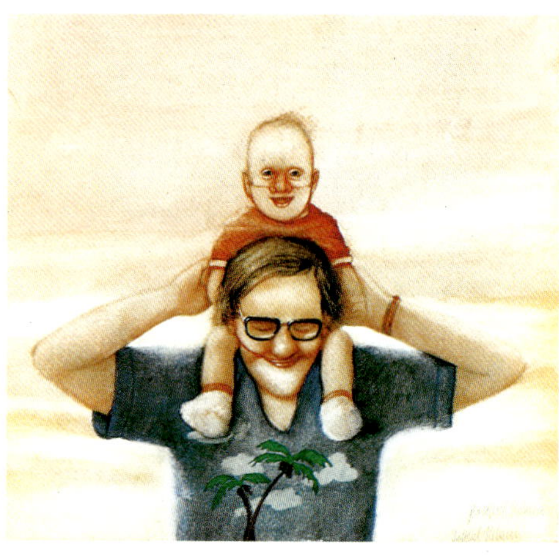

23 Easy Rider, 1972

Zeichnungen

Gottfried Helnweins Zeichnungen sind wie Räume von kafkaesker Angst; sie sind wie Dornenhecken, in derer Spinngewebe der Mensch mit seinen Psychosen gefangen ist, deformiert durch eine überlange Nase oder durch einen zwergenhaften Wuchs. Aber die clownesken Übertreibungsmerkmale, die uns normalerweise zum Lachen anregen, bekommen hier einen bitteren, tragischen Zug, der auch in den späteren, vielfach hauchzart komponierten Farbstiftzeichnungen nichts von seinem Schrecken verloren hat.

Drawings

Gottfried Helnwein's drawings are like spaces filled with Kafkaesque *angst*. They are like thorny thickets in which Man is trapped in spiders' webs, complete with all his psychoses and with the added deformity of a long nose or dwarfish stature. But the clownish exaggerations, which might normally make us laugh, have a bitter, tragic air – which has lost some of its terrifying impact in the later drawings done frequently in delicate coloured crayon.

Dessins

Les dessins de Gottfried Helnwein semblent issus des angoisses kafkaïennes; ils ressemblent à des haies épineuses envahies de toiles d'arraignées où ses psychoses retiennent l'être humain prisonnier, défiguré qu'il est par un nez trop long ou une taille anormalement petite. Mais les caricatures clownesques, qui éveillent en temps normal notre gaieté, ont ici un trait amer et tragique qui ne perd rien de son horreur dans les dessins délicats au crayon de couleur réalisés plus tard.

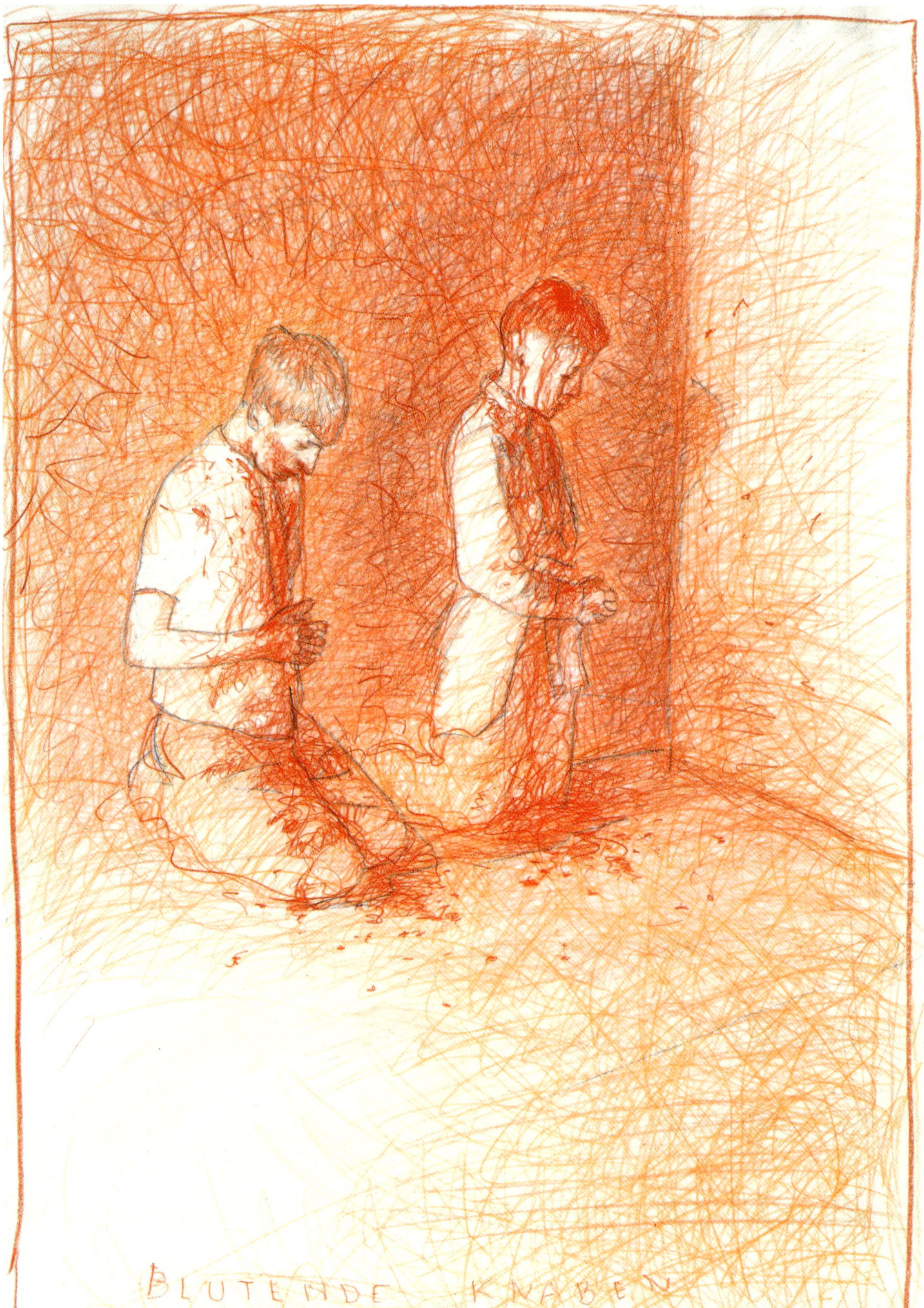

24 Blutende Knaben, 1987

25 Judaskuß I (Detail), 1985

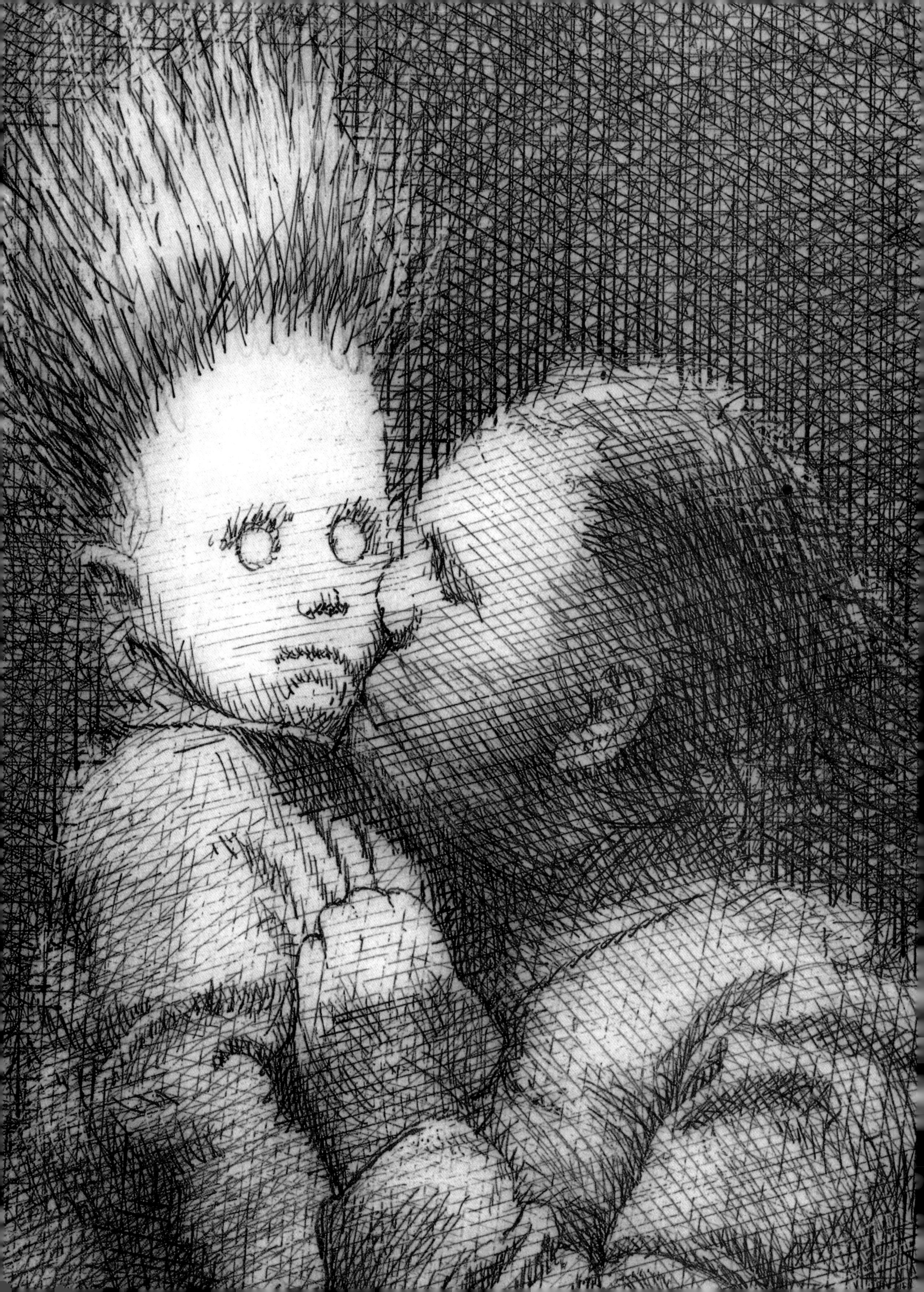

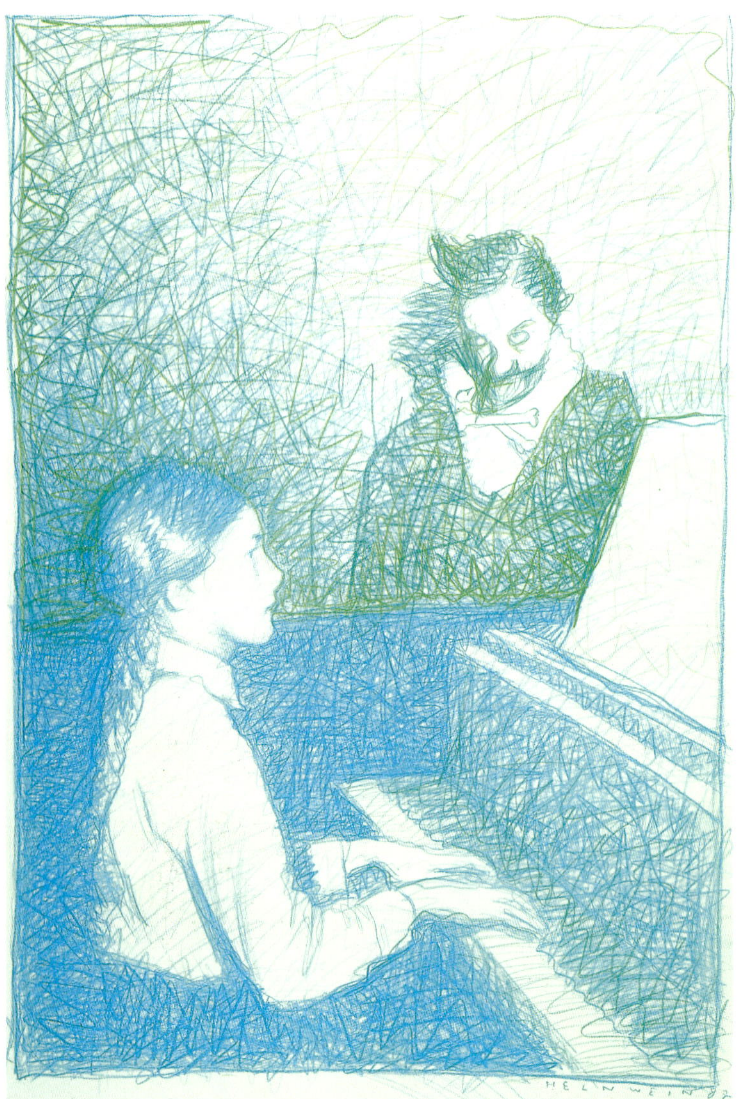

26 Die Erbsünde, 1987

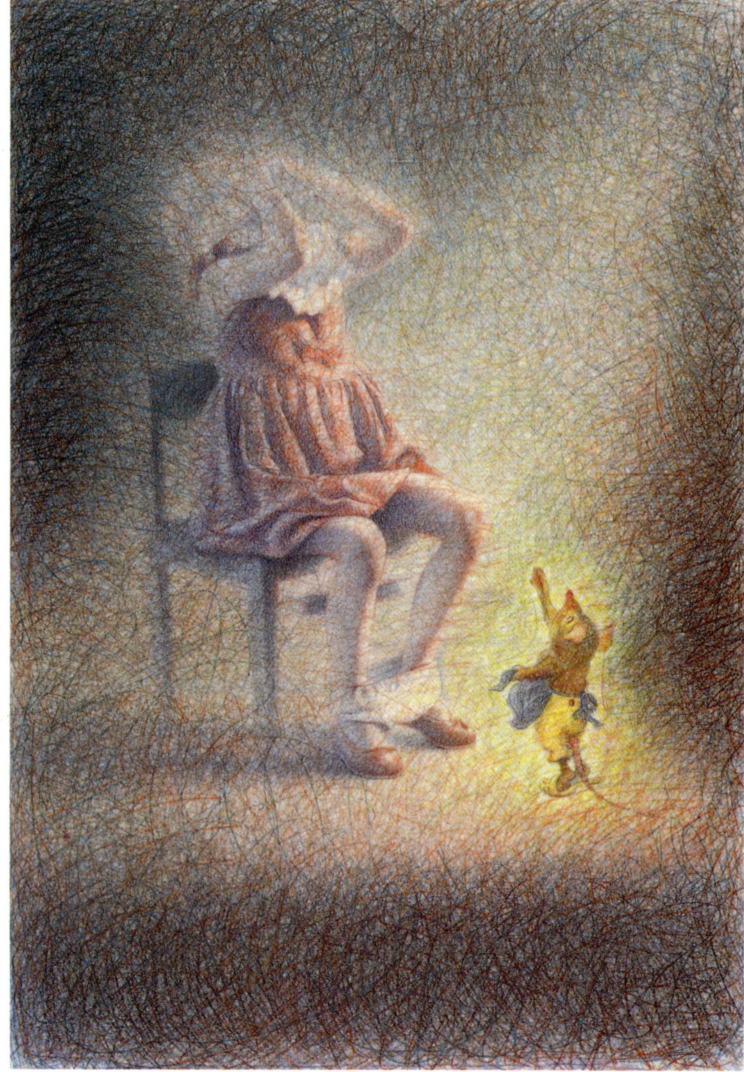

27 Unbefleckte Empfängnis, 1985

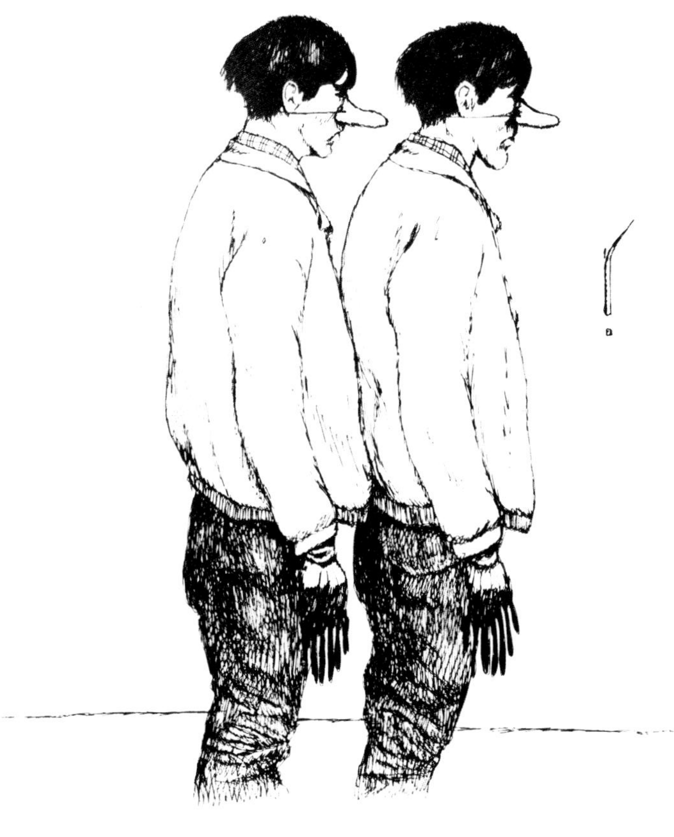

28 Ja, Ihr Zwei I, 1972

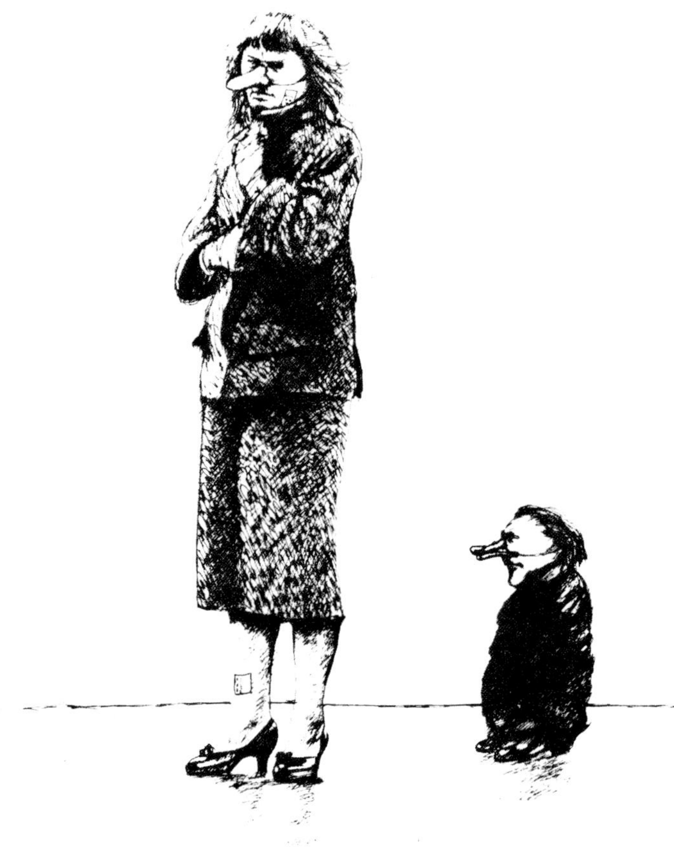

29 Ja, Ihr Zwei II, 1972

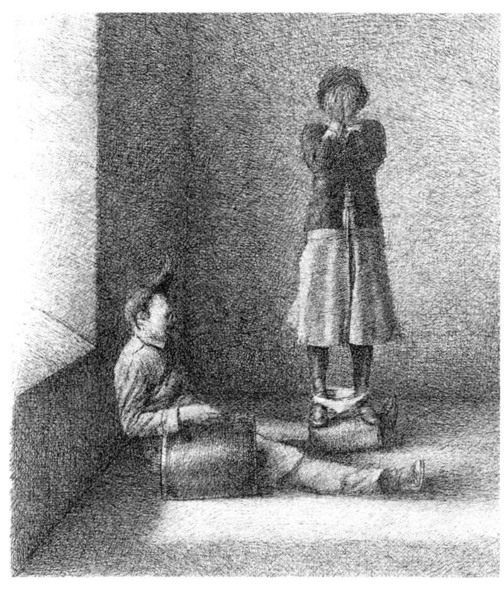

30 Das Verhängnis des jungen Anwalts, 1979

31 Unser Entenbischof, 1977

32 Das Malheur, 1987 ▷

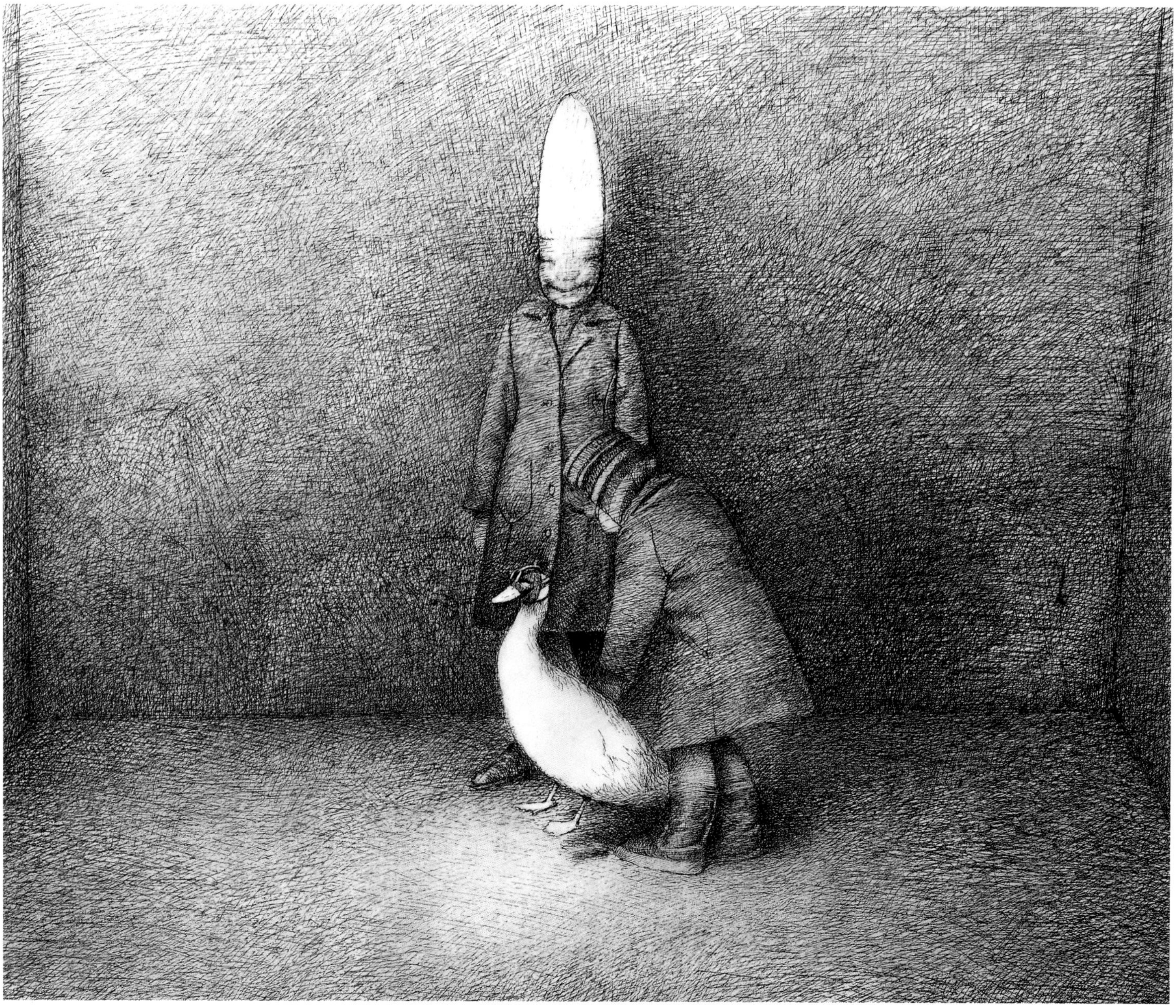

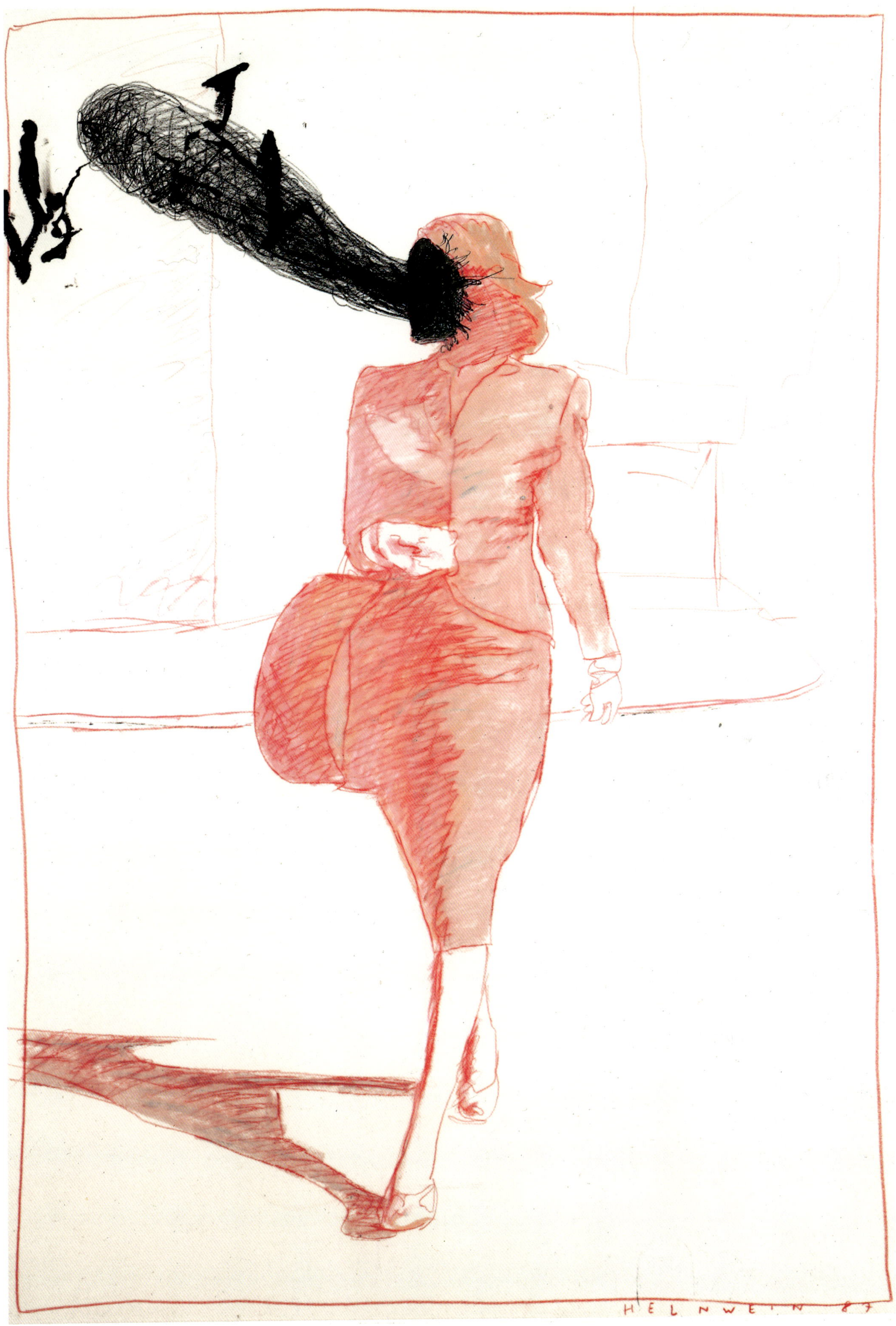
HELNWEIN 87

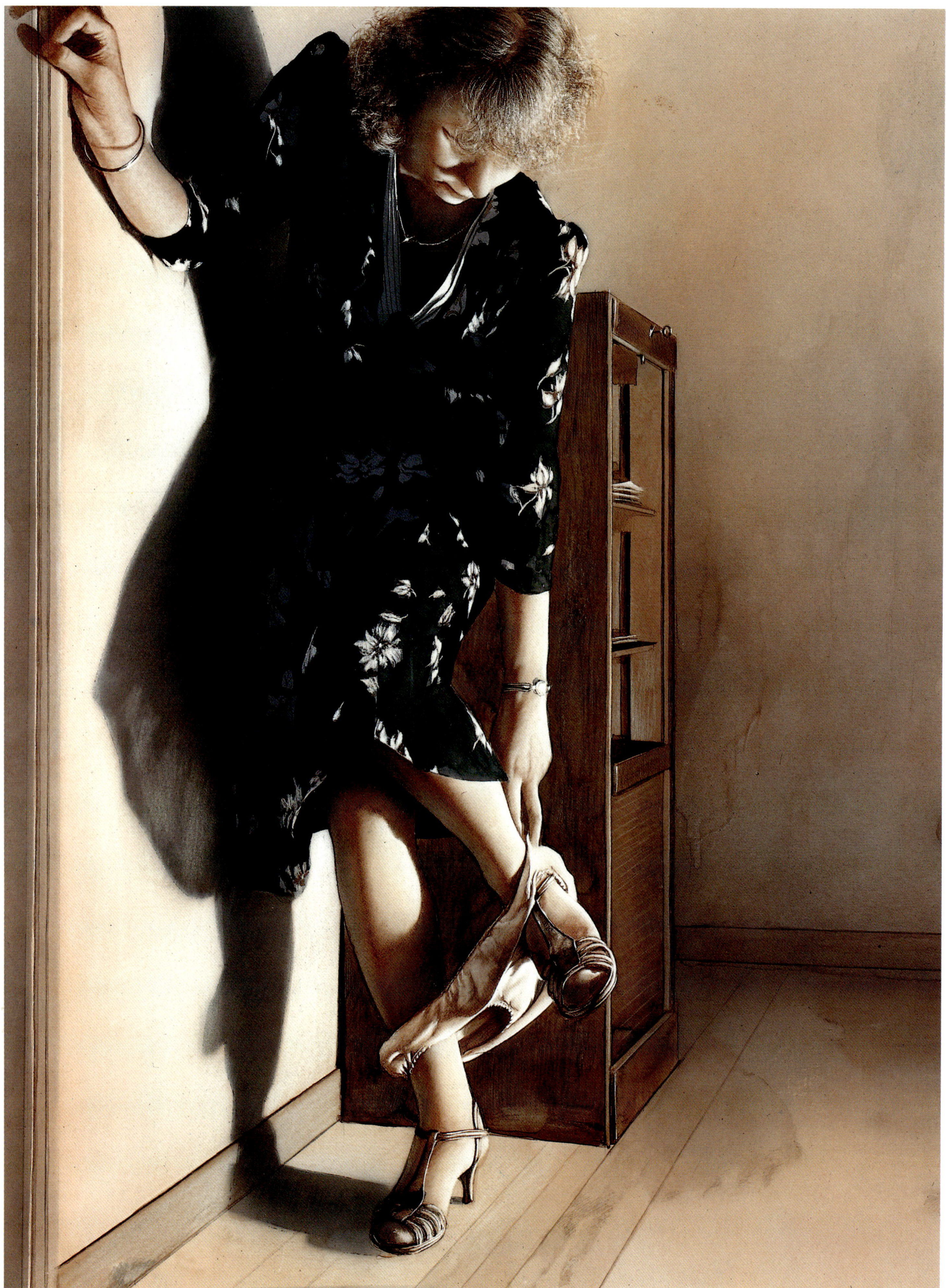

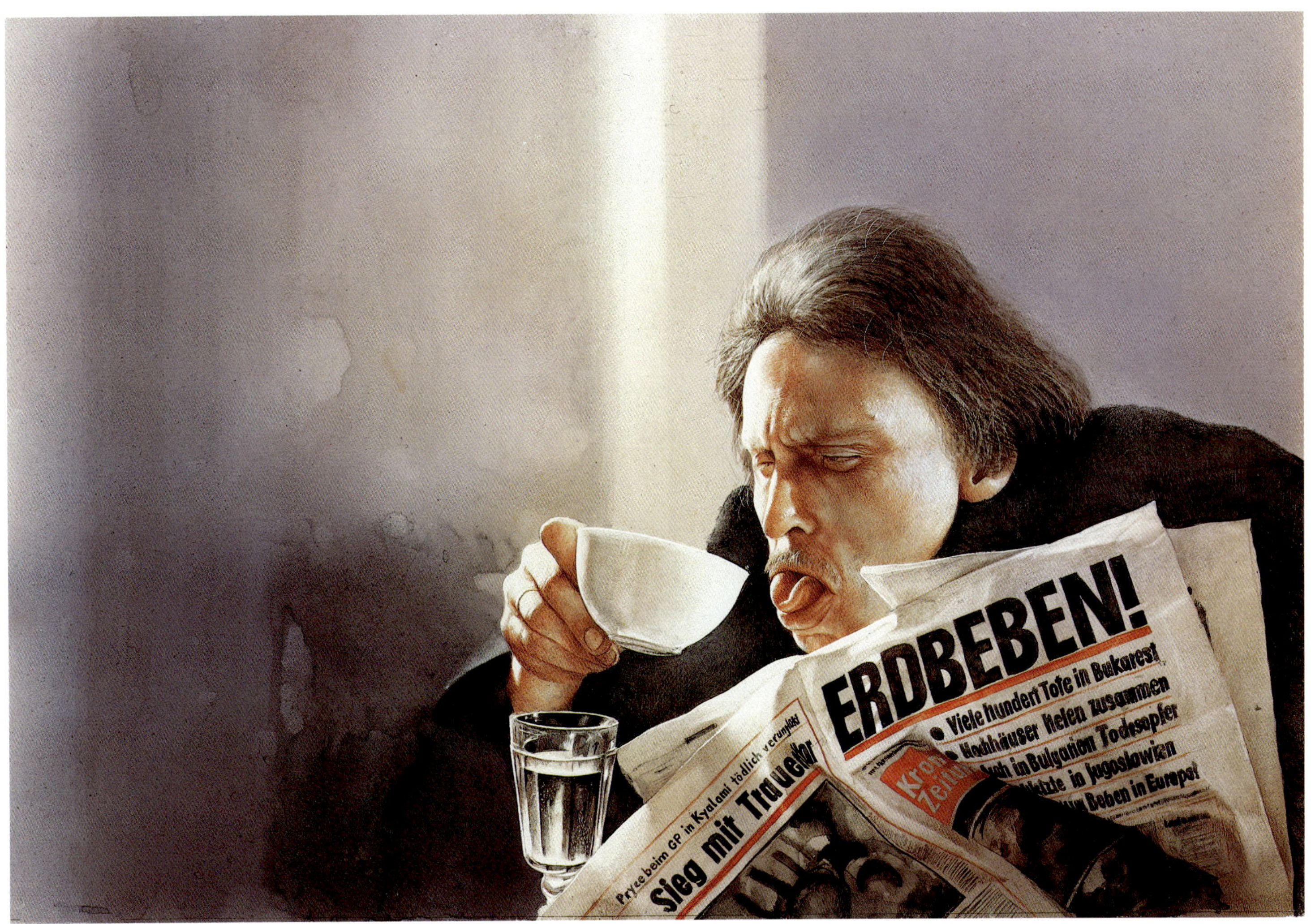

◁ **33 Der Zwischenfall**, 1979

34 Erdbeben, 1977

Aquarelle

Alltägliche Schrecken und Horror, Alpträume eines Realisten, mit klinischer Präzision präsentiert: Da sind die zarten, wie von innen heraus leuchtenden Kinder mit den Narben und bandagierten Köpfen. Da ist der zynisch lächelnde Arzt, und da steht ein Bürokrat, der mit seinem Aktenordner alles und jeden zu erledigen vermag. Da zieht sich eine Frau ausgerechnet im Büro ihren Slip an oder aus (warum wohl?), und da sitzt ein Mann im Kaffeehaus, das blanke Messer in der Hand: »Guten Morgen, Du Sau«. (So lautet der Titel des Bildes.)

Mit eiskalter Sachlichkeit hat Gottfried Helnwein immer wieder die heißesten Themen der Zeit aufgegriffen, penibel die Narben und Falten der Täter und Opfer gezeichnet und mit geradezu masochistischer Ausdauer die Hautpartien aquarelliert, die Schattenstellen mit dem Luftpinsel gespritzt und mit der Rasierklinge darübergeschabt, bis die messerscharfen Gesichter auch wirklich zeigen konnten, wie es in ihren Köpfen aussah.

Watercolours

Everyday terror and horror, the nightmares of a realist, presented with clinical precision. We see children, scarred, their heads bandaged, but tender and as if they were glowing from within. We see a doctor with a cynical smile, and a bureaucrat with a file who can settle anyone's hash for good. We see a woman pulling on her knickers in the office, of all places – or off (but why?) – and we see a man seated in a coffee house, knife in hand, in a picture titled »Good morning, you swine«.

Again and again, with icy detachment, Gottfried Helnwein has tackled the most delicate subjects of the age. He has exactingly drawn the scars and creases of the victims and the villains alike. And, with a persistence that can only be called masochistic, he has watercoloured the highlights, airbrushed the shadows, and scraped away with a razor till the knife-sharp faces are really capable of conveying what things were like *inside* those heads.

Aquarelles

Les cauchemars d'un réaliste, des terreurs banales et l'horreur présentés avec une précision clinique: les enfants fragiles aux cicatrices et aux têtes pansées semblent rayonner de l'intérieur. Ici le médecin au sourire cynique et là le bureaucrate et son classeur, exécutant aussi bien qu'exécuteur. Dans un bureau (!) un femme enfile ou retire son slip..., dans un café un homme est assis, le couteau à la main: «Bonjour, salope.» (C'est le titre de la toile).

Avec une objectivité glacée, Gottfried Helnwein s'est inspiré de l'actualité la plus brûlante, il a reproduit avec beaucoup de précision les cicatrices et les rides des coupables et des victimes et, avec une persévérance vraiment masochiste, il a porté la couleur sur la peau, rempli les zones d'ombre et gratté par-dessus avec la lame de rasoir, jusqu'à ce qu'on puisse lire dans ces visages aux contours vifs ce qui se passe à l'intérieur des têtes.

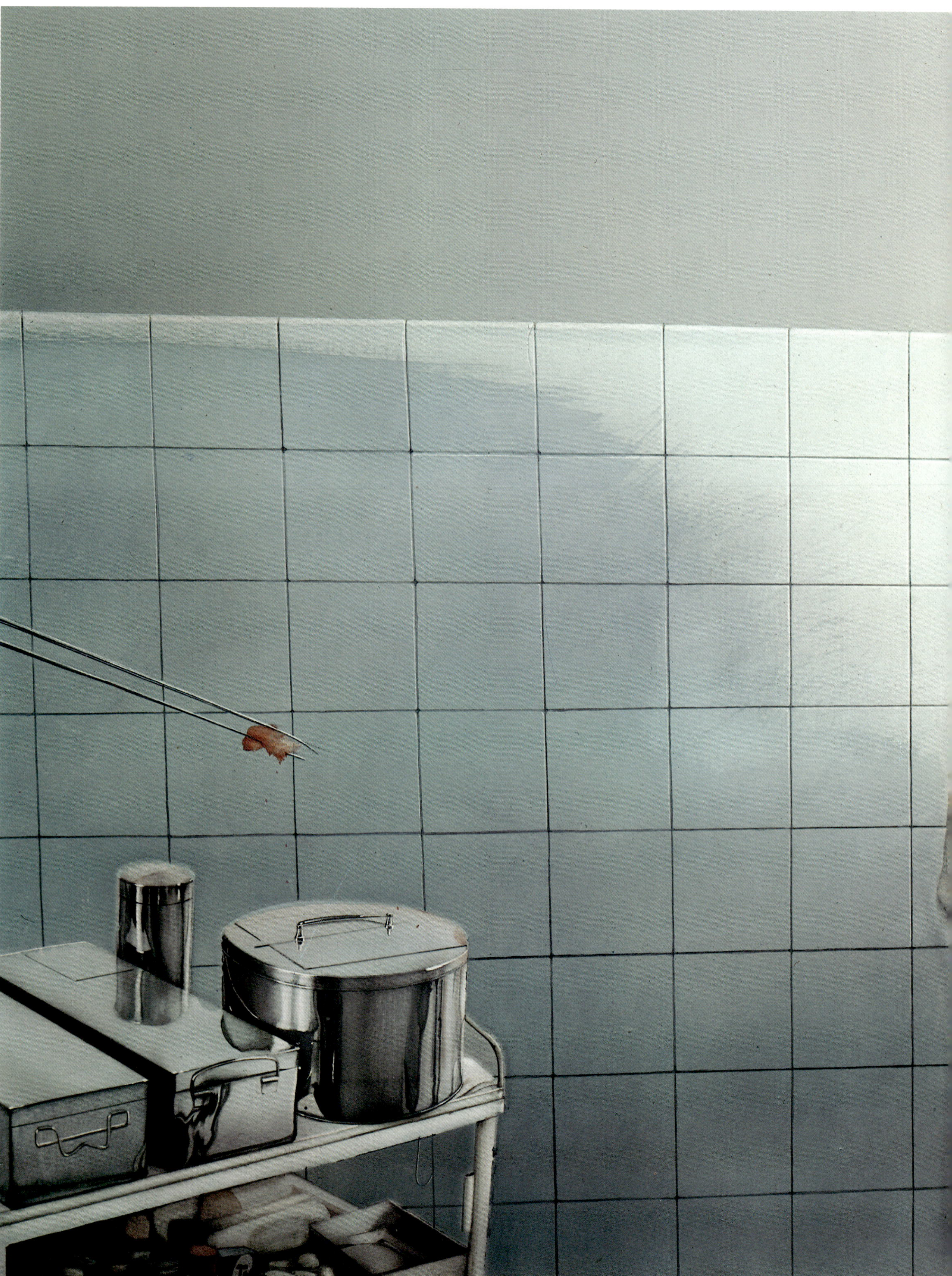

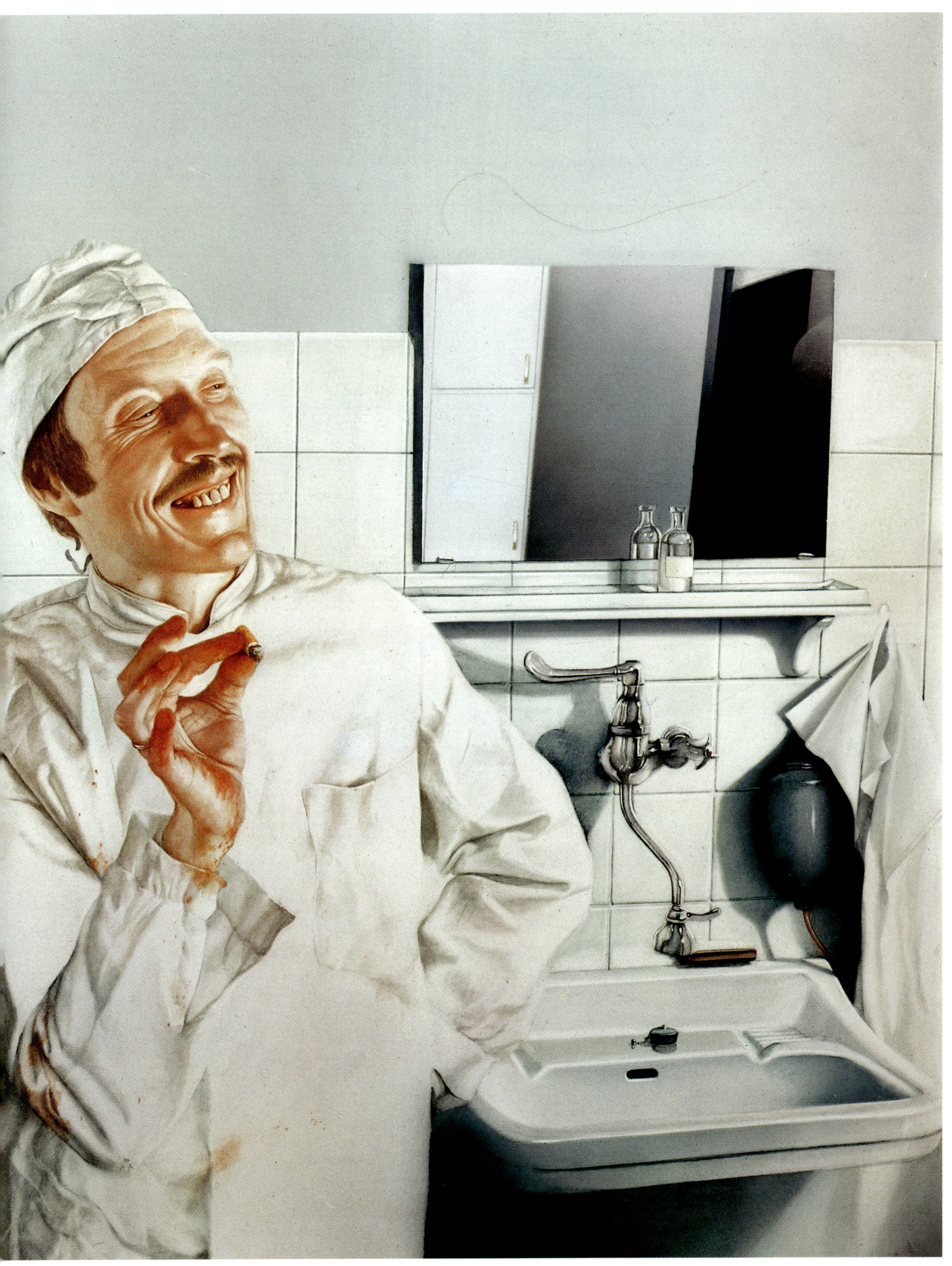

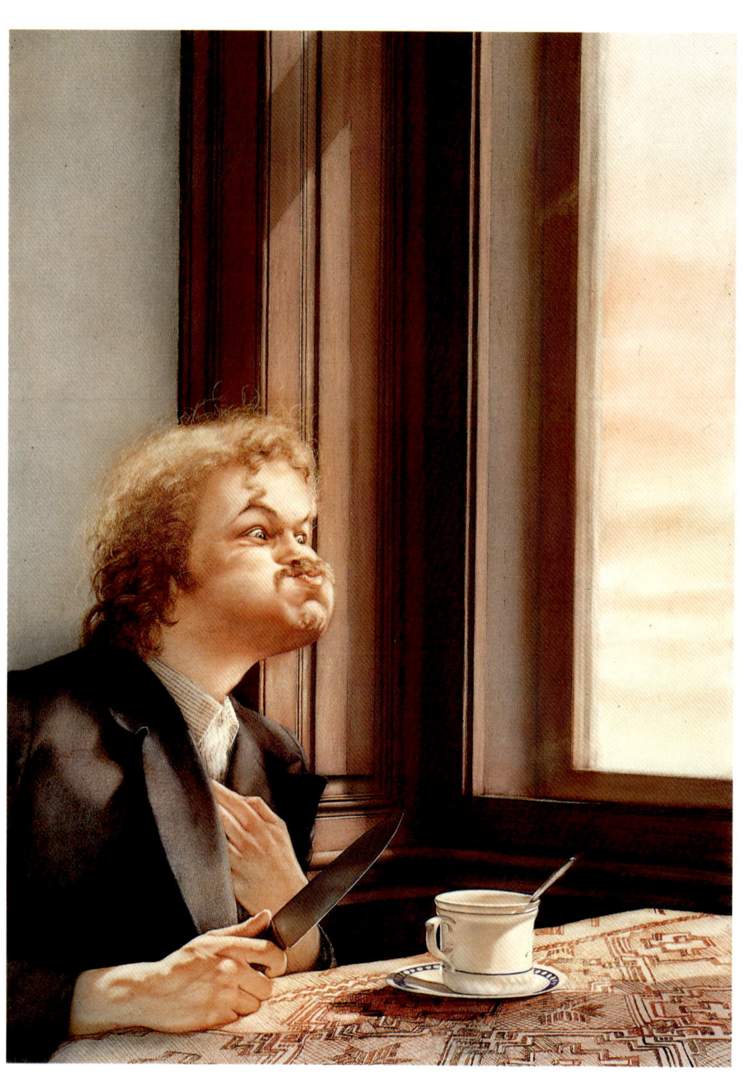

36 **Guten Morgen, Du Sau!**, 1972

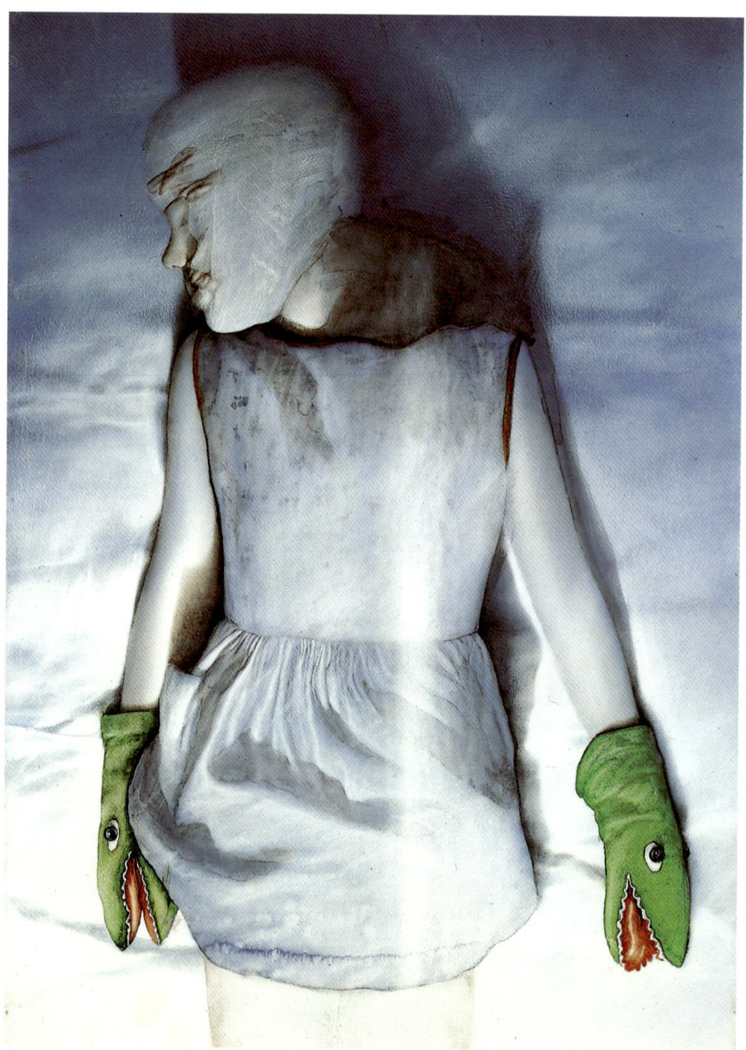

37 **Crocodile Rock**, 1978

◁ **35 Der höhnische Arzt**, 1973

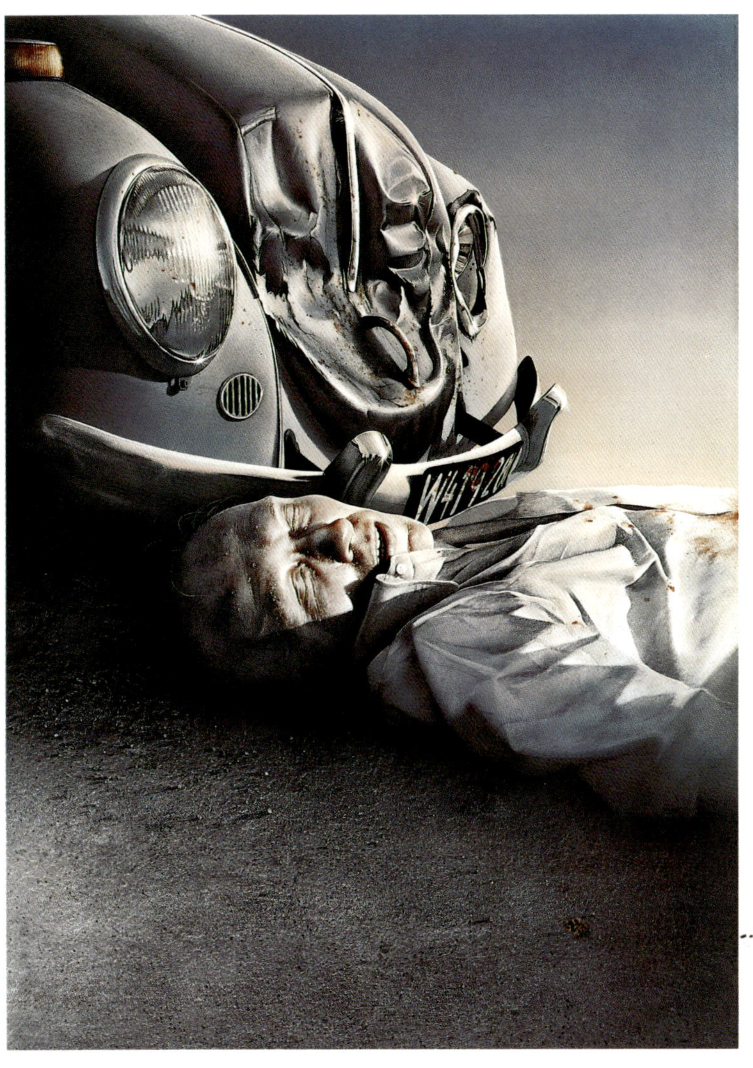

38 Das Wunder I, 1980

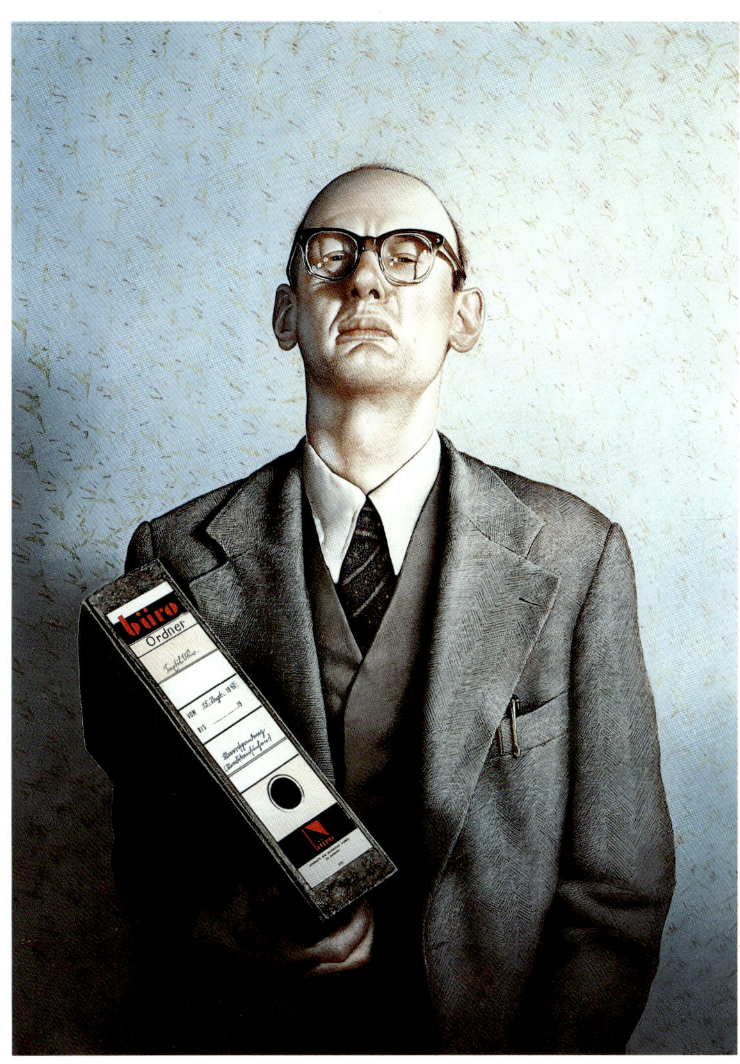

39 Der Freigeist, 1979

Pastelle

In den Jahren 1987 und 1989 entstand eine Folge monochromer gegenständlicher Pastelle und abstrahierende Arbeiten, auf denen, wie magisch verschwommen, Köpfe und grotesk verzerrte Körper aus dunklem Grund hervorleuchten. Dennoch bleiben Trivialität und Tragik auch in diesem Werkkomplex von Gottfried Helnwein nahe beieinander. Nach wie vor bilden die Dokumentarfotografie und die alltägliche Bilderflut der Massenmedien seine große Inspirationsquelle: Zwei Pastelle wurden nach einem Foto des amerikanischen Sensationsreporters Weegee betitelt (»Modern Sleep«), Polizeifotos von mißhandelten Kindern und von Drogenleichen aus der New Yorker Bronx dienten häufiger als Vorlage. Künstlerisch übersetzt wurde auch das Foto eines Soldaten der Roten Armee, der 1945 in Berlin vor dem Führer-Hauptquartier die bis zur Unkenntlichkeit verkohlte Leiche des NS-Propagandaministers Goebbels ablichtete. Aber wo Gottfried Helnwein früher einen detailfetischistischen Hyperrealismus zelebriert hatte, da führte er nun die Malerei zu einer irisierenden Unschärfe, die rein aus der Farbe heraus gestaltet worden ist und die nur noch eine bleiche, gespenstisch schimmernde Schädelsilhouette übriglieẞ (»Verbrannter Engel«). In seinen Menschendarstellungen dieser Jahre annullierte Helnwein weitgehend jedes individuelle Merkmal und transformierte die Physiognomie zur hellen, visionären Lichterscheinung. Die menschliche Gestalt erscheint deshalb nicht mehr elaboriert, sondern nur noch flächig angedeutet. Die Raumillusion ist nahezu verschwunden, und die Körperkonturen lösen sich im Bildhintergrund auf. Der Maler nimmt also die Figur in die Materialität der Farbe zurück, aus der heraus sie auch geformt wurde. Aber immer bleibt das Grundthema seiner Kunst der Mensch als Täter und Opfer mitsamt den verborgenen Schichten hinter den Dingen, die es aufzudecken gilt.

Pastels

From 1987 to 1989 Helnwein did a series of monochrome, representational pastels as well as more abstract works, in which magically hazed heads and grotesquely distorted bodies are seen aglow against dark backgrounds. In these works, Gottfried Helnwein's characteristic juxtaposition of the trivial and the tragic is again apparent. As so often before, documentary photography and the daily tidal wave of media images account for his major inspiration. Two of the pastels were titled »Modern Sleep« after a photo by Weegee, the American sensationalist photojournalist. Police photos of mistreated children and dead drug addicts in the Bronx in New York often served as Helnwein's originals. And he also artistically processed a photo taken by a Red Army soldier in 1945, at Hitler's headquarters in Berlin, of the body of Nazi propaganda minister Josef Goebbels – burnt beyond recognition. If Helnwein had practised a detail fetishism of kinds in his earlier hyperrealism, however, he was now aiming at an iridescent blur that acquired contour purely from colour and left only a pale, ghostly outline of a skull (»Burnt Angel«). In his pictures of humans at this period, Helnwein largely eliminated individual features and transformed facial appearances into a bright, visionary phenomenon of light. The human figure is no longer detailed; rather, it is adumbrated as an area. Spatial illusion is almost entirely dispensed with, and the contures of the figures blend into the background. The artist is returning the figure to the material qualities of colour from which it was first formed. The main theme of his art, however, still remains Man as victim and villain – and the hidden sides of things which have to be revealed.

Pastels

De 1987 à 1989, Helnwein a réalisé une série de pastels figuratifs monochromes et des travaux abstraits. Sur un fond sombre, on y voit rayonner des têtes magiquement nébuleuses et des corps grotesquement tordus. Pourtant, le trivial et le tragique restent ici aussi proches l'un de l'autre. Les documents photographiques et le flot quotidien des mass media restent sa grande source d'inspiration: deux pastels ont été nommés d'après une photo du reporter américain Weegee («Modern Sleep»), des photos de police montrant des enfants brutalisés et des cadavres de drogués du Bronx ont souvent servi de modèle. C'est aussi le cas d'un document représentant un soldat de l'Armée rouge photographiant en 1945 à Berlin le cadavre carbonisé du ministre de la propagande Goebbels devant l'ancien quartier général. Mais Gottfried Helnwein, qui célébrait autrefois un hyperréalisme fétichiste du détail, peint maintenant des flous irisés, où les formes ne se dégagent que des couleurs et qui ne laissent qu'une silhouette blafarde, aux lueurs fantomatiques («Ange brûlé»). Dans les portraits peints à cette époque, tout caractère individuel a disparu, et la physionomie devient une apparition lumineuse, claire et surnaturelle. La forme humaine n'apparaît donc plus élaborée, mais uniquement ébauchée en surface. L'illusion spatiale a presque disparu, et les contours du corps se dissolvent dans l'arrière-plan. Le peintre ramène donc la figure dans la matérialité de la couleur dont elle s'était dégagée. Mais le thème central de son art reste l'homme en tant que bourreau et victime avec tout ce que cela dissimule, et qu'il s'agit de mettre à jour.

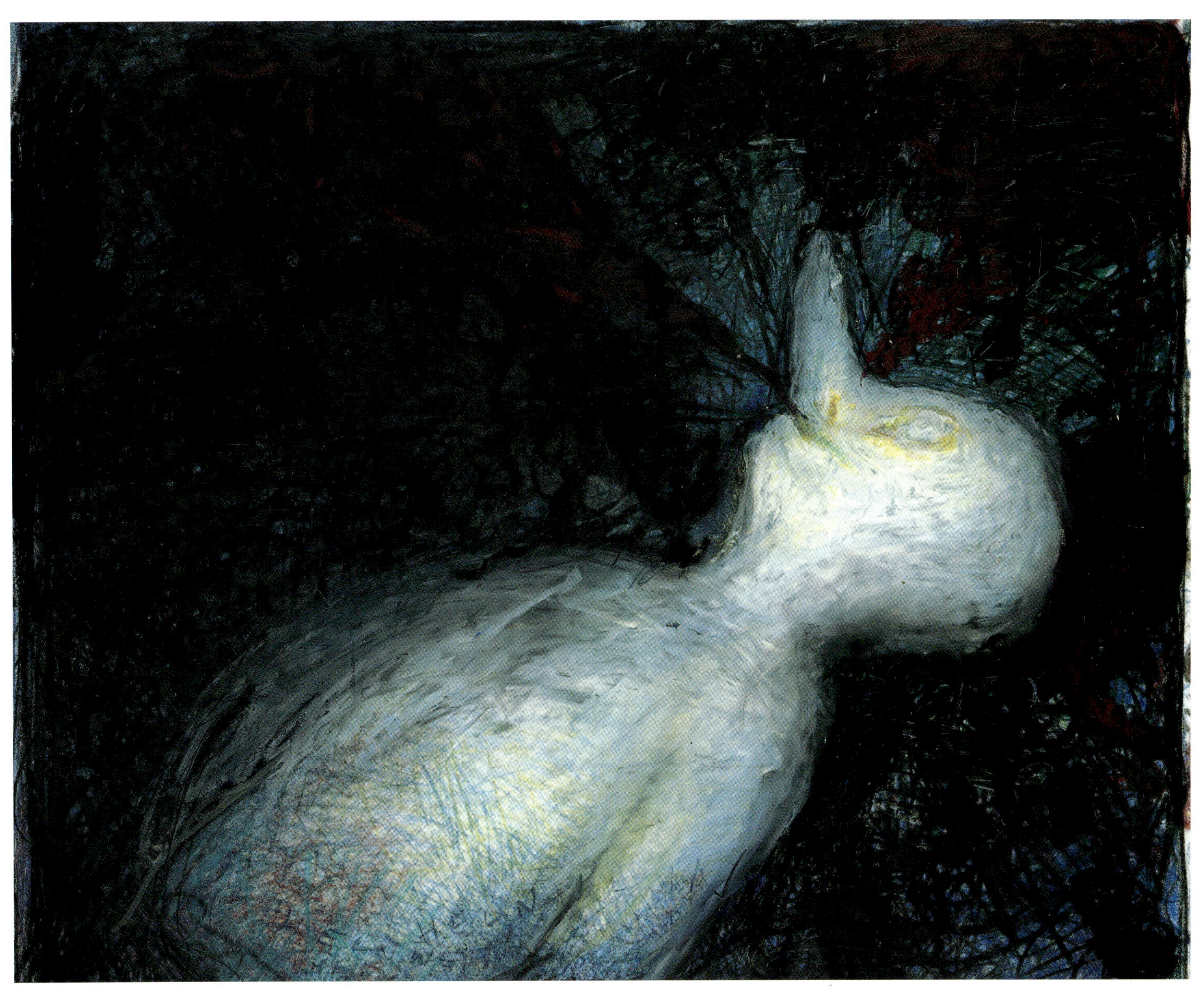

40 **Der Tod des Pinocchio**, 1988

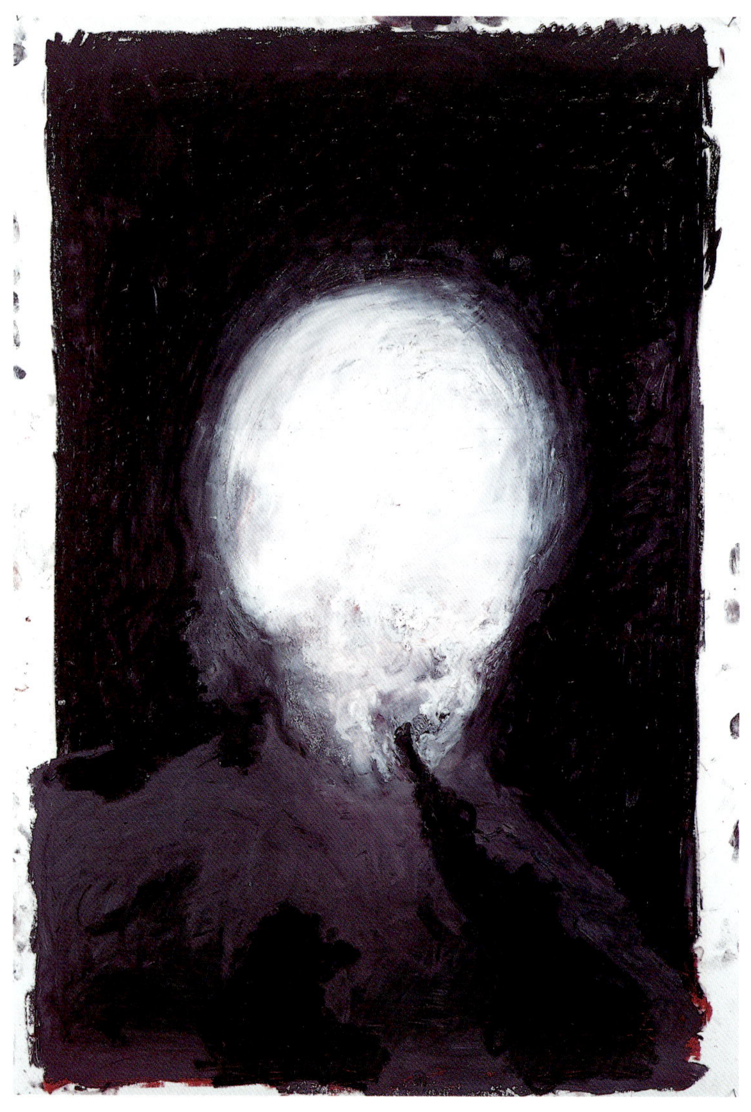

41 **Gott in Panik**, 1989   42 **Modern Sleep II**, 1989

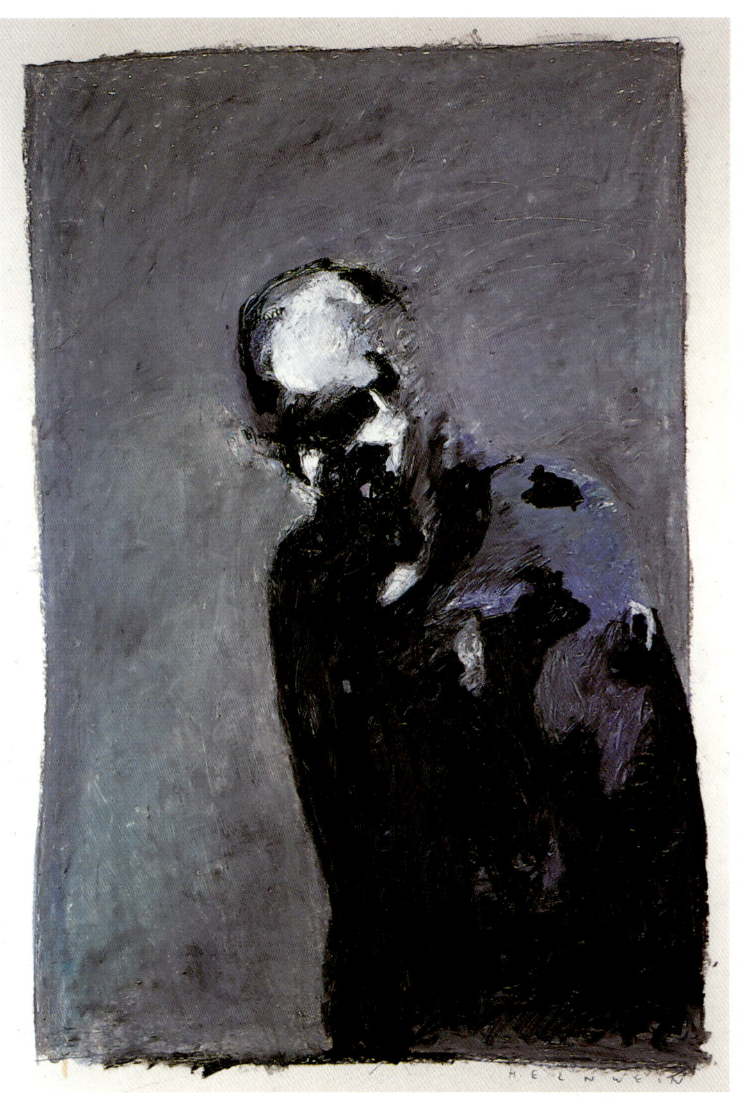

43 Gott als General, 1987

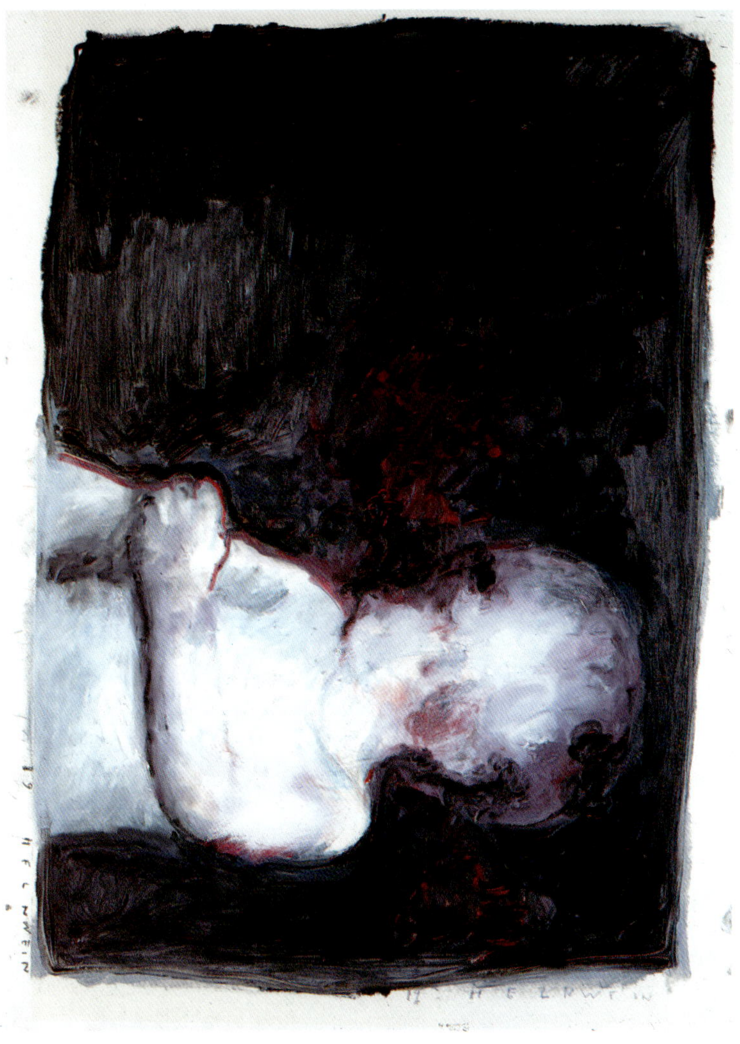

44 Das Wunderkind, 1989

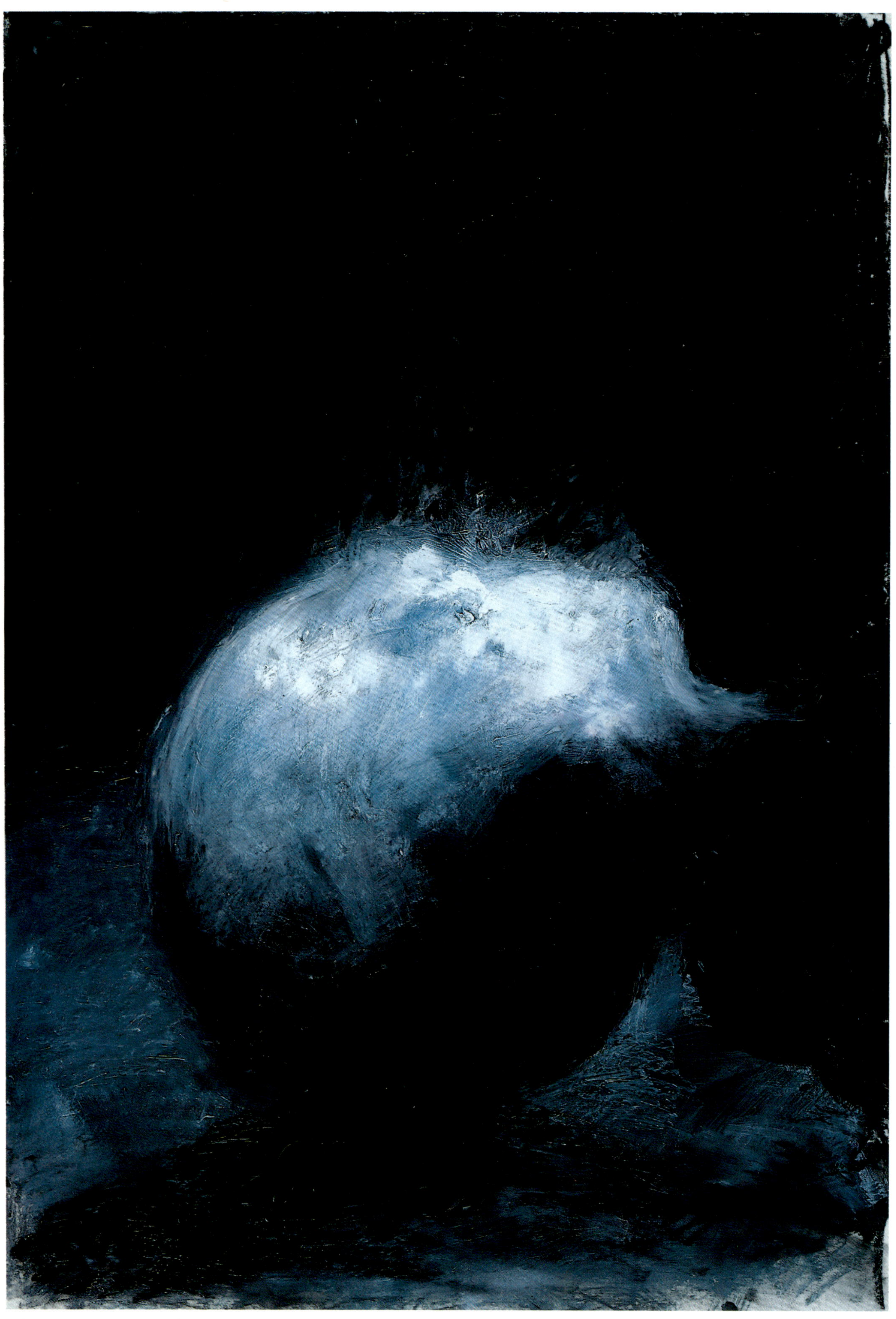

Gottfried Helnweins Artaud-Trilogie aus dem Jahr 1989 bedient sich ebenfalls dokumentarischen Fotomaterials, das aber in der künstlerischen Arbeit sensibel und poetisch transzendiert wird. Dennoch fehlt ihm nicht die eigentümlich diabolische Dimension. Das in rosa Pastelltönen gehaltene Dichter-Portrait gerät nämlich zur düsteren Comic-Persiflage: Artaud erbricht eine unförmige, unergründlich scheinende blauschwarze Sprechblase. Gottfried Helnwein, Heiner Müller und der österreichische Choreograph Hans Kresnik arbeiteten in diesem Jahr auch an einem gemeinsamen Theaterstück über Antonin Artaud (1896–1948).

Gottfried Helnwein's Artaud trilogy, dating from 1989, again uses documentary photographic material, but in the course of the artistic work upon it it has been delicately and poetically transcended. Not that the characteristic diabolic aspect is missing. The portrait of the writer, done in pastel pink, is a dark burlesque of the idiom of comics: from Artaud there issues an unshaped and seemingly unfathomable blue-black speech bubble. In 1989, Helnwein, dramatist Heiner Müller and Austrian choreographer Hans Kresnik collaborated on a play about Antonin Artaud (1896–1948).

La trilogie de Gottfried Helnwein sur Antonin Artaud, réalisée en 1989, repose également sur des documents photographiques, que l'artiste a su transcender avec sensibilité et poésie. Pourtant, une dimension étrangement diabolique ne lui fait pas défaut. Le portrait de l'écrivain en tonalités rose pastel se transforme en une sombre caricature de bande dessinée: Artaud vomit une bulle bleue noire informe et insondable. Gottfried Helnwein, Heiner Müller et le chorégraphe autrichien Hans Kresnik ont également travaillé cette année à une pièce de théâtre commune sur Antonin Artaud (1896–1948).

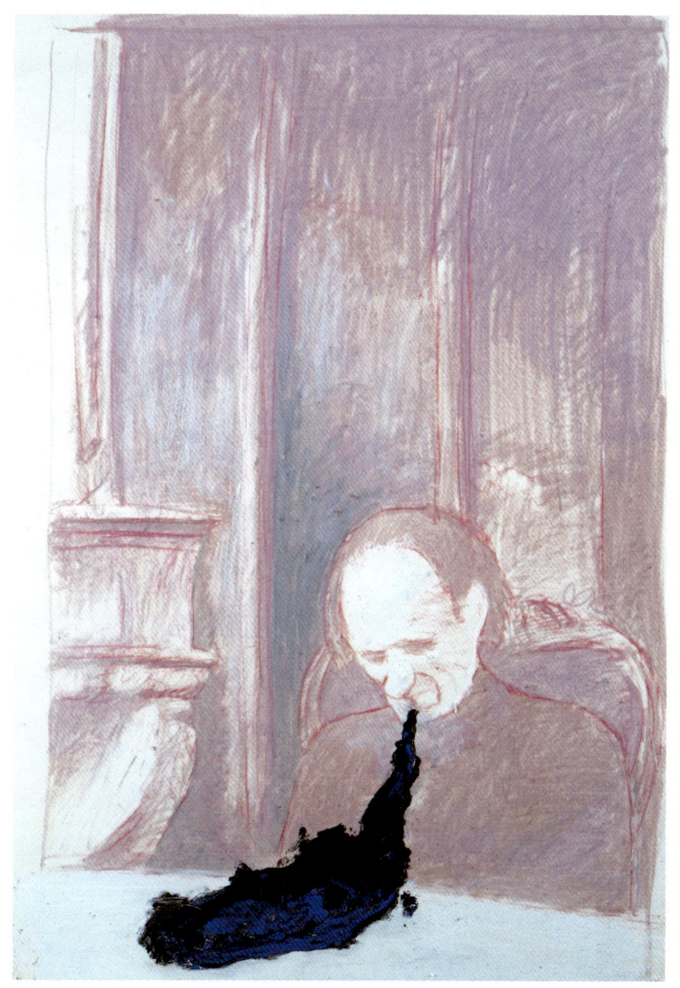

△ **46 Antonin Artaud**, 1989

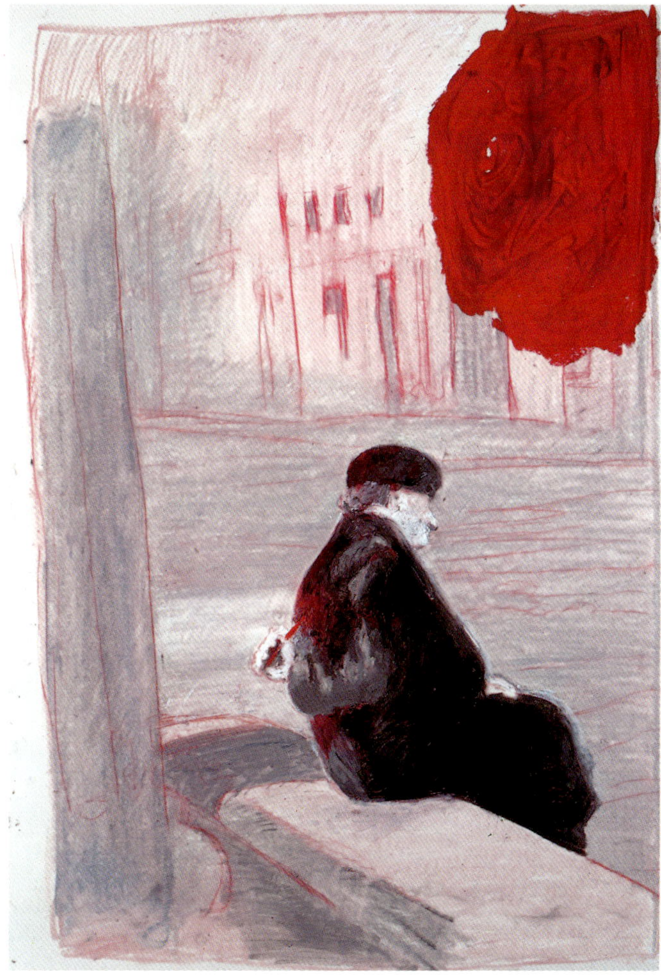

45 Verbrannter Engel, 1989

47 Artaud's Song, 1989

Selbstportraits

»Der Grund«, so sagte Gottfried Helnwein in einem Interview (1990), »warum ich zum Thema Selbstbildnis kam, warum ich von Anfang an Selbstinszenierungen gemacht habe, war eine Art Stellvertreterfunktion. Das ist nichts Autobiographisches, keine Therapie, und teilt nichts von mir persönlich mit. Damit meine ich überhaupt nicht mich, sondern ich nehme mich, weil ich als Modell jederzeit verfügbar bin: Was ich meine, ist einfach ›einen Menschen‹.« Der bandagierte Kopf wurde dabei immer wieder zum mißverstandenen Klischee. Selbst Mick Jagger fragte einmal, wenn auch lachend: »Will you paint me with bandages?«

Es gibt eine interessante Parallele: Humphrey Bogart mit bandagiertem Kopf in dem Film *Dark Passage* (1947). Er wartet darauf, daß sich ein neues Gesicht bildet wie in einem Kokon, in dem ein neues Lebewesen entsteht. Aber der medizinische Verband und die chirurgischen Instrumentarien sind bei Helnwein auch Symbol und Metapher des anonymen Massenmenschen – mumifizierte Nobodys der Gegenwart, die frisch vom Operationstisch zu kommen scheinen oder aus einem ägyptischen Mumiensarg. Alle Qualen und Horrorvorstellungen dieser Welt sind in diesen Bildern versammelt wie gebündelte Expressionen der Angst. Die Selbstportraits wurden damit auch zum Ausdruck des Märtyrers am Ende des Jahrhunderts, und die Menschen erkannten sich darin wieder, sonst wäre ihr weltweiter Erfolg nicht möglich gewesen.

Helnweins berühmtes Selbstbildnis von 1981 hat außerdem eine weitere Verbindung, nämlich zu dem österreichischen Bildhauer Franz Xaver Messerschmidt (1736–1783), einem der begehrtesten Portraitisten des Barockzeitalters – bis er daran wahnsinnig und damit hellsichtig wurde. Erst dann schuf er eine Serie von Charakterköpfen, die Grimassen des endgültigen Horrors in einer bisher nie gezeigten Intensität zeigten, als wolle sich der Künstler noch einmal an der Gesellschaft rächen. Völlig verwahrlost starb er dann in einer Irrenanstalt.

Self-portraits

»The reason why I took to doing self-portraits«, Gottfried Helnwein said in a 1990 interview, »and why I have been presenting my own persona from the very start, lay in a kind of substitution for the self. There is nothing of an autobiographical or therapeutic nature on show. It tells you nothing about me personally. I don't mean me at all; I just use myself because I am always available as a model. All I mean to present is a *human being,* pure and simple.« The bandaged head become a cliché that was repeatedly misunderstood. Even Mick Jagger once asked, albeit with a laugh: »Will you paint me with bandages?«

There is an interesting parallel: Humphrey Bogart with a bandaged head in the film *Dark Passage* (1947). He is waiting for a new face to evolve, as in a cocoon where a new life comes into being. But in Helnwein's case, the medical bandaging and surgical instruments are symbols and metaphors of human anonymity in mass society: the figures are mummified nobodies of the present day that seem to come straight from the operating table or from an Egyptian sarcophagus. All the horrors of this world are present in these images. They are concentrated expressions of *angst*. And so Helnwein's self-portraits are also representations of martyrdom in the late twentieth century, and people have recognised themselves in his images. If they had not, the acclaim that greeted them worldwide would not have been possible.

Helnwein's famous 1981 self-portrait has a further link, to the work of the Austrian sculptor Franz Xaver Messerschmidt (1736–1783), one of the most sought-after portrait artists of the late baroque period – till he went out of his mind, and became clairvoyant. He then did his series of character busts pulling grimaces that express a horror of an intensity never witnessed before – as if the artist were out to take revenge upon society. He died in an asylum, a broken man.

Autoportraits

Gottfried Helnwein disait en 1990 dans une interview: «La raison pour laquelle je me suis tourné vers l'autoportrait, pourquoi j'ai dès le début mis ma propre personne en scène, est que j'étais une sorte de représentant. Il n'y a rien d'autobiographique là-dedans, ce n'est pas une thérapie, on n'y trouvera rien de personnel. Je n'ai rien à voir avec cela, je me prends uniquement parce que je suis toujours disponible en tant que modèle. Je veux montrer ‹un homme›». La tête recouverte de pansements n'a cessé d'être un poncif mal compris. Même Mick Jagger a demandé, en riant toutefois: «Will you paint me with bandages?»

Il existe un parallèle intéressant: la tête pansée d'Humphrey Bogart dans le film *Dark Passage* de 1947. Il attend qu'un nouveau visage se forme comme dans un cocon abritant une vie en création. Mais chez Helnwein, les pansements et les instruments chirurgicaux sont également un symbole et une métaphore de l'être perdu dans l'anonymat: un «personne» momifié de notre époque semblant descendre tout droit de la table d'opérations ou sortir d'un sarcophage égyptien. Tous les tourments et les horreurs de ce monde sont réunis dans ces toiles comme un faisceau des manifestations de l'angoisse. Les autoportraits sont donc aussi devenus l'expression du martyre de cette fin du siècle, et les gens s'y sont reconnus, sinon leur succès dans le monde entier n'aurait pas été possible.

On peut également rapprocher le célèbre autoportrait de 1981 de Helnwein des œuvres du sculpteur autrichien Franz Xaver Messerschmidt (1736–1783), l'un des portraitistes les plus recherchés de l'époque baroque – jusqu'à ce qu'il sombre dans la folie et ait des visions. C'est seulement alors qu'il créa une série de «Têtes», montrant les grimaces de l'horreur à son comble avec une intensité encore jamais atteinte, comme si l'artiste voulait une fois encore se venger de la société. Complètement abandonné, il mourut ensuite dans un asile d'aliénés.

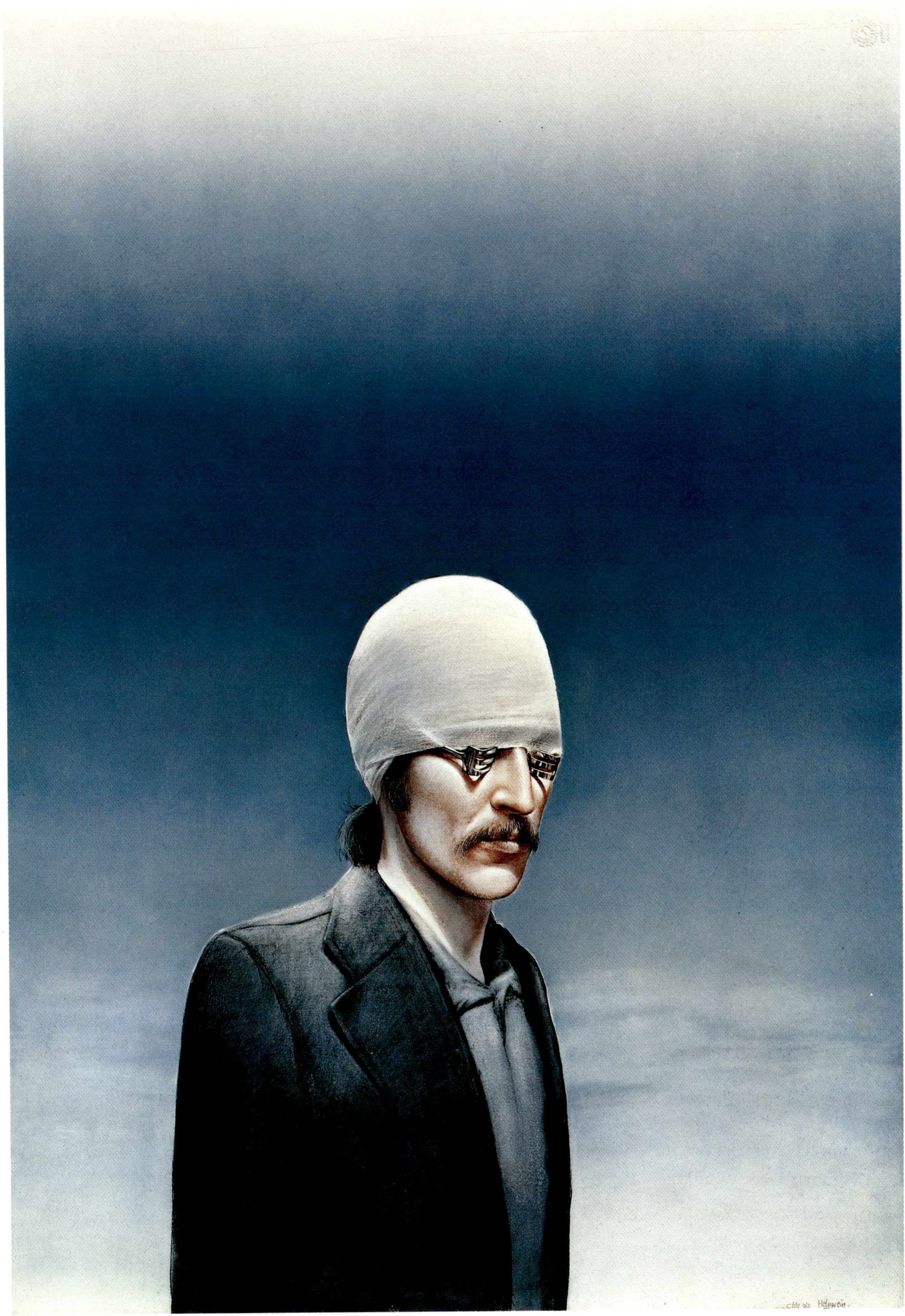

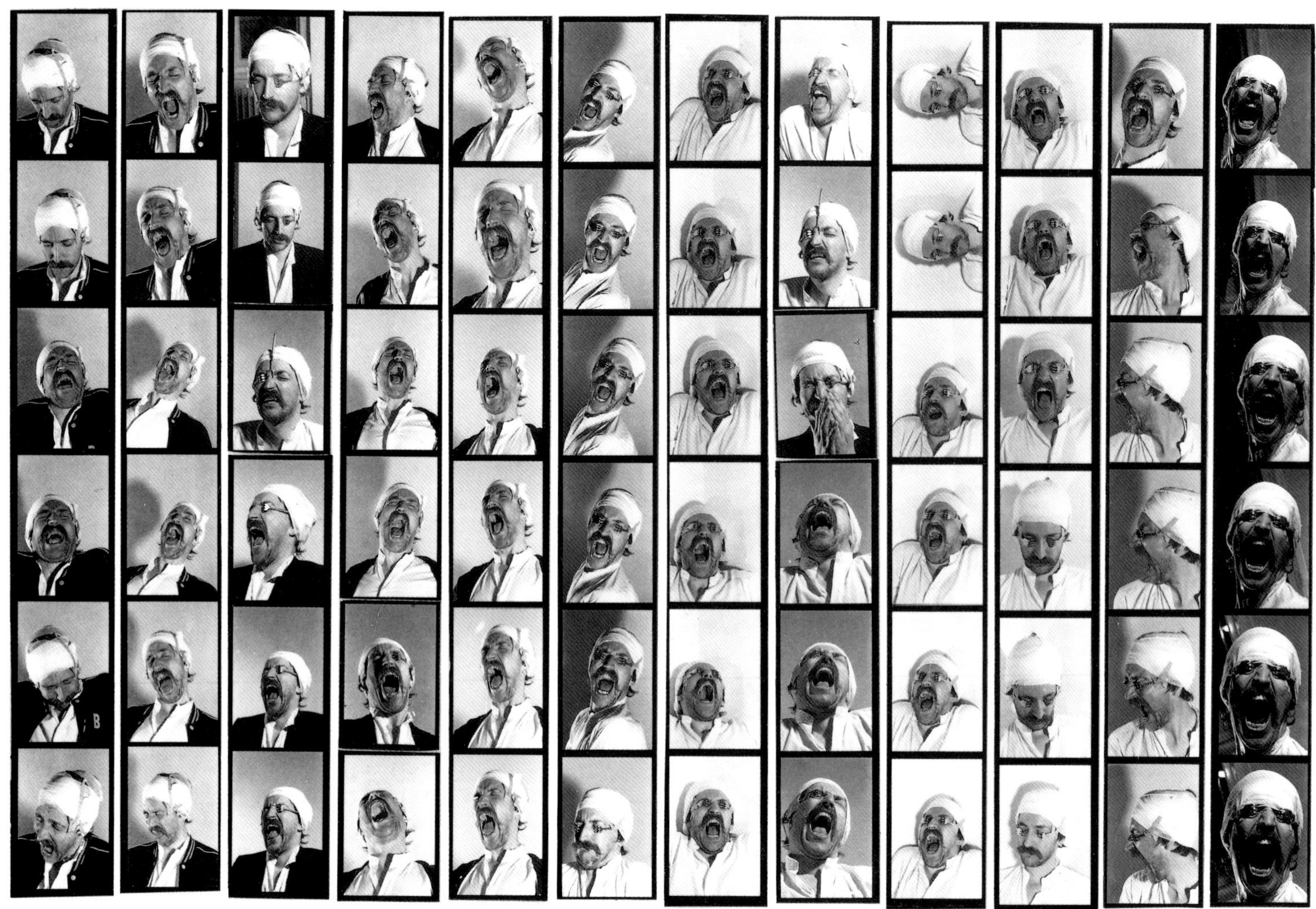

49 Selbstdarstellung, Wien, 1981

»Der Schockmaler mit der sensiblen Seele«, »der Feinmechaniker des Makabren« – es gibt kaum ein Kunstwerk der achtziger Jahre, das derart häufig reproduziert bzw. positiv besprochen worden ist wie dieses Selbstportrait von Gottfried Helnwein. Basierend auf einer Fotosession von 1981, malte er es im selben Jahr in Aquarelltechnik. Die deutsche Rockgruppe Scorpions gab eine zweite Version als Cover für ihre LP *Blackout* in Auftrag. Das kleinformatige, in absoluter Präzision geschaffene Meisterwerk wurde dann zum definitiven Kultbild. Weit über die Verbindung von Malerei und Rockmusik hinaus, visualisiert der gewaltige Schrei des Künstlers das Aufbäumen und den Protest der malträtierten Kreatur, die Apokalypse des geknebelten Individuums im Zeichen einer ebenso monströsen wie erschreckenden Zivilisation. Alle Formen der Gewalt gegen Menschen finden sich in diesem Gemälde konzentriert wieder.

»A shocker artist with a soft centre« or »the precision engineer of the macabre«: few artworks of the Eighties were as widely reproduced, or attracted as much positive comment, as this self-portrait by Gottfried Helnwein. Starting from a photo session in 1981, he painted the picture in watercolour that same year. The Scorpions, a German rock band, were so impressed that they commissioned a second version, with shattering glass, for the cover of their album *Blackout*. The small-format high-precision masterpiece then became a cult image. Beyond this tie-up of painting and rock music, the artist's anguished scream visually conveys the protesting rebellion of the ill-treated human creature and the apocalypse of the battered individual in a monstrous age when civilization is a terrifying thing. Gottfried Helnwein has repeatedly given urgent expression in his art to all kinds of violence against humanity, and in this painting they are all co-present in concentrated form.

«Le peintre de choc à l'âme sensible», «le mécanicien du macabre» – on ne connaît guère d'œuvre réalisée dans les années 80 qui ait été reproduite aussi souvent ou commentée de manière aussi positive que cet autoportrait de Gottfried Helnwein. Basée sur une session photographique de 1981, elle fut peinte la même année en aquarelle. Le groupe de rock allemand «Scorpions» en commanda immédiatement une seconde version, celle où un verre explose, pour la couverture de son 33-tours *Blackout*. Ce chef-d'œuvre de précision en petit format est devenu depuis un objet de vénération. Bien au-delà de la relation entre la peinture et la musique rock, le cri terrible de l'artiste met en images la révolte et la protestation de la créature violentée, l'apocalypse de l'individu réduit au silence au cœur d'une civilisation aussi monstrueuse que terrible. Cette toile réunit toutes les formes de violence contre l'homme, que nous retrouvons tout au long de l'œuvre de Gottfried Helnwein.

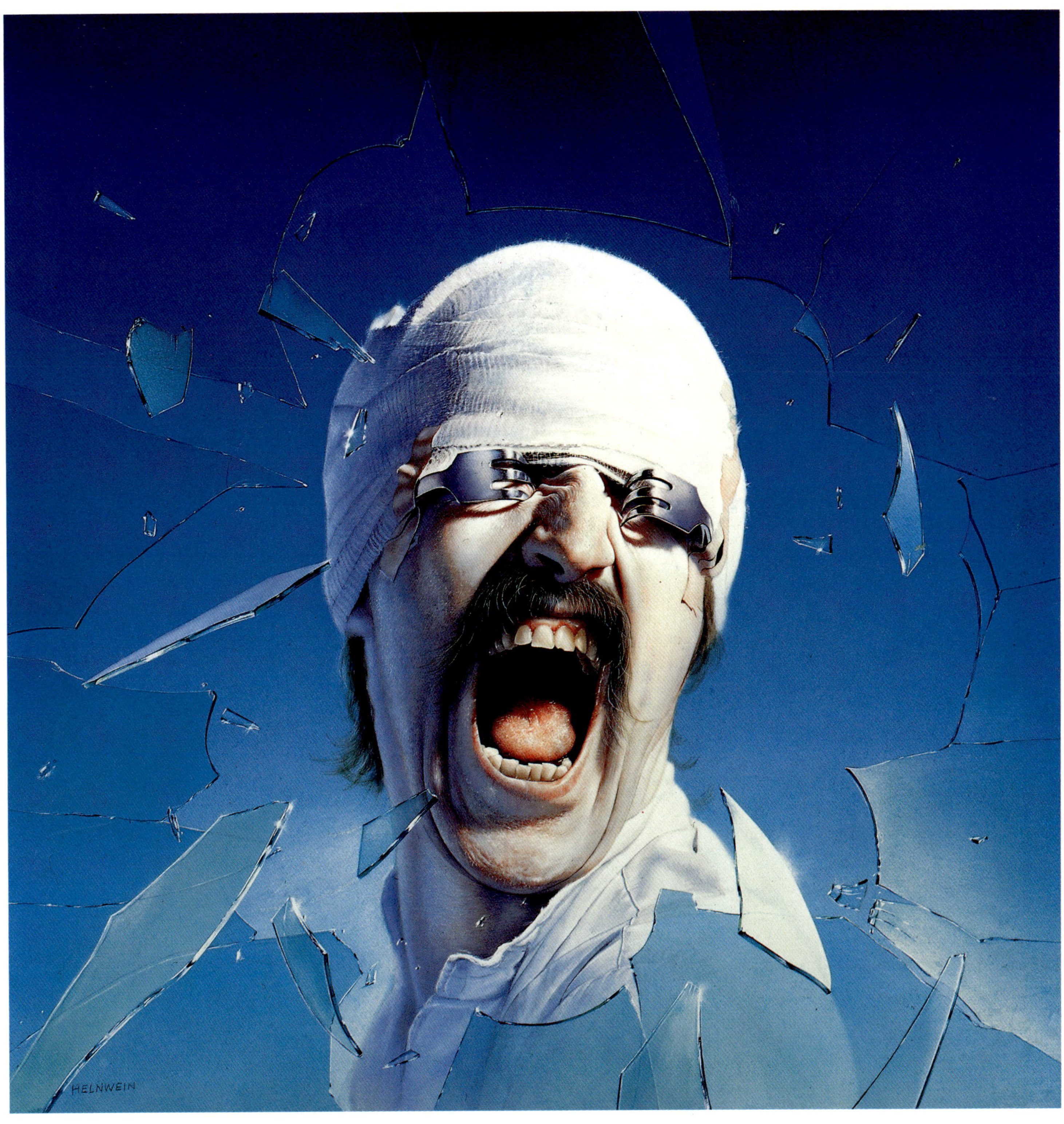

50 **Blackout**, 1982

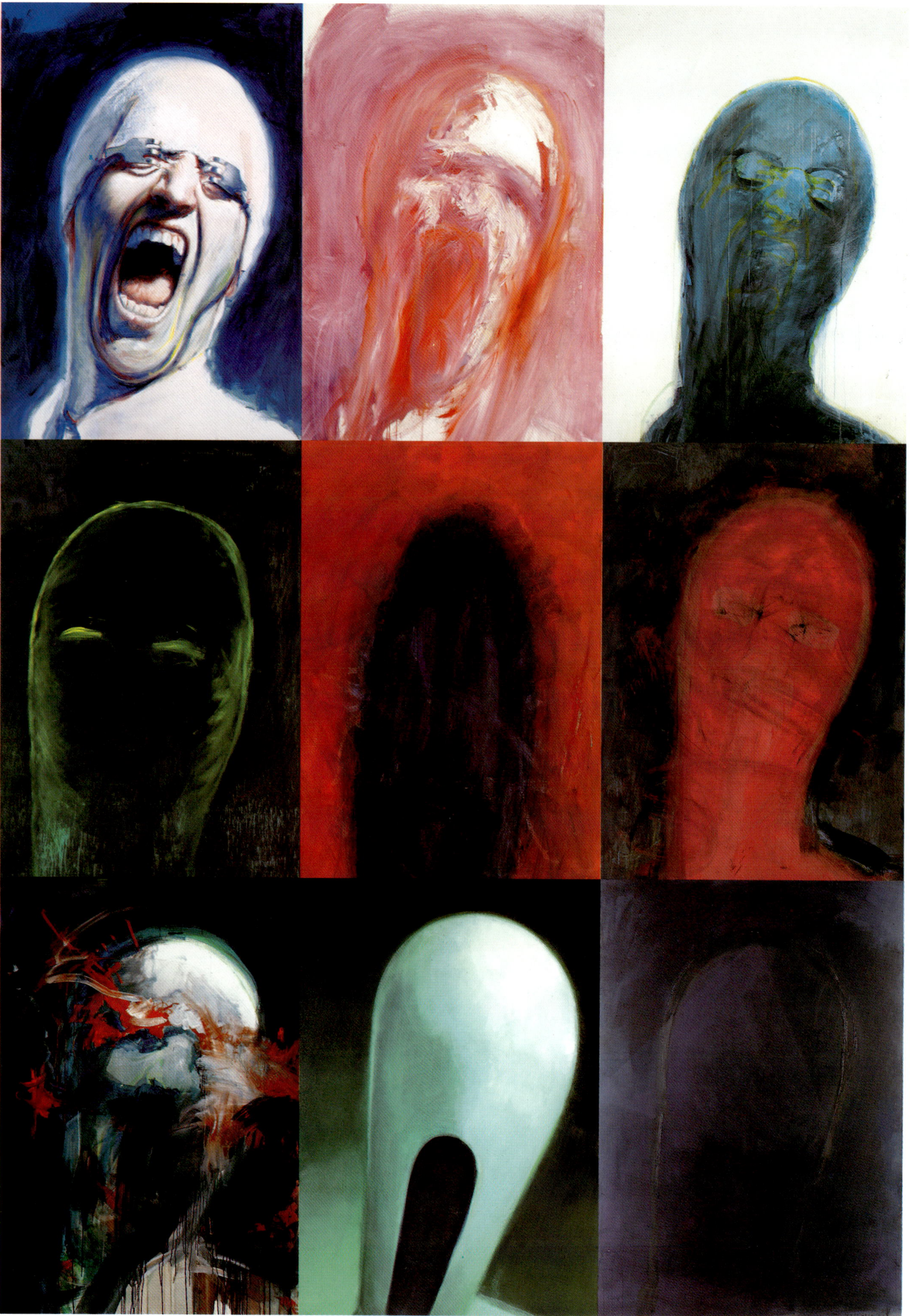

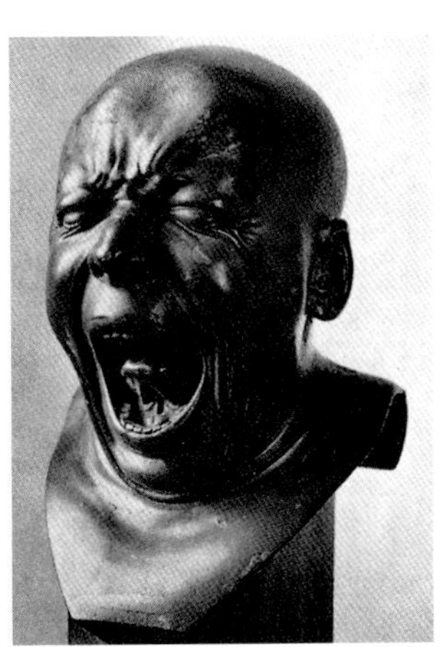

52 Franz Xaver Messerschmidt
Skulptur, 1736–1783

53 Selbstbildnis 14, 1987 ▷

51 Selbstbildnis 5 bis 13, 1986

54 Selbstbildnis 16, 1988 ▷

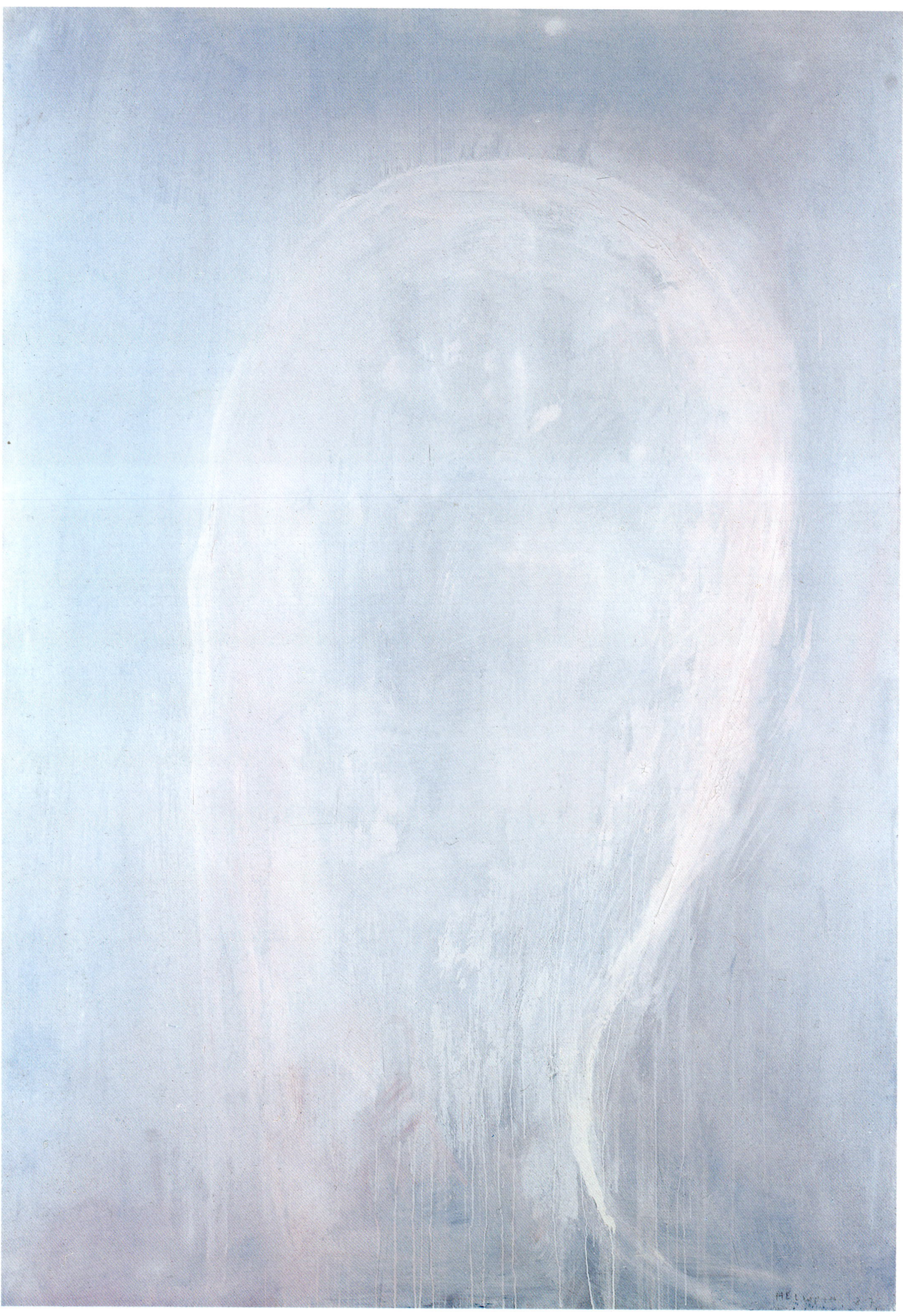

55 **Gott der Untermenschen (Triptychon)**, 1986

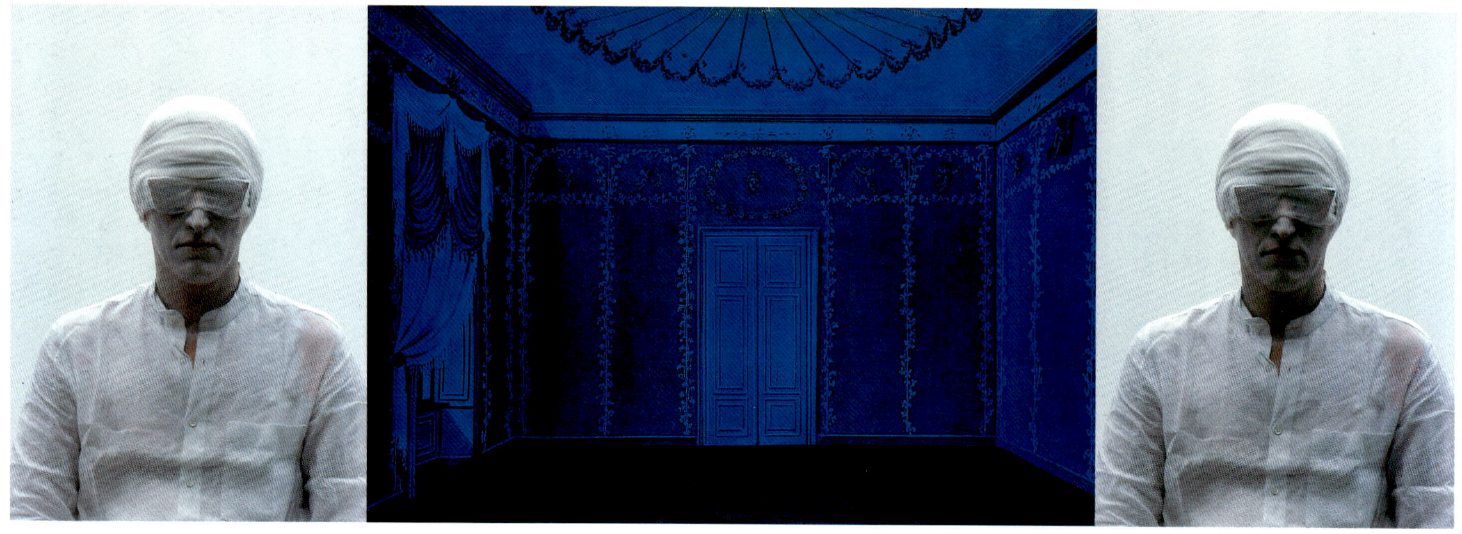

56 **Geheime Elite (Triptychon)**, 1986

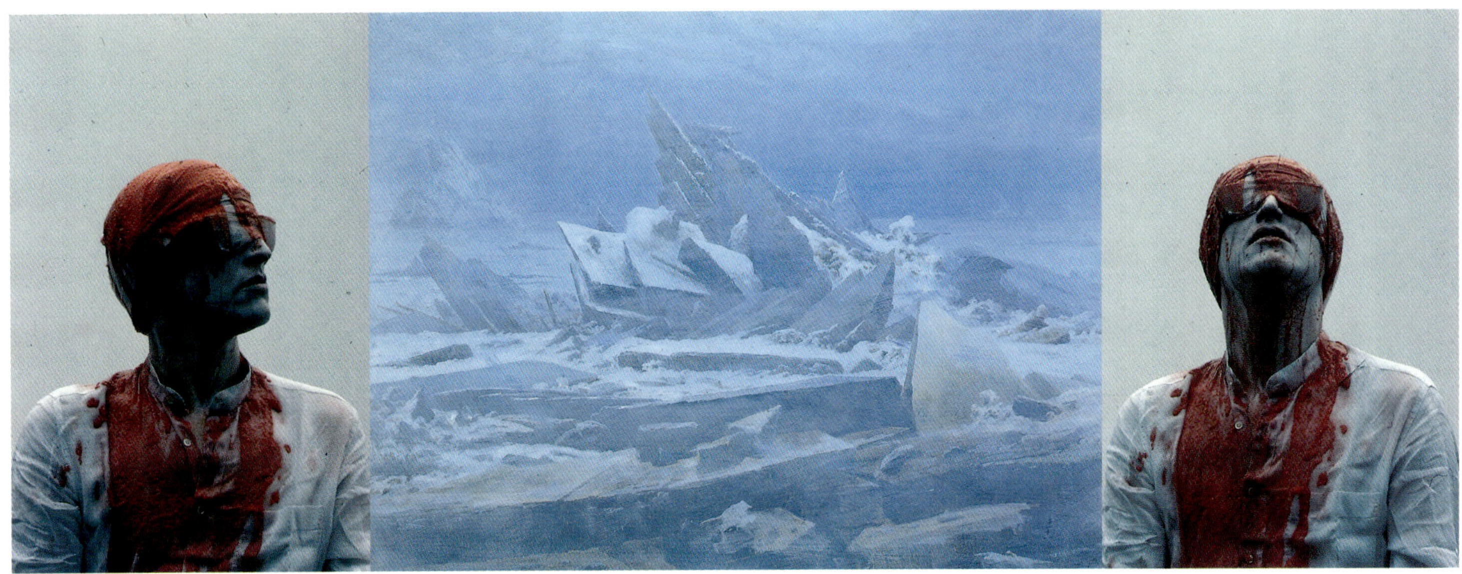

57 Das stille Leuchten der Avantgarde (Triptychon), 1986

Diptychen und Triptychen

Geprägt vom österreichischen Katholizismus und von der Nachkriegszeit, thematisierte Gottfried Helnwein in seinen Rollenspielen der Jahre 1986/87 zahlreiche Varianten dieser ebenso faszinierenden wie
pervertierten Spielart globaler Machtentfaltung. Der Wiener Kunsthistoriker Peter
Gorsen (1988) schrieb: »Fast alle wichtigen Manifestationen der Gewalt wie Krieg,
Tortur, Vergewaltigung, sexuelle Obszönität, der Faschismus in vermoderter historischer und in aktualisierter Gestalt klingen
gefühlsmäßig an. Helnwein arbeitet vornehmlich mit trivialen Mythen, Symbolen,
Signets und Idolen des Alltagslebens, hat
einen Blick für die nostalgischen Devotionalien und Andachtsbilder des Faschismus. Die nekrophile Dämonie der Nazi-Nostalgie, der Military Look und Uniformfetischismus in der Jugendkultur mit ihren sadomasochistischen Anwandlungen, ihrem
Faible für ›geile‹ Waffenästhetik und kriegerische Maskerade werden ebenso thematisiert wie der heroisch-pathetische Gestus der großen Gefühle.« Hier vereinigt er
drei wesentliche Bereiche, die in seinem
Schaffen immer mehr eine zentrale Rolle
spielen: Fotografie, Realismus und monochrome Malerei.

Diptychs and Triptychs

In his role-playing of the years 1986/87,
Gottfried Helnwein, under the influence of
Austrian Catholicism and the post-War experience, took numerous variants of power
in its fascinating and perverse global forms
as his subject. Viennese art historian Peter
Gorsen wrote in 1988: »Almost all the
prime manifestations of violence, such as
war, torture, rape, sexual obscenity, or
Fascism in its decayed historical or contemporary form, inform the emotional
charge of this work. Helnwein works
primarily with the trivial myths, symbols,
signifiers and idols of everyday life, and has
an eye for the devotional, nostalgic trappings and iconographic images of Fascism.
The necrophiliac demonism of Nazi nostalgia, the military look and uniform fetishism
amongst today's youngsters complete
with its sado-masochistic side, their weakness for the supposedly ›sexy‹ aesthetic
appeal of weapons and for warlike masquerading: these are present in Helnwein's subject matter, along with the
heroic emotional gesturing of inflated feeling.« Three core concerns in his work are
co-present here: photography, realism,
and painting in monochrome.

Diptyques et triptyques

Gottfried Helnwein, marqué par le catholicisme autrichien et l'après-guerre, va traiter dans ses jeux de rôles des années
1986/87 de nombreuses variations du déploiement global du pouvoir sous ses aspects aussi fascinants que pervers. Peter
Gorsen, historien d'Art viennois (1988),
écrit: «Presque toutes les manifestations
essentielles de la violence: la guerre, la
torture, le viol, l'obscénité, le fascisme
sous sa forme historique et poussiéreuse
et sous sa forme actuelle éveillent des réminiscences sentimentales. Helnwein utilise surtout des mythes triviaux, des symboles, des signes et des idoles de la vie
quotidienne, il sait voir les objets d'un culte
nostalgique et les images pieuses du fascisme. Le démon nécrophile des nostalgies nazies, le Military-Look et le fétichisme de l'uniforme que cultive la jeunesse avec ses accès sado-masochistes,
son faible pour les armes et la mascarade
guerrière servent aussi bien de motif que
l'expression héroïque et pathétique des
grands sentiments.» Helnwein combine
maintenant trois domaines essentiels dont
l'importance va s'accentuant dans son œuvre: la photographie, le réalisme et la peinture monochrome.

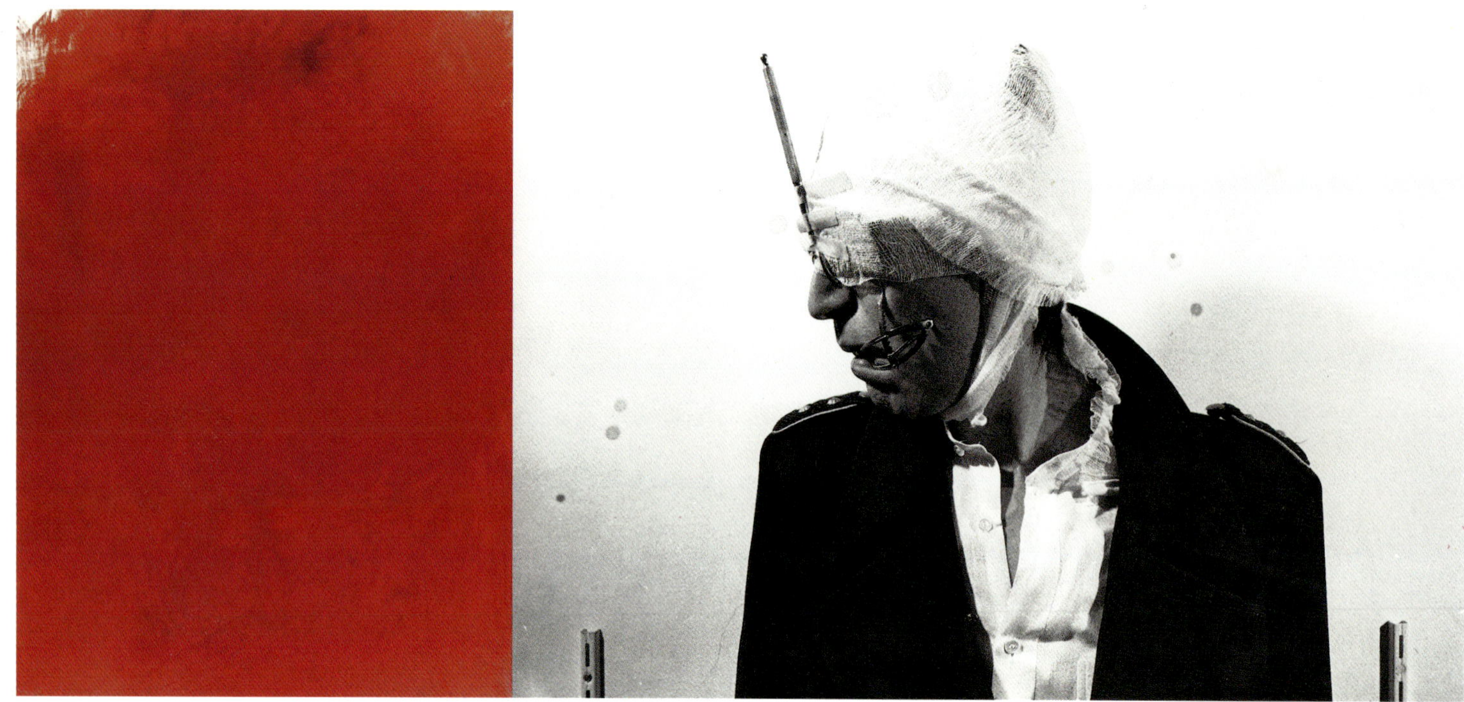

58 It's only Rock'n Roll (Diptychon), 1986

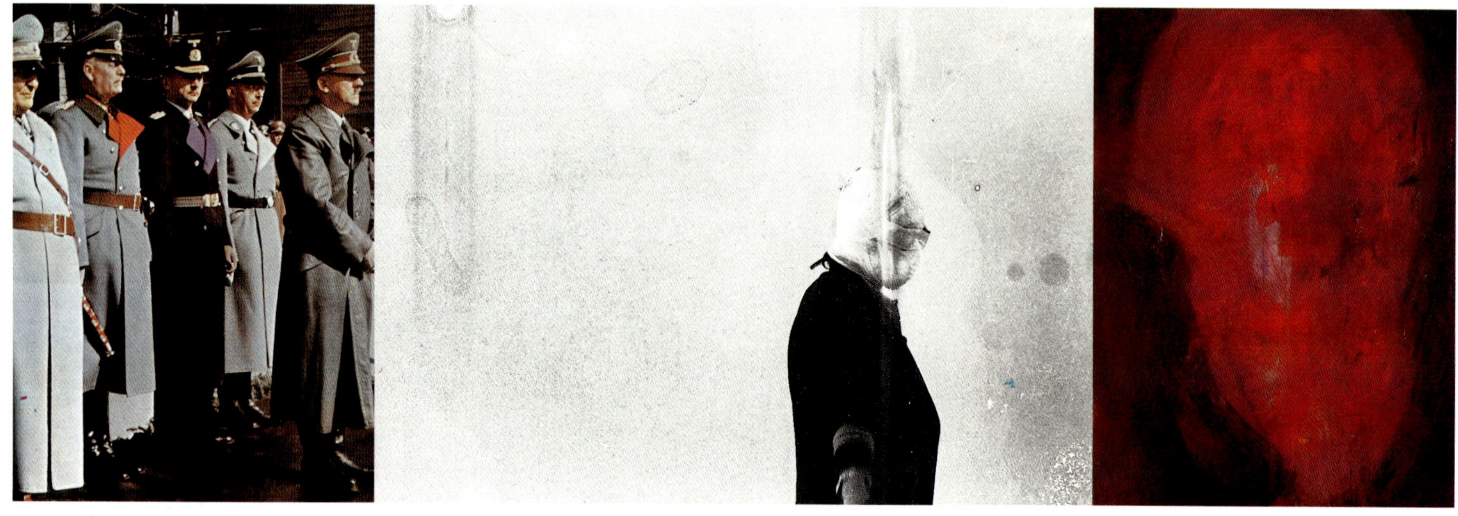

59 Der Beweis, 1986

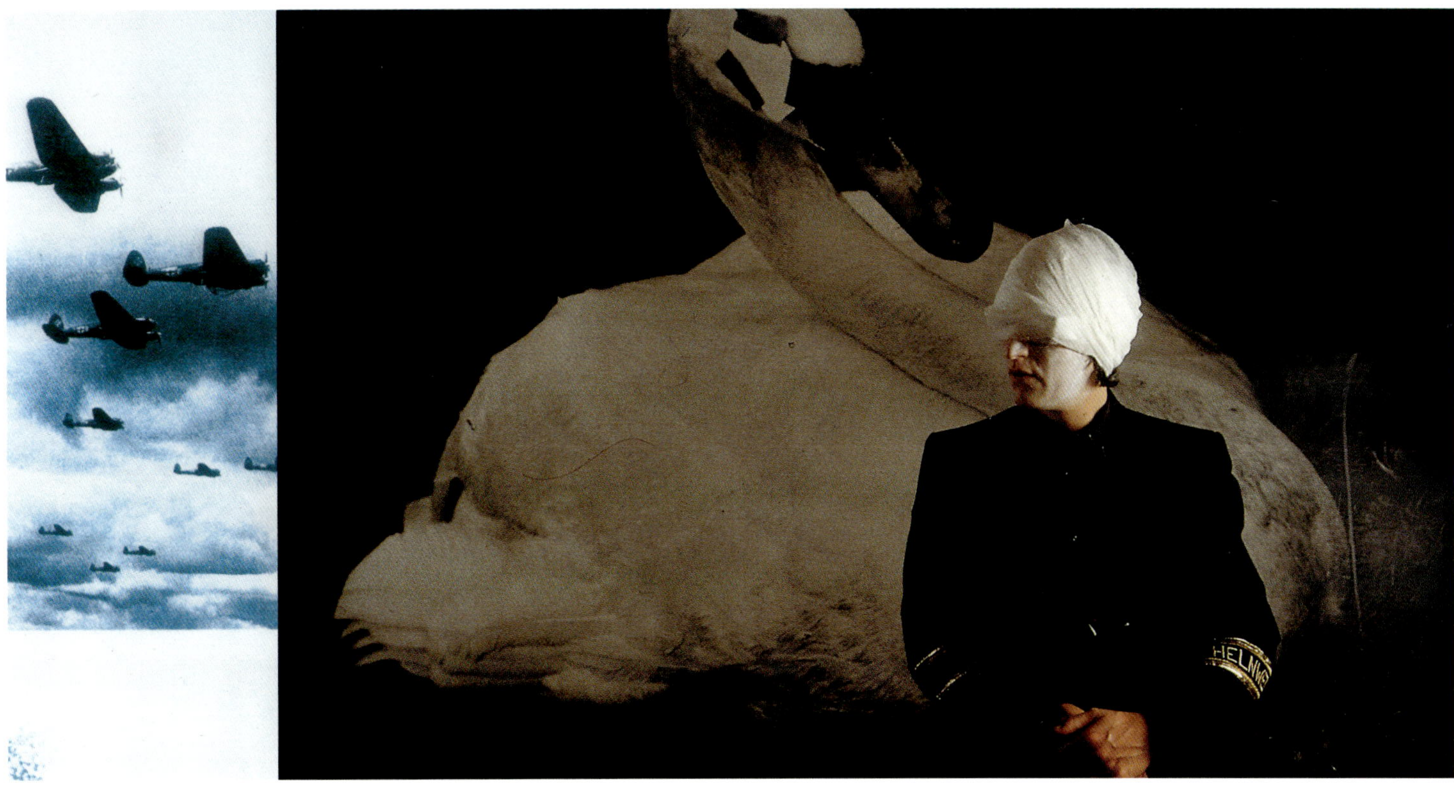

60 **Eine Träne auf Reisen (Diptychon)**, 1986

61 **Die letzten Tage von Pompeji**, 1987 ▷

62 **Glückspilz**, 1987 ▷

Der Untermensch

Helnweins Rollenspiele sind vergleichbar mit denen von Cindy Sherman – mit einem Unterschied: Seine fotografischen Zyklen aus dem Jahr 1987 adaptieren zentrale Stereotypen der Gewalt, des Horrors und der großen Gefühle aus Film und Fernsehen in immer neue alptraumhafte Szenerien, als habe das Monströse des Schrekkens niemals ein Ende gefunden. »Ich liebe solche Klischees«, gestand Helnwein (1988), »weil sie Kraft haben. Sie nehmen den Blick derer gefangen, die der Kunst sonst keinen Blick schenken.« Aber es gehe darum, sie zu erkennen und zu unterminieren, beispielsweise die nationalsozialistische Vorstellung vom Herren- und vom Untermenschen.

The Subhuman *(Untermensch)*

Helnwein's role-playing can be compared with that of Cindy Sherman – but there is a difference. His 1987 photographic series adapt central stereotypes of violence and horror, and of the cinema's and television's major emotions, in ever new nightmare settings – as if the monstrous horror were unending. »I love these clichés«, Helnwein admitted in 1988, »because they have real power. They grip people who would normally never take a glance at art.« But what matters is to identify and subvert clichés – such as the Nazi notion of a master race and of the subhuman.

Le sous-homme

On peut comparer les jeux de rôles de Helnwein à ceux de Cindy Sherman, à une différence près: ses cycles photographiques de l'année 1987 adaptent les principaux stéréotypes de la violence, de l'horreur et des grands sentiments vus au cinéma et à la télévision pour en tirer des scènes de plus en plus cauchemardesques, comme si l'épouvante ne prenait jamais fin. «J'aime ce genre de clichés», a avoué Helnwein en 1988, «ils sont puissants. Ils retiennent l'attention de ceux que l'art laisse indifférents.» Mais il s'agit de les reconnaître et de les détruire, par exemple l'idée de surhomme et de soushomme chère aux national-socialistes.

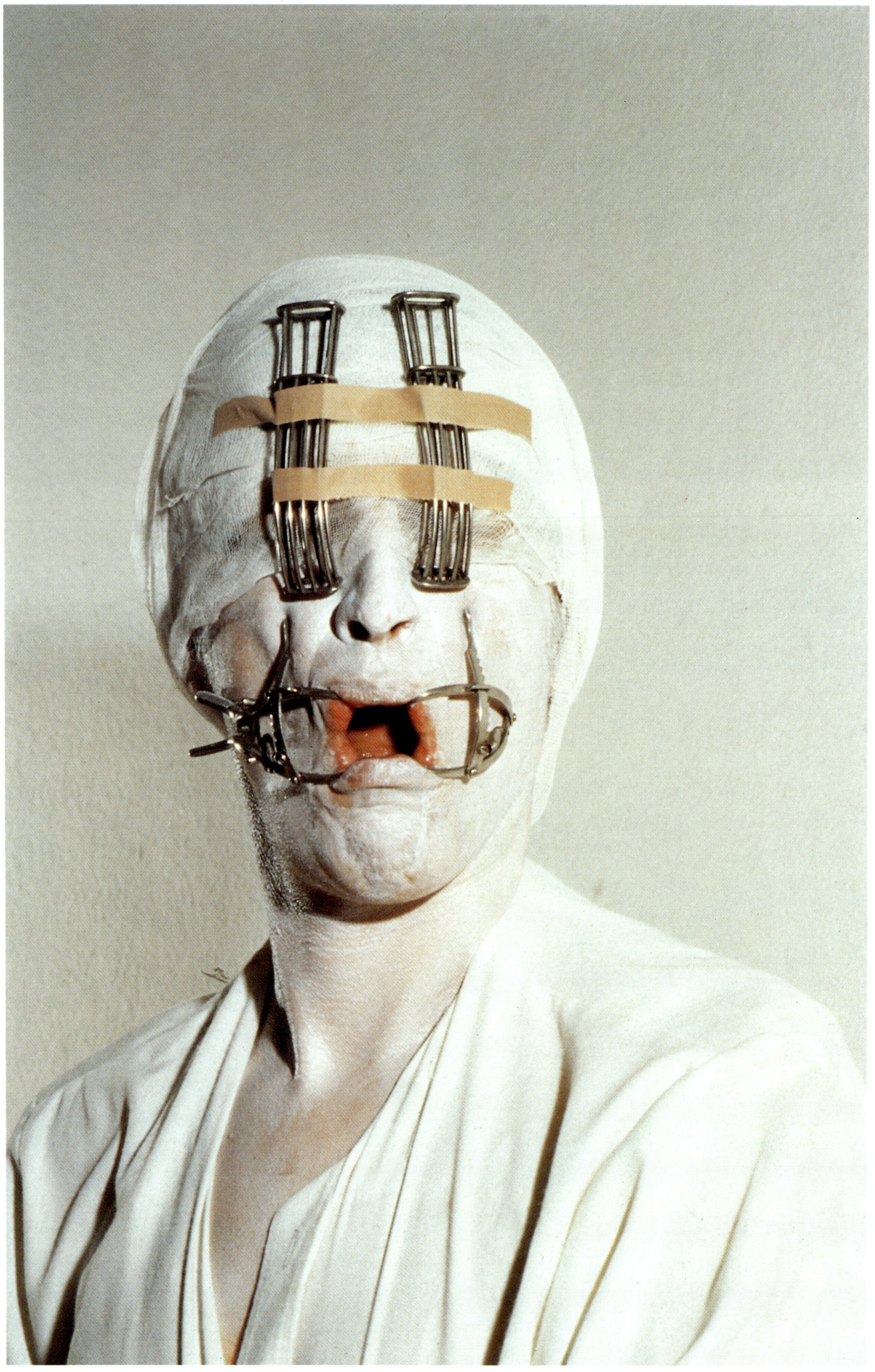

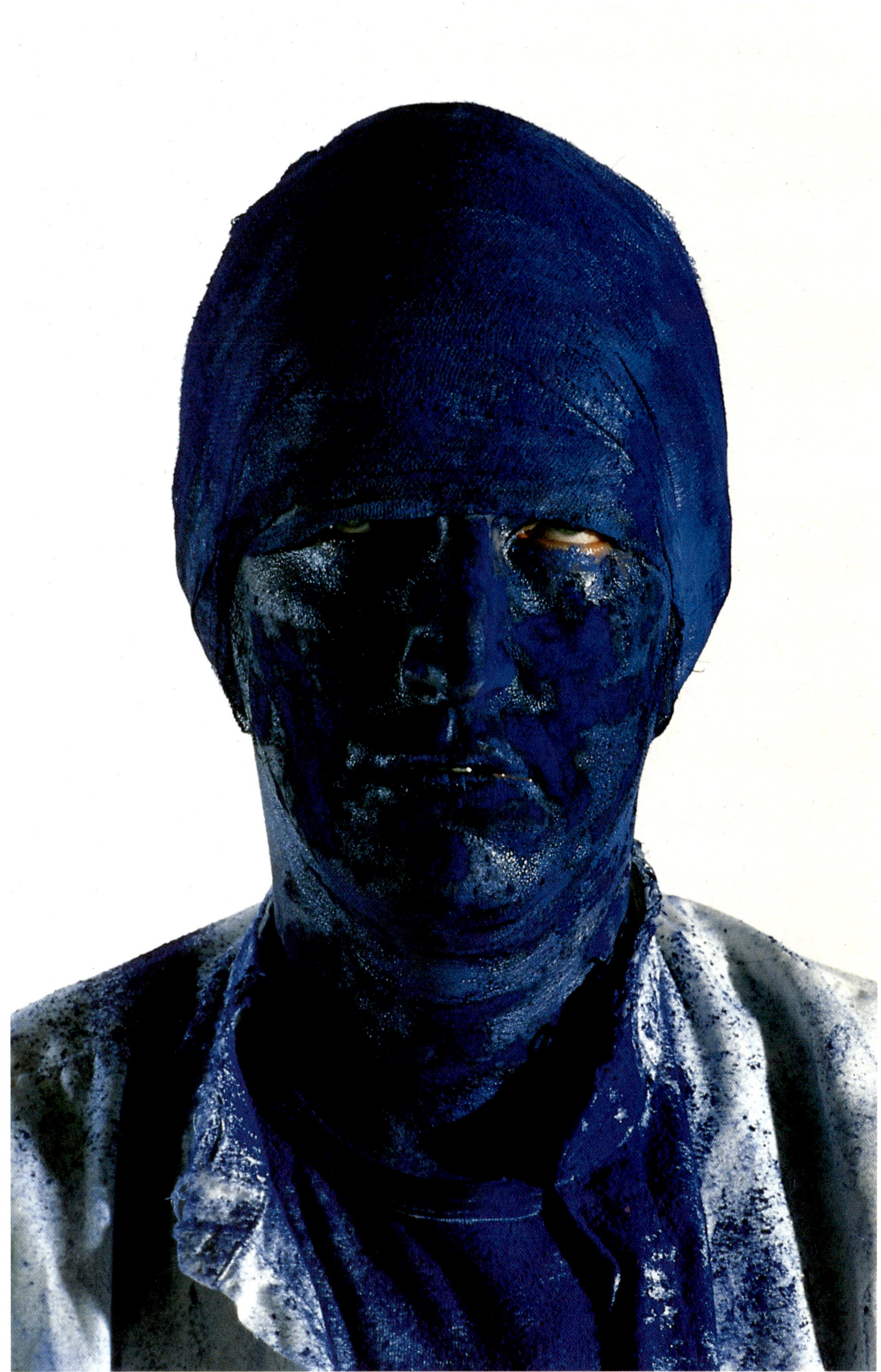

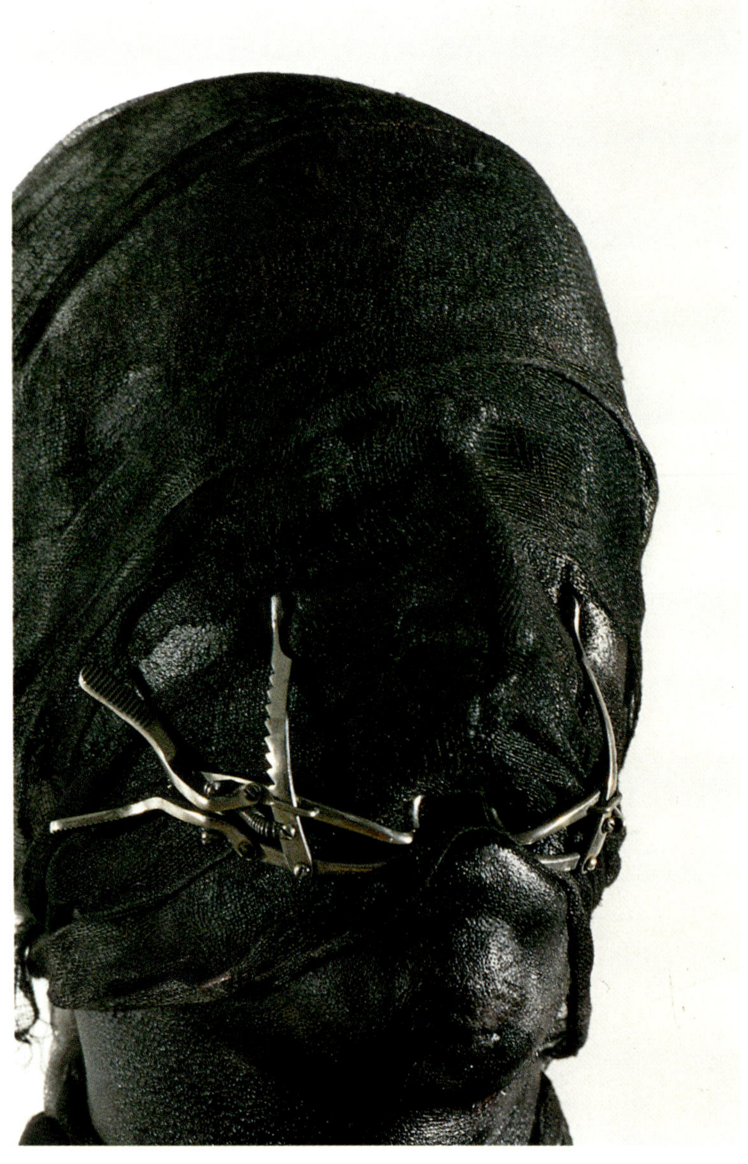

63 **Black Mirror II**, 1987

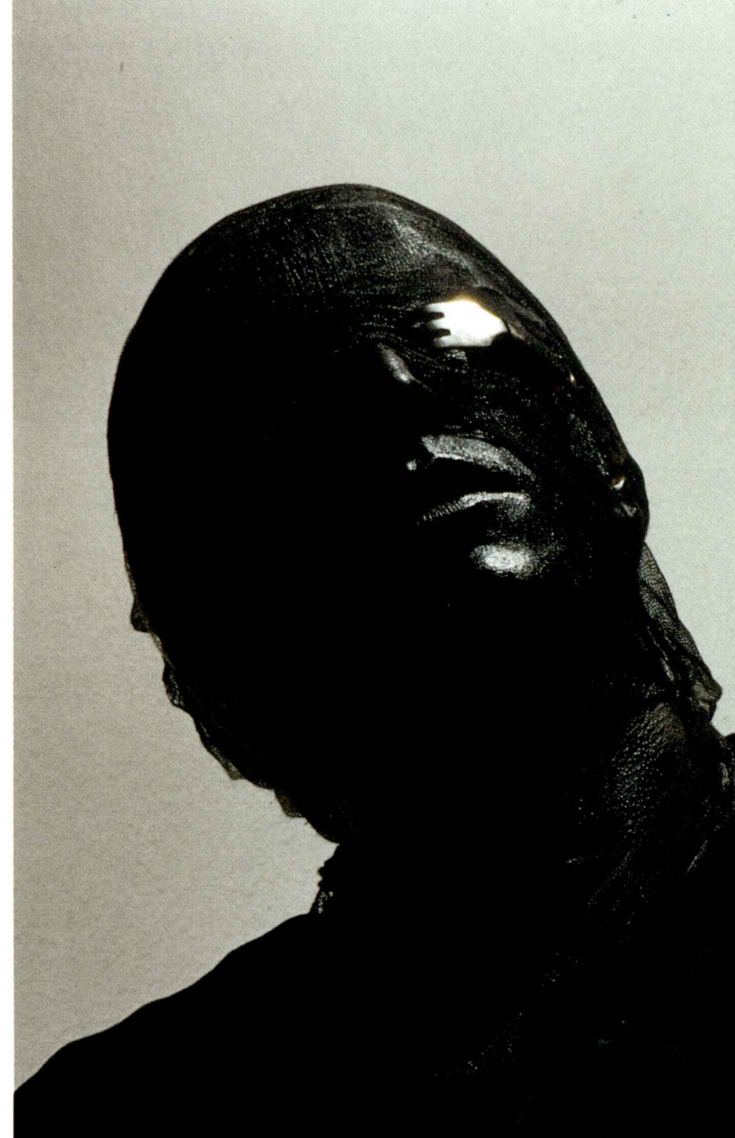

64 **Black Mirror IV**, 1987

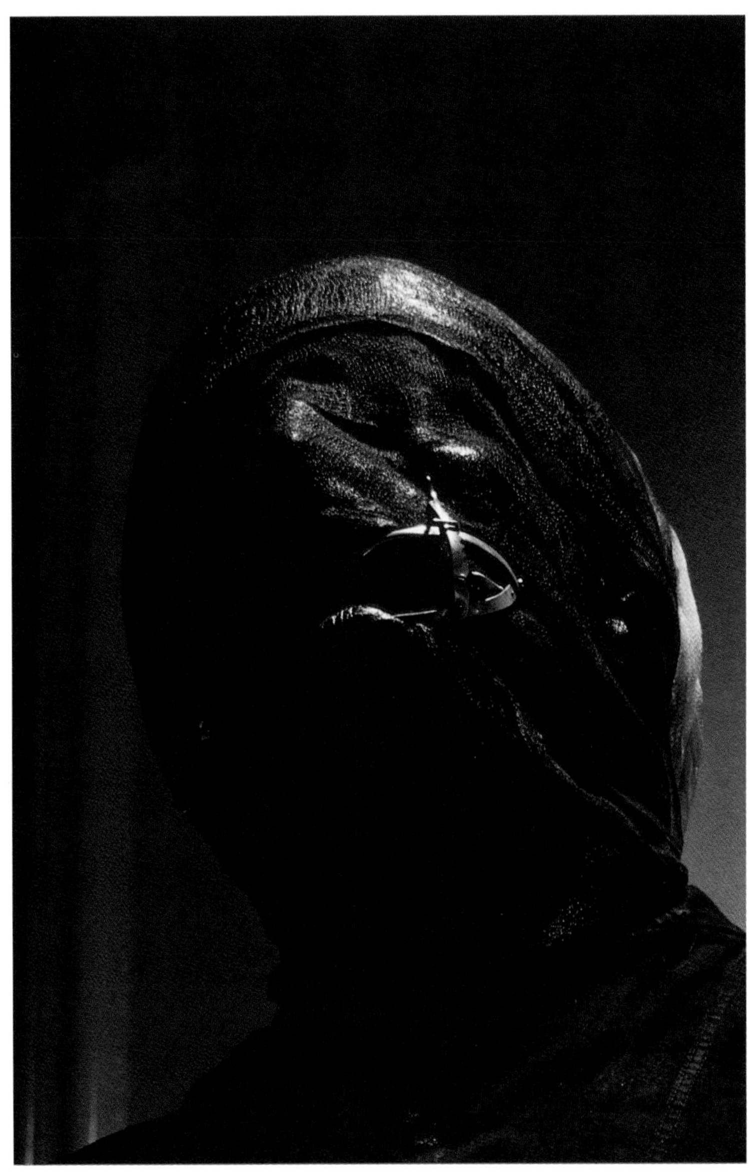

65 **Black Mirror III**, 1987

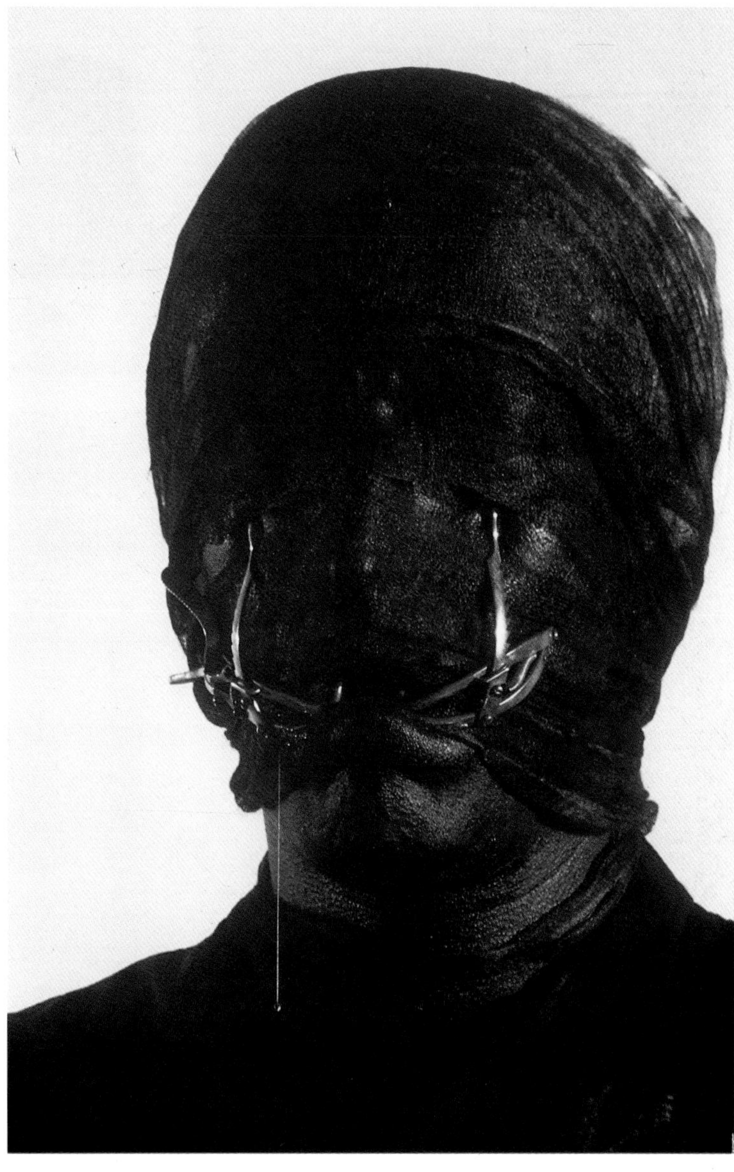

66 **Black Mirror V**, 1987

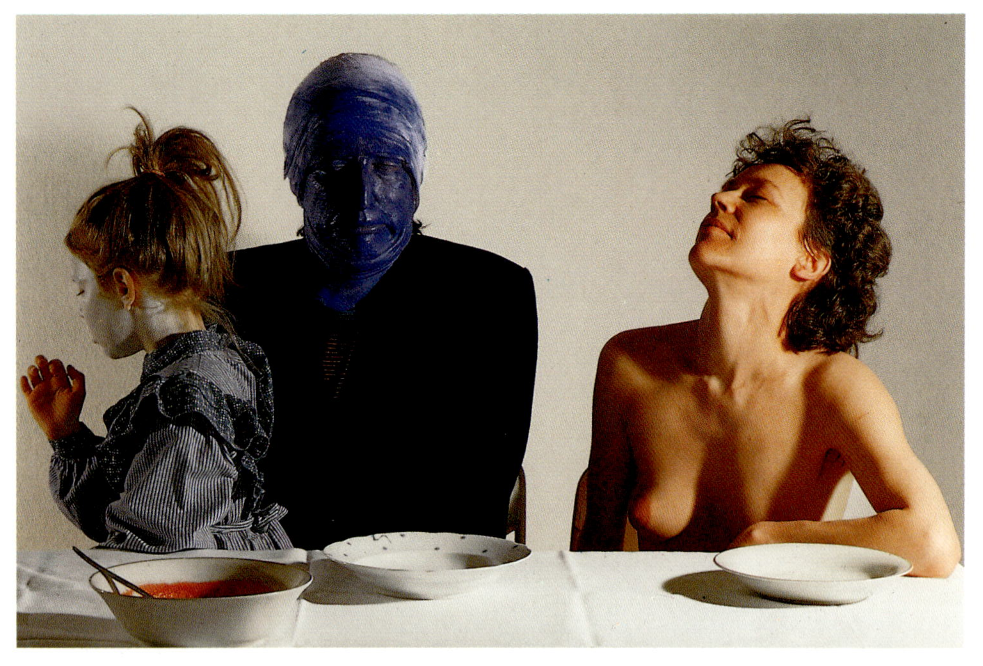

67   Hilft Mutter Theresia nur sich selbst?, 1987

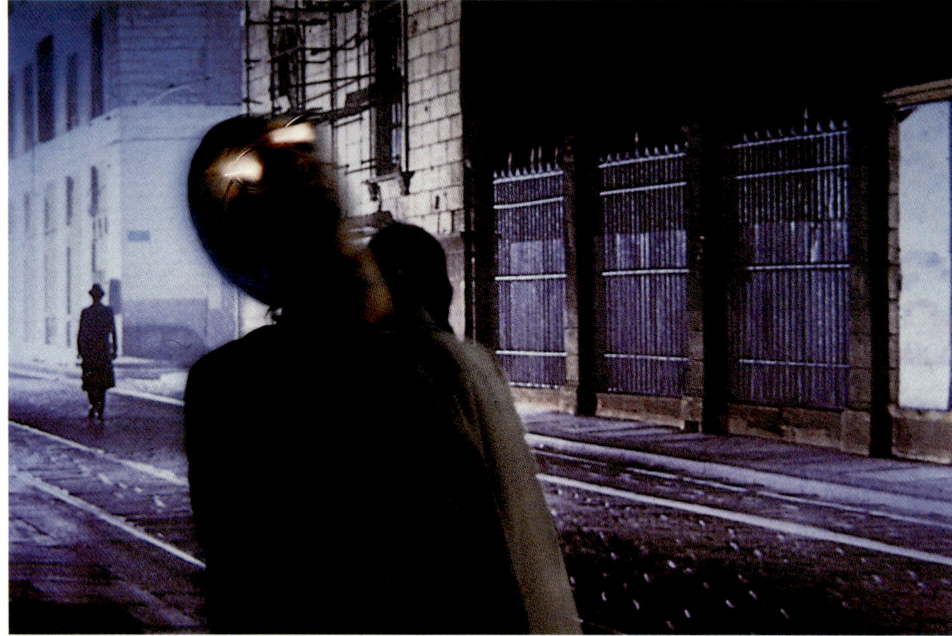

68   Nacht in Shangri-La II, 1987

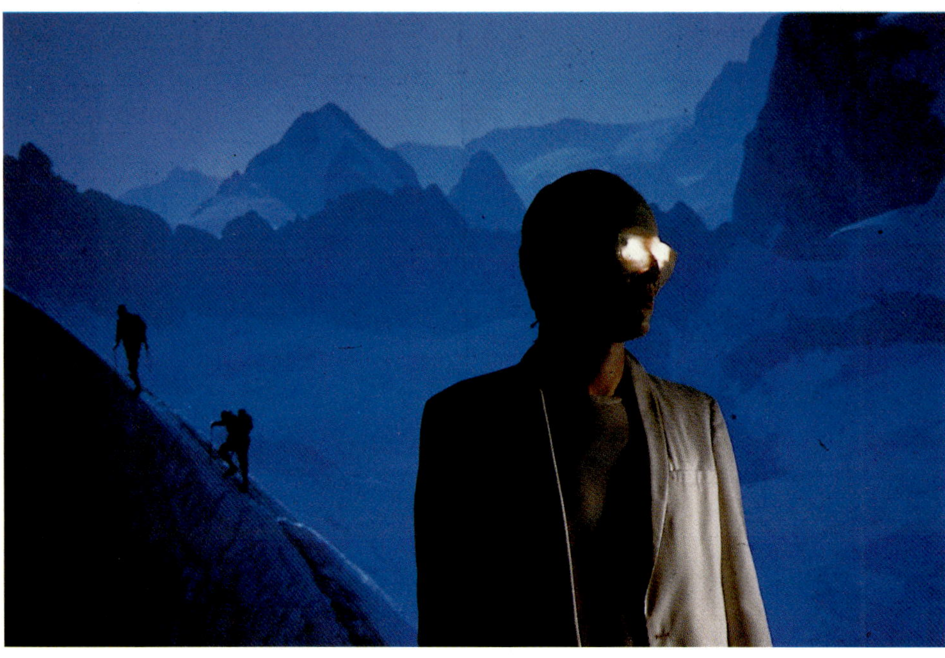

69   Modern Sleep, 1987

70   Ohne Titel, 1987 ▷

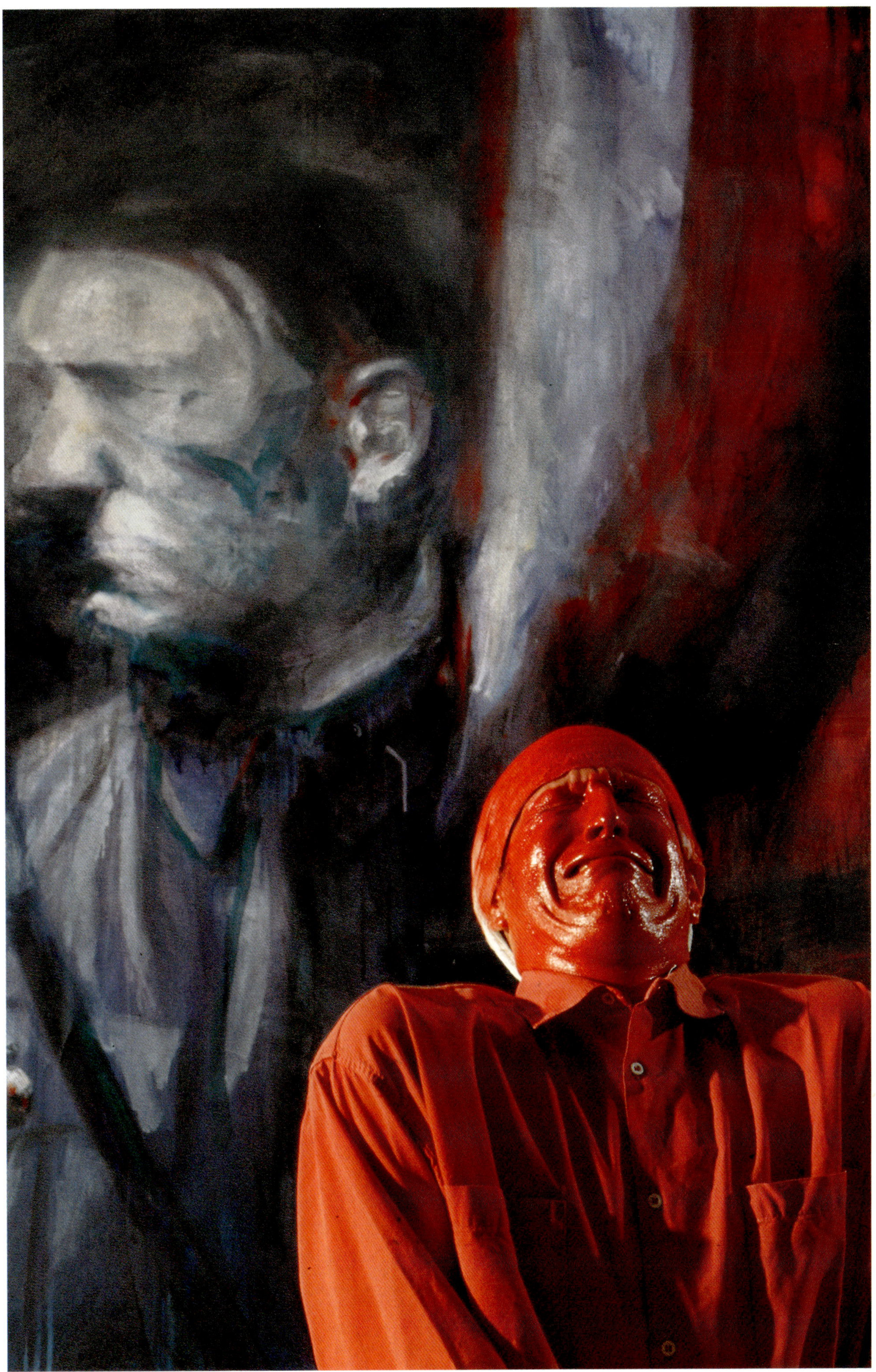

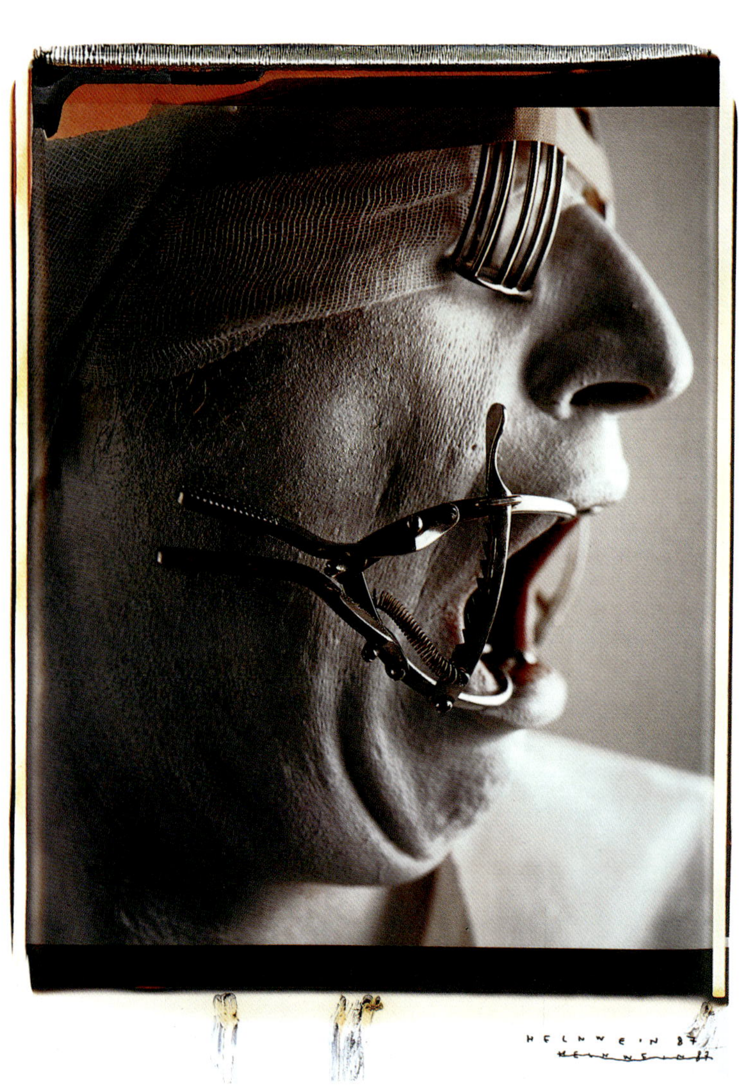

71 **Selbstportrait**, 1987

72 **Selbstportrait**, 1987

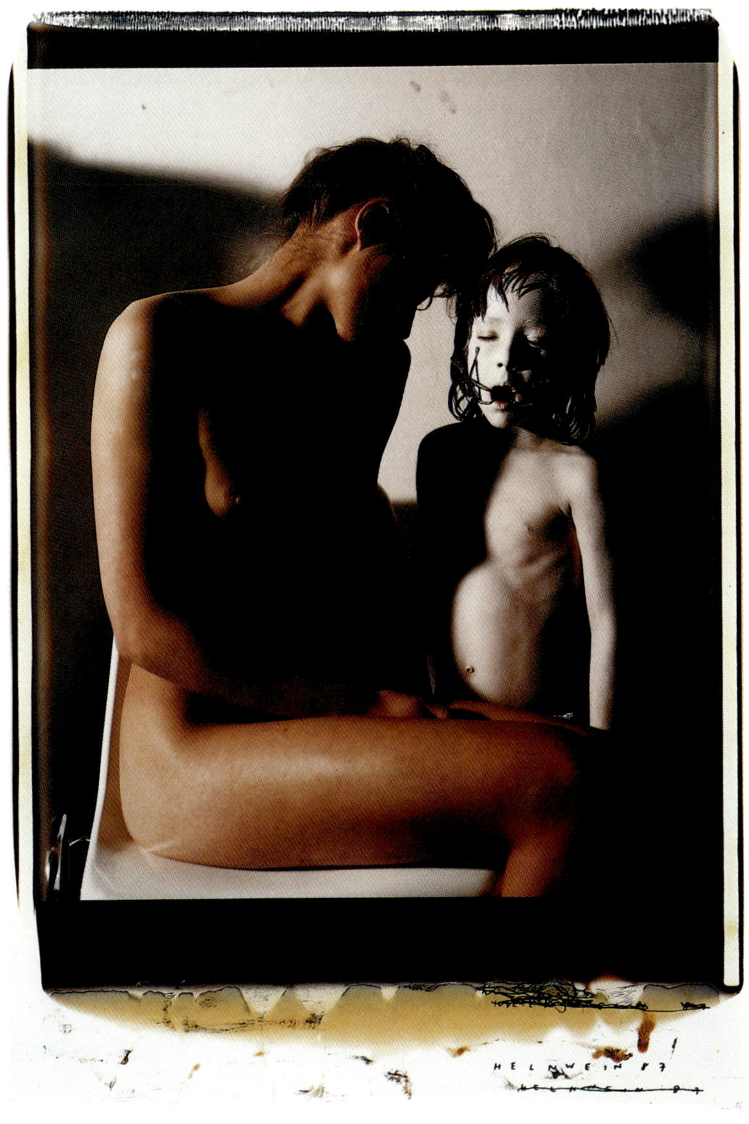 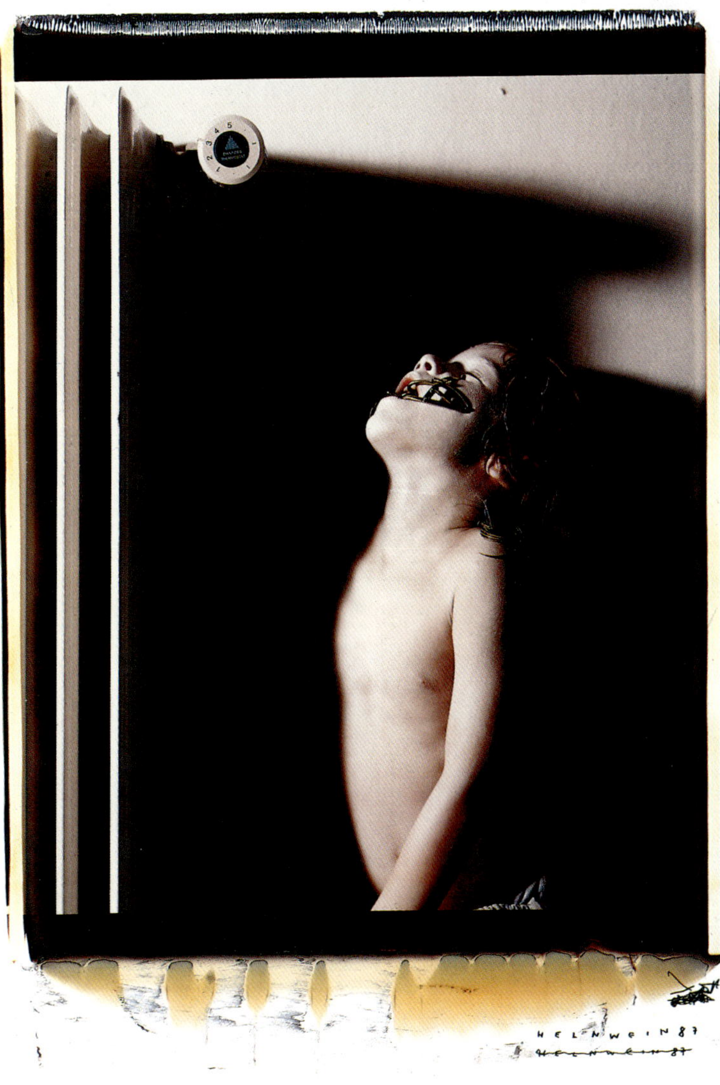

73 Ohne Titel, 1987   **74 Ohne Titel**, 1987

Neunter November Nacht

Niemals zuvor in seiner Geschichte hat der Staatsterrorismus in Deutschland größere Verbrechen begangen als im Zeichen des Faschismus. Was viele Menschen anfangs noch für die bloße rhetorische Ausgeburt eines zutiefst pervertierten Hirns gehalten und verdrängt haben, als Adolf Hitler die Judenverfolgung und ihre systematische Vernichtung zum zentralen Anliegen seiner Politik machte, das sollte sich nach seinem Regierungsantritt (1933) zu einem beispiellosen Morden verwandeln, das in der sogenannten »Reichskristallnacht« vom 9. zum 10. November 1938 einen ersten Höhepunkt fand. Der Erinnerung an diesen sechsmillionenfachen Mord an Juden, Roma, Sinti und anderen Völkern diente fünfzig Jahre später Gottfried Helnweins hundert Meter lange Bilderstraße zwischen dem Museum Ludwig und dem Kölner Dom.

Im Angesicht des unvorstellbaren Grauens, das kein Medium auch nur im entferntesten angemessen widerzuspiegeln vermag, hat Gottfried Helnwein eine künstlerische Form gefunden, die radikal gegen das Vergessen der NS-Verbrechen kämpft, ohne dabei das Andenken an die Opfer zu verletzen. Er konfrontierte die Passanten mit überlebensgroßen Kindergesichtern in endlos scheinender Reihe: Kinder, wie zur Selektion aufgereiht. Es sind Gesichter, die den Betrachter zum frontalen Blickkontakt zwingen. Aber da ist keine Fröhlichkeit, keine kindliche Unschuld, kein Glanz in den Augen. Und doch sind es nur subtile künstlerische Veränderungen im Gesichtsausdruck und in der Haltung, die bewirken, daß uns an diesen Köpfen etwas irritiert: die Normalität der Gesichter. Es sind Menschen wie du und ich. So verfehlten die Bilder – sie sind im Scannachrome-Verfahren gefertigt worden – ihre Wirkung nicht. Sie lösten starke Betroffenheit aus, aber auch Aggressionen. Schon wenige Tage später waren zahlreiche Bilder aufgeschnitten, eins wurde sogar gestohlen. Die Gewalt gegen Menschen und ihre Werke ist noch immer gegenwärtig.

Night of 9th November

Never before in German history had state-organized terror committed greater crimes than it did under Fascist rule. At first there were many who believed Adolf Hitler's proposals for the persecution and systematic murder of the Jews – as a central point in his political programme – were merely the rhetorical product of a deeply perverted mind, and they refused to confront them. But in the twelve years he was in power, from 1933 on, the murder took on unparalleled dimensions. The *Kristallnacht* of 9th November 1938 marked the beginning.

Fifty years later, Gottfried Helnwein's hundred-metre-long street of images from the Museum Ludwig to Cologne Cathedral served as a memorial to the six million Jews, Romanies, Sinti and others who were murdered by the Nazis. No medium can ever adequately reflect that inconceivable horror. Knowing this, Gottfried Helnwein chose an artistic form that combatted the forgetting of Nazi crimes without trampling on the memory of the victims. His seemingly endless succession of images confronted passers-by with outsize children's faces – as if the children were lined up for selection. These faces force us to look them full in the eye. And in their eyes there is neither happiness, nor childish innocence, nor a sparkle. What affects us, though – the normality of the faces – is produced by very subtle changes in facial expression and posture. These are human beings such as you and I. And the images (done by the Scannachrome process) made their impression, prompting not only grief but also aggression. Within only a few days, many of the pictures had been slashed, and one was even stolen. Violence against human beings and their works is still with us.

La Nuit du Neuf Novembre

Le terrorisme d'Etat n'a jamais perpétré autant de crimes en Allemagne qu'à l'époque du fascisme. Ce que beaucoup de gens considéraient au départ comme le produit rhétorique d'un cerveau pervers, et refoulèrent ensuite, lorsqu'Adolf Hitler fit de la persécution des Juifs et de leur destruction systématique l'objectif central de sa politique, devait se transformer après son entrée au pouvoir en 1933 en une tuerie organisée qui débuta dans la nuit du 9 au 10 novembre 1938, la Nuit de Cristal. Le souvenir de ces six millions de Juifs, de Roma, de Sinti et d'autres peuples assassinés devait inspirer cinquante ans plus tard à Gottfried Helnwein sa route en images située entre le Musée Ludwig et la Cathédrale de Cologne.

Face à cette horreur inconcevable dont les médias ne peuvent pas vraiment nous donner une idée, Gottfried Helnwein a trouvé une forme artistique qui combat radicalement l'oubli des meurtres commis par les nazis, tout en respectant la mémoire des victimes. Les passants ont été confrontés à une série interminable de visages d'enfants plus grands que nature et que l'on aurait dit sélectionnés. Ces visages forcent le spectateur à les regarder de face. Mais la gaieté, l'innocence enfantine sont absentes ici, les yeux ne brillent pas. Pourtant, grâce à de subtiles transformations artistiques dans l'expression du visage et dans l'attitude, ces têtes nous irritent: la normalité s'y manifeste, ce sont des gens comme toi et moi. Les portraits réalisés à l'aide du procédé scannachrome ont atteint leur but. Ils troublèrent profondément le public, déclenchant également des agressions. Quelques jours après, de nombreux portraits étaient lacérés, l'un deux fut même volé. La violence contre l'homme et son œuvre n'a rien perdu de son actualité.

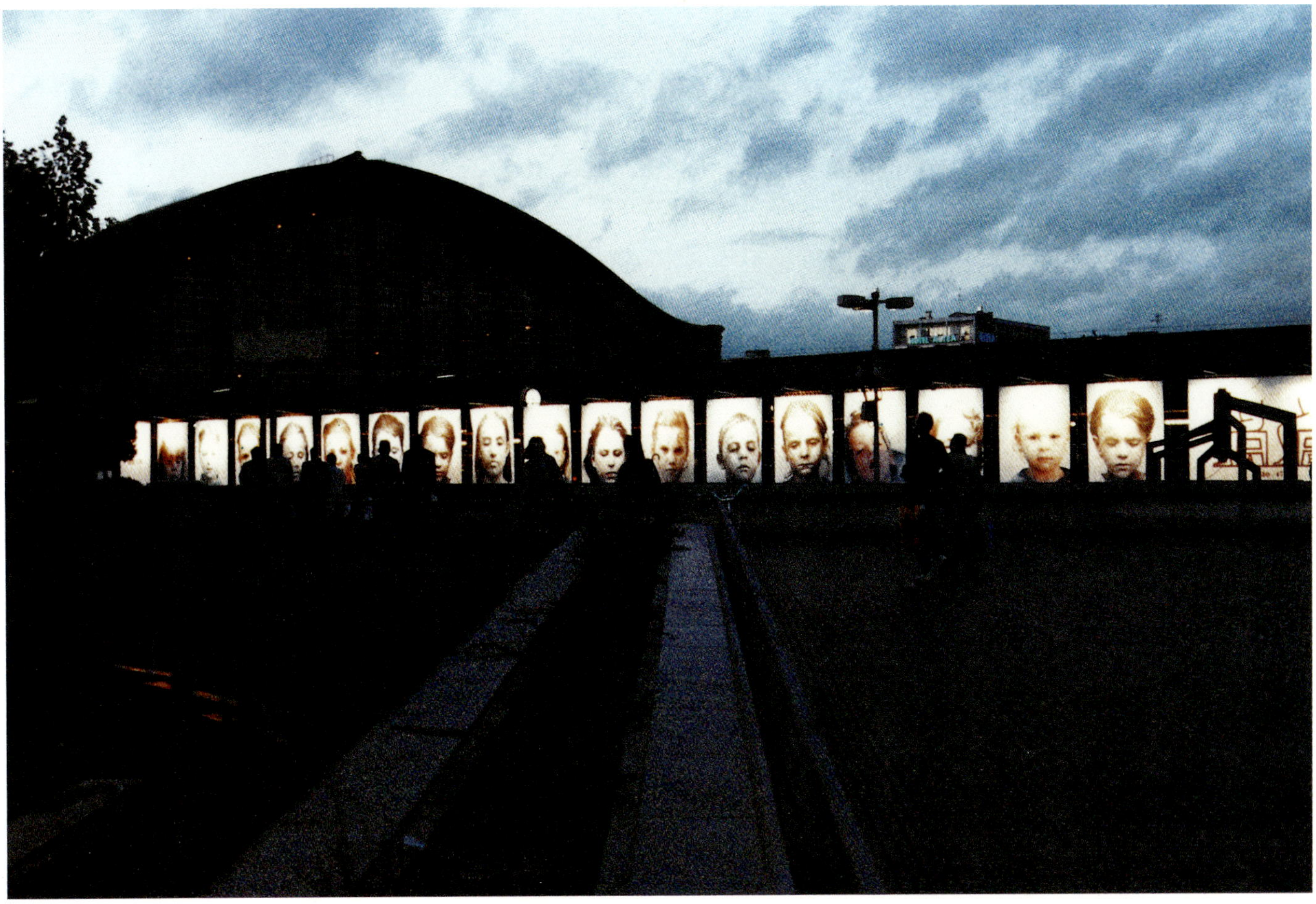

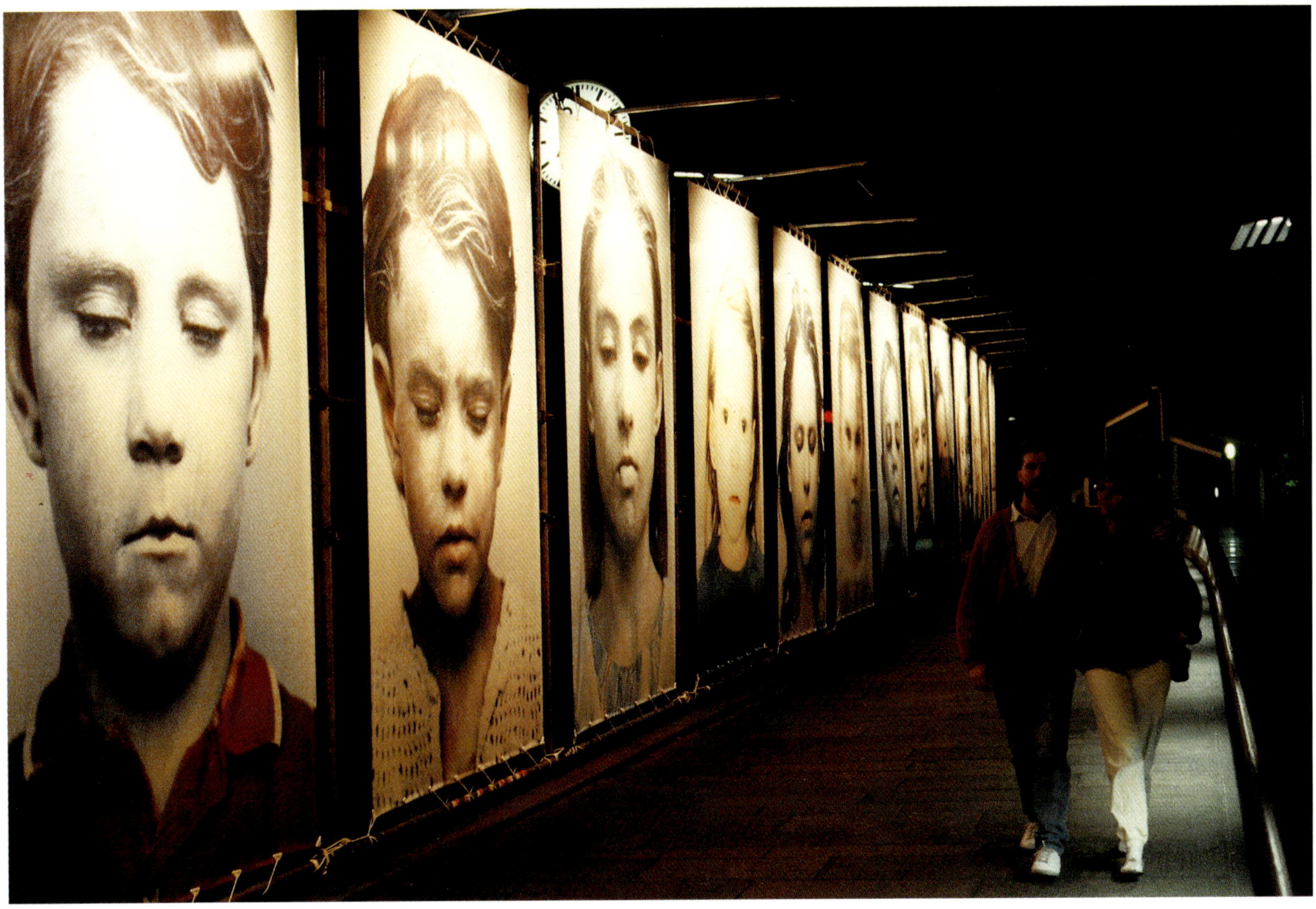

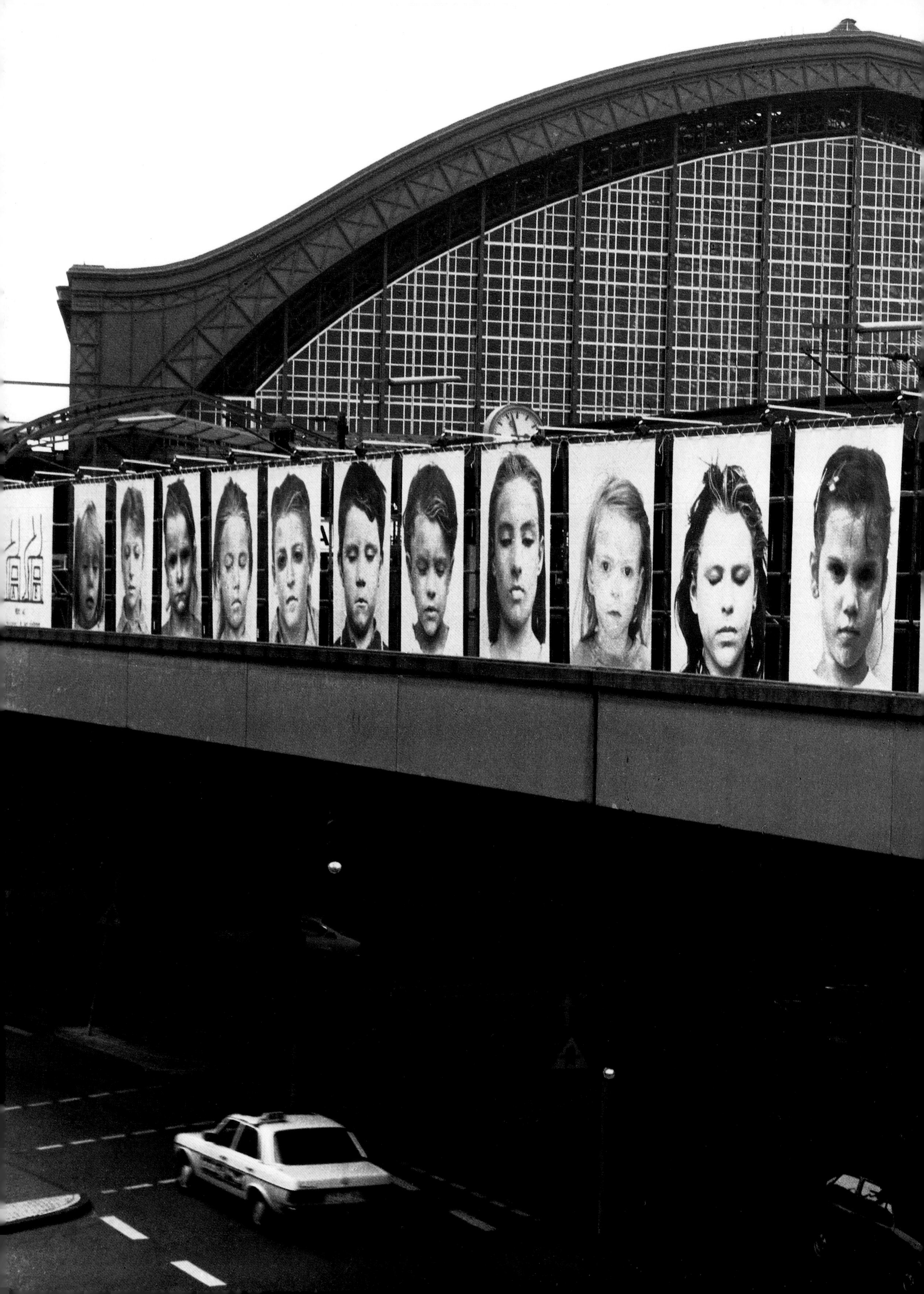

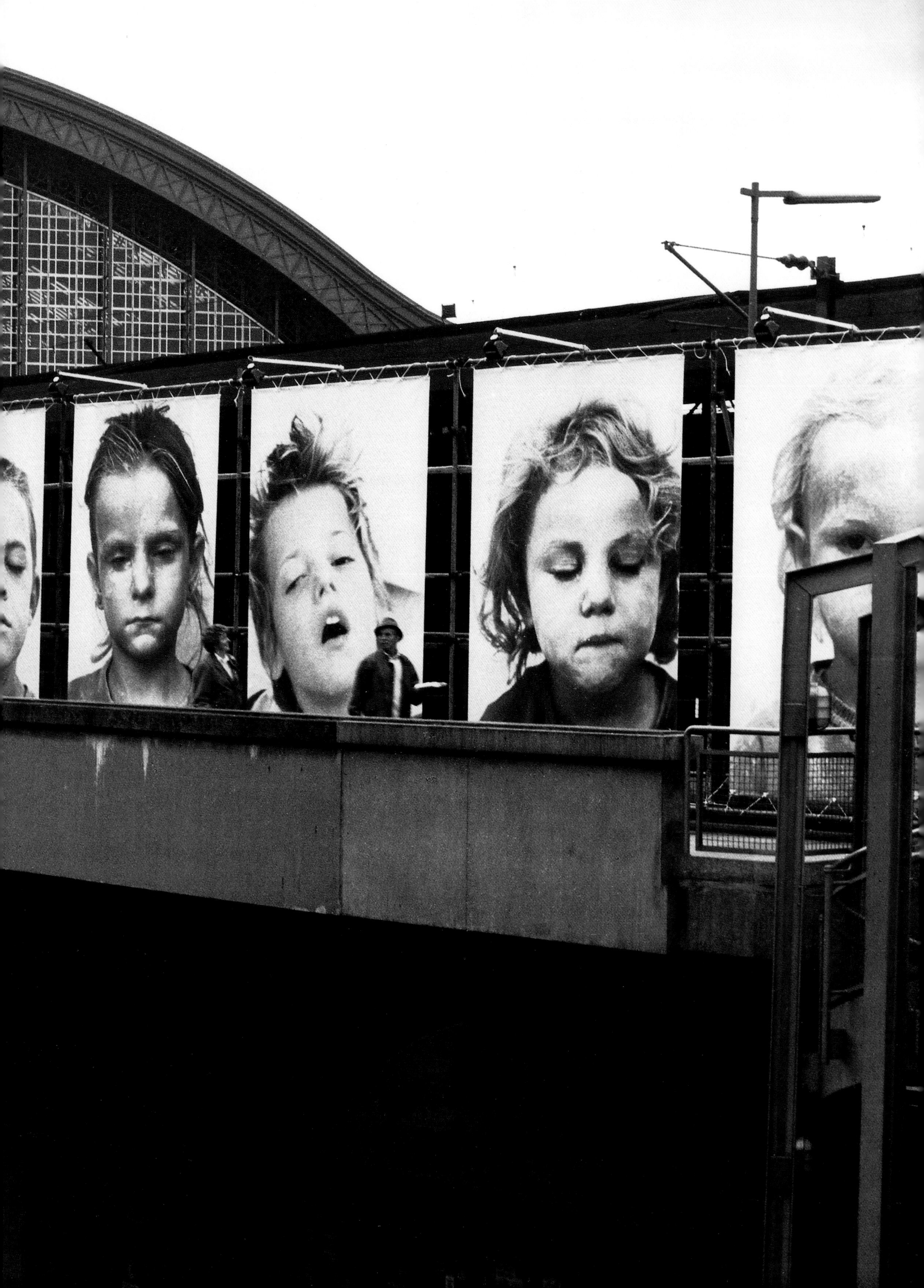

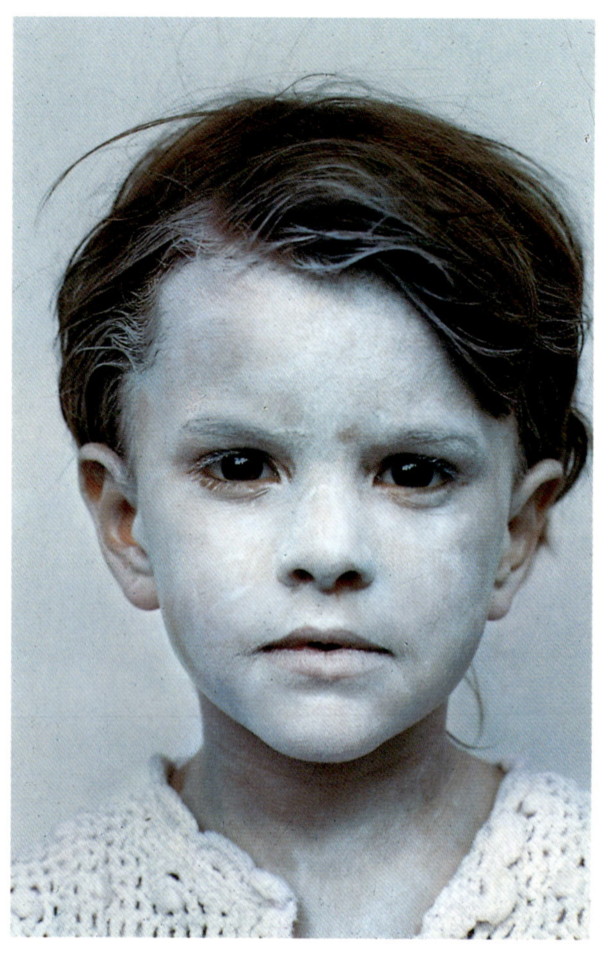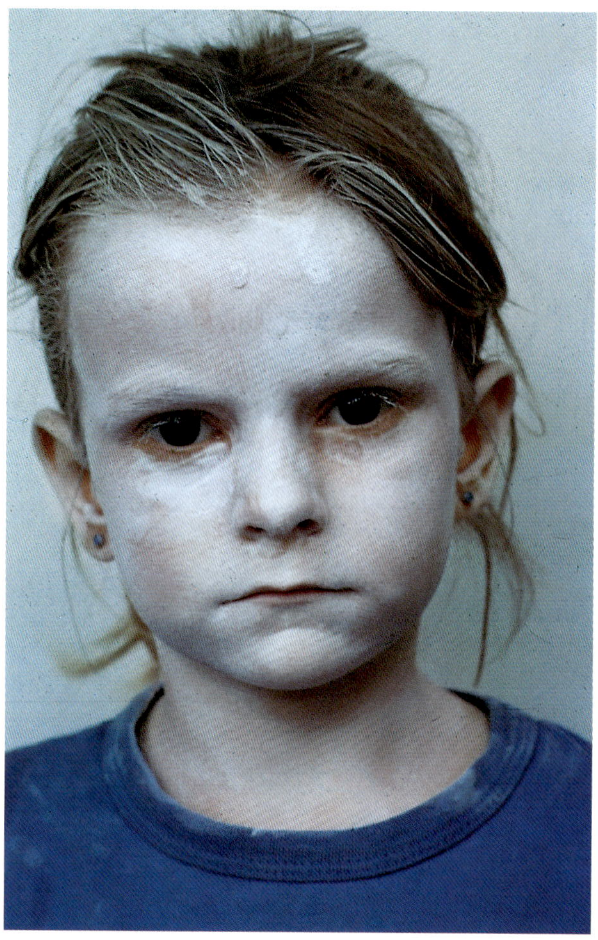
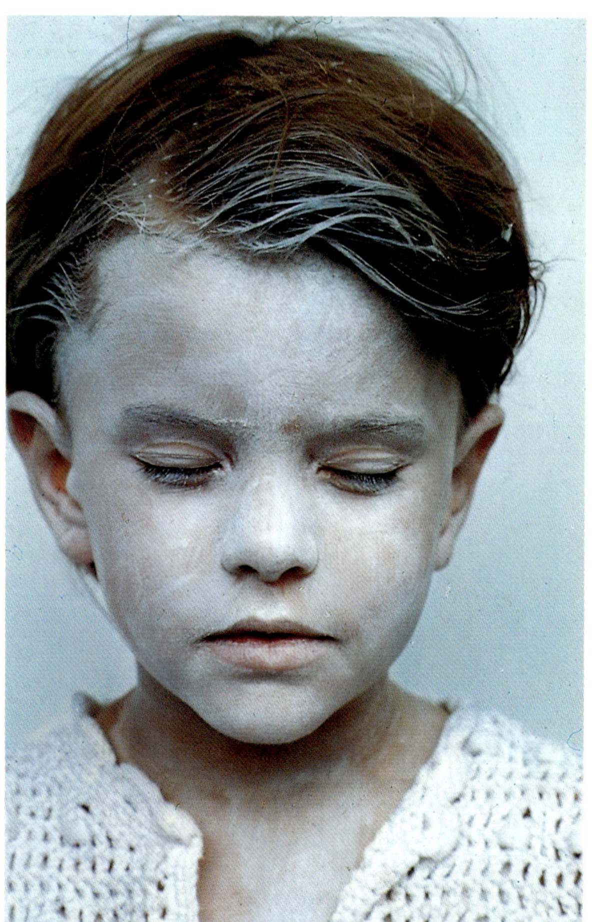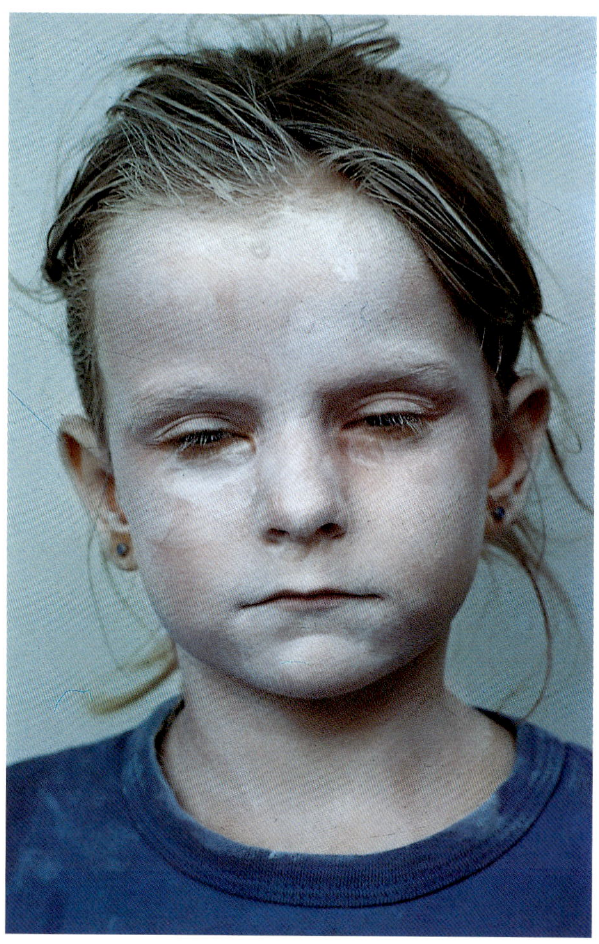

76 Gesichter aus der Installation »Selektion«, Museum Ludwig, Köln, 1988

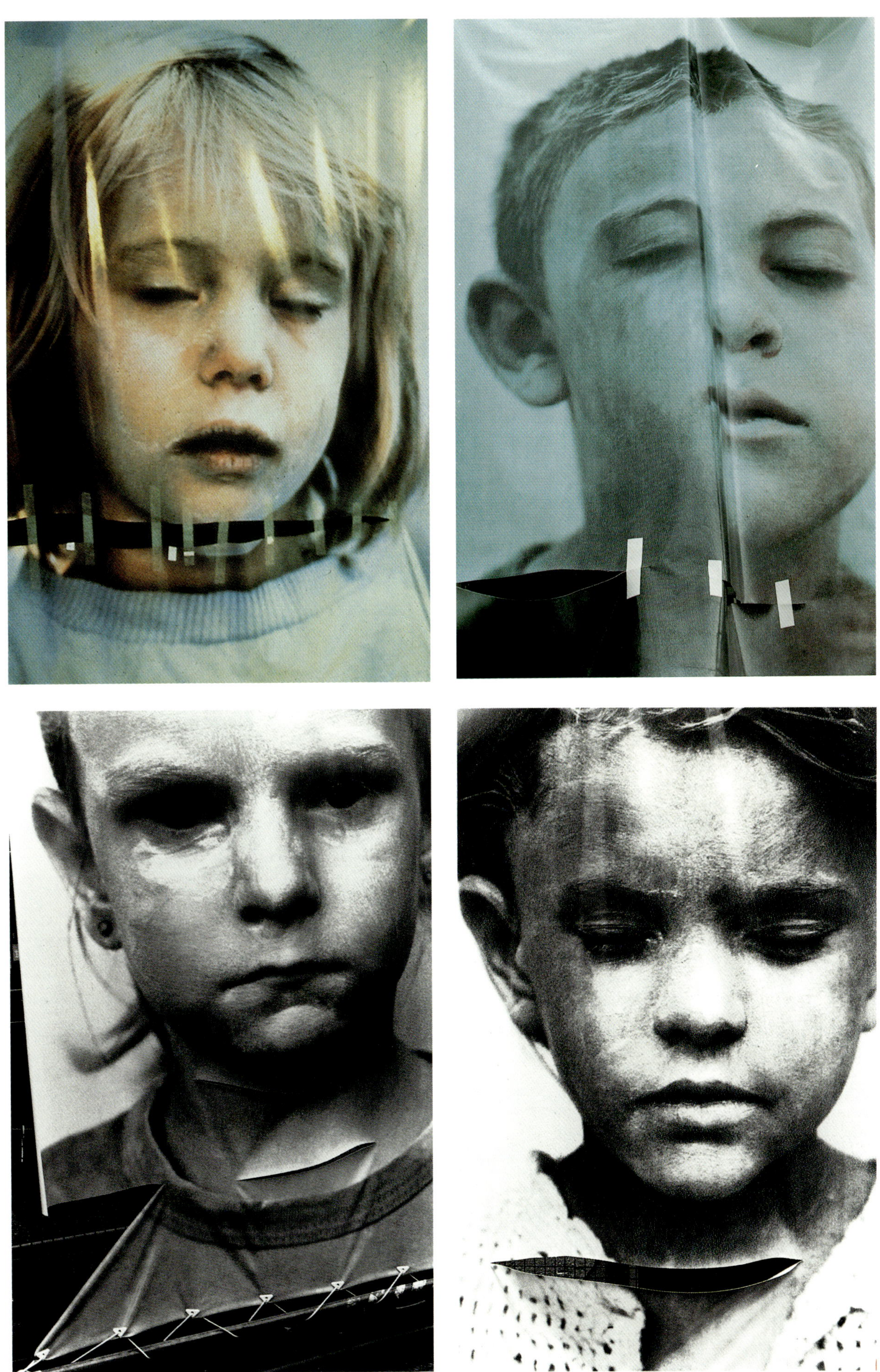

77 Gesichter aus der Installation »Selektion« von einem unbekannten Attentäter zerschnitten, 1988

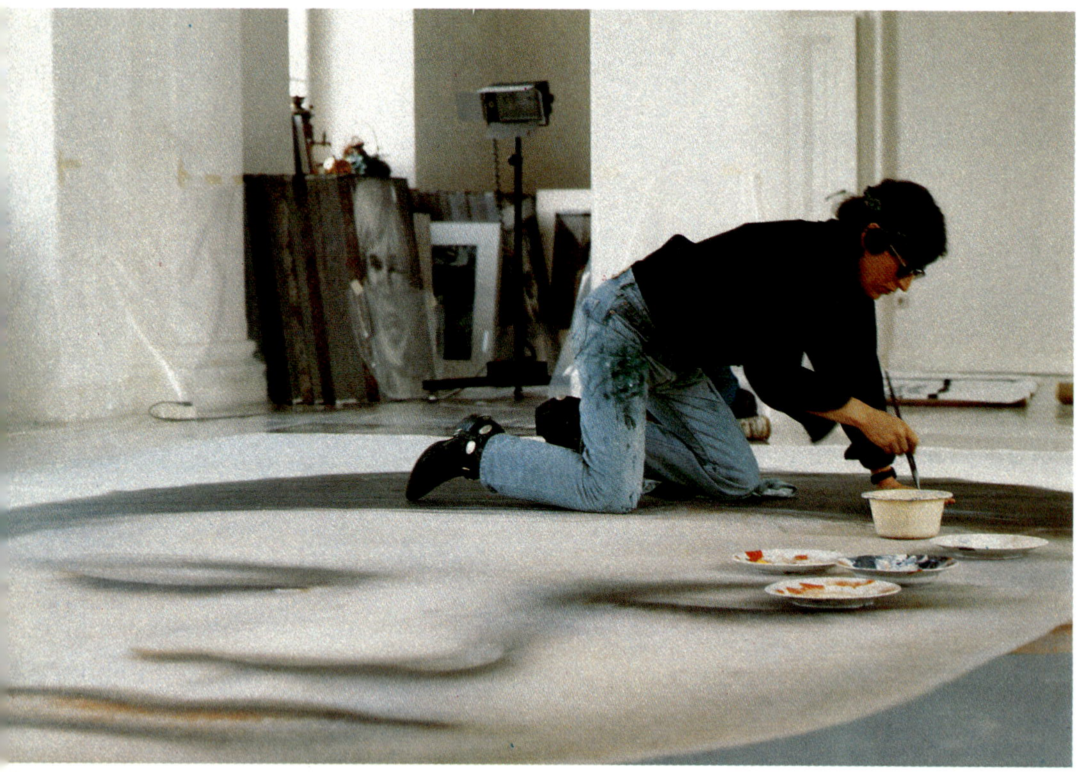

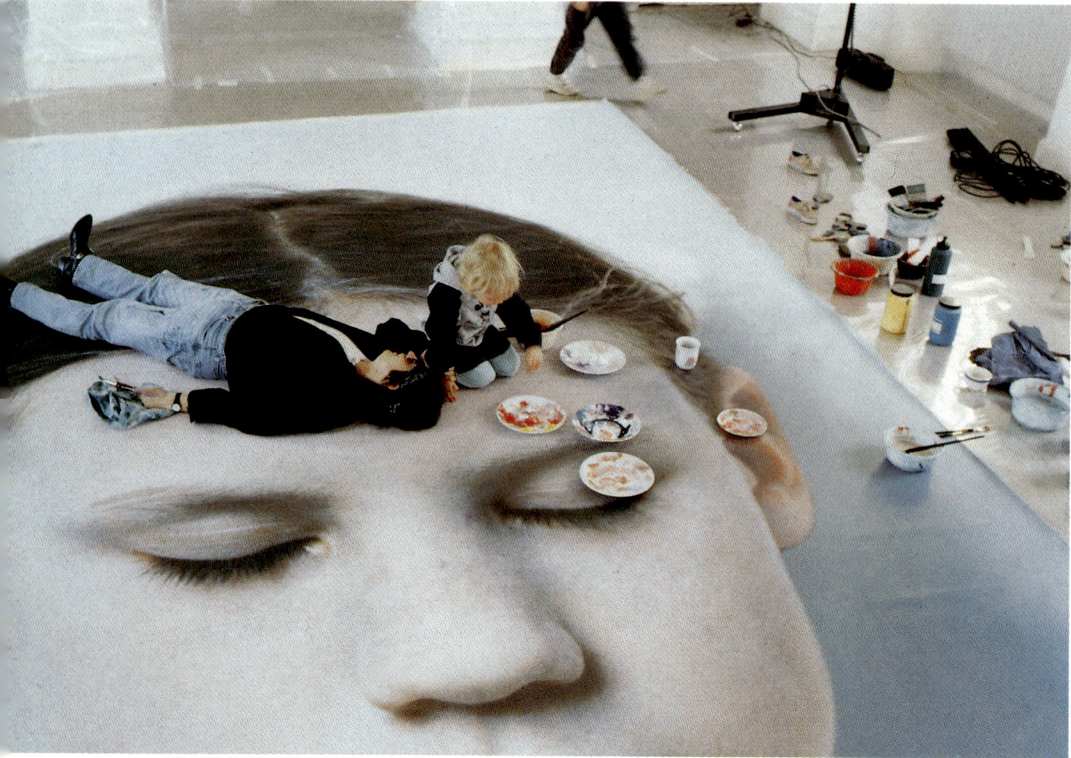

78 Arbeit an **Kindskopf**, 1991

79 **Kindskopf, Installation in der Minoritenkirche Krems/Stein, Niederösterreichisches Landesmuseum**, 1991

Kindskopf

Das auratische Gesicht eines Kindes, sechs Meter hoch, vier Meter breit, im Triumphbogen der mittelalterlichen Minoritenkirche Krems (Österreich) hängend, einem Altargemälde gleich – hier hat Gottfried Helnwein die Quintessenz seines künstlerischen Werkes monumentalisiert: das Kind als Erlöser und Opfer zugleich.

Head of a Child

The aureoled face of a child, six metres high, four metres wide, in the triumphal arch of the mediaeval Minorite church at Krems in Austria, like an altar painting: in this work, Gottfried Helnwein has presented the very essence of his art in monumental form – the child as redeemer and victim at one and the same time.

Tête d'enfant

Le visage nimbé de lumière d'un enfant, haut de six mètres, large de quatre mètres, est placé, tel une peinture d'autel, dans l'arc triomphal de l'église minorite médiévale de Krems en Autriche. Ici, Gottfried Helnwein nous offre la quintessence de son œuvre sous un aspect monumental: l'Enfant à la fois Sauveur et Victime.

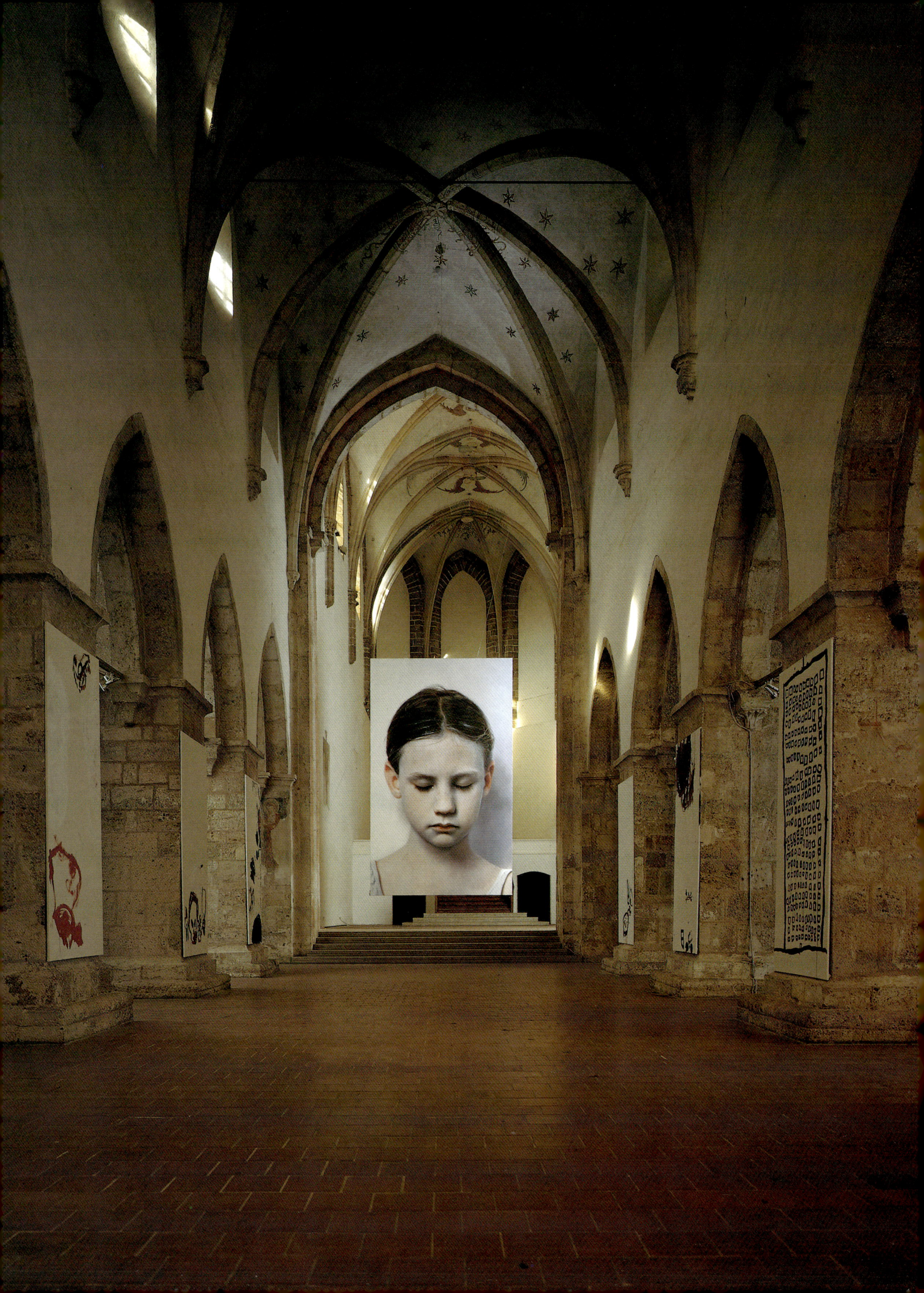

Neue Arbeiten

Gottfried Helnweins Arbeiten der Jahre 1989 bis 1992 verfolgen konsequent die Weiterentwicklung zweier wichtiger Pole seiner Malerei: fotografisch detaillierter Realismus und Monochromie. Die düster-expressive, diffus strukturierte materiale Farbgebung der Pastelle, an die sich die neueren Bilder chronologisch anschließen, ist aber jetzt verstärkt wieder aufgelöst worden zugunsten einer glatten und perfekten, ebenso kalt wie magisch distanziert wirkenden Brillanz vorwiegend blauer Farbtöne. Bedeuteten die Pastelle in Helnweins Werk noch einen radikalen Bruch mit seiner bisherigen Bildsprache, so schließen diese Arbeiten wieder an frühere Gestaltungsprinzipien und Themen an. Einige der neueren Bilder – die Selbstportraits mit Ali und Cyril – beruhen sogar auf älteren Fotografien, die aber jetzt digitalisiert mit Ink-jet auf Leinwand übertragen und mit Öl-/Acrylfarben monochrom übermalt worden sind, ebenso wie die anderen Bilder dieser Serie. Nie zuvor wirkte Helnweins Maltechnik synthetischer als hier. Der Eindruck einer Zwischenphase in seinem Werk liegt nahe. Aber es findet auch wieder ein stärkerer Bezug zum aktuellen Zeitgeschehen statt, der sich auf seine Bildersprache auswirkt und vermehrt narrative und szenische Elemente enthält: Auflösung des Sowjetimperiums (»MiG 23«), die Kriege im Irak und in Jugoslawien (»Nacht II«, »Nacht V«), der sensationelle Fund einer mumifizierten Leiche aus der Steinzeit (3300 bis 3400 v. Chr.) im Eis des Similaun-Gletschers über dem österreichischen Ötztal (»Eismensch«). Gerade im Kontext der großen Retrospektive seines bisherigen Werks, das inzwischen mehr als zwei Jahrzehnte umfaßt, wird sichtbar, daß Gottfried Helnweins künstlerische Schaffenskraft an Vielfalt, Konzentration und Stärke in der Weltgeschichte der Kunst ihresgleichen immer noch vergeblich sucht.

New work

The work done by Gottfried Helnwein from 1989 to 1992 is a consistent further exploration of the two main concerns of his work as painter: photographically precise realism, and monochrome. But now the darkly expressive and diffusely structured material colour values of the pastels (which these new works chronologically follow) have been displaced by a smooth, perfect brilliance of predominant blues that seems both cold and magically remote. Where the pastels constituted a radical break with Helnwein's previous visual idiom, these new works resume earlier visual principles as well as subjects. Some of them – the self-portraits with Ali and Cyril – even go back to older photographs, but now the images have been digitally transferred to canvas with an ink-jet and then overpainted in monochrome using oil and acrylic paint, like other pictures in the series. Never before has Helnwein's painting technique seemed as synthetic as now. It is tempting to speak of an interim phase in his career.

The use of current affairs is as strong as ever and has its effect on the visual idiom, heightening the narrative and dramatic elements. The dissolution of the Soviet empire (»MiG 23«), the wars in Iraq and Yugoslavia (»Night, II«, »Night, V«) and the sensational finding of a mummified Stone Age body dating from 3300 to 3400 B. C. in the ice of the Similaun Glacier above the Ötz Valley in Austria (»Ice Man«): all these are present. In the context of a major retrospective of an œuvre that now spans over two decades we can see that Gottfried Helnwein's creative power is unparalleled anywhere in the history of world art in terms of its copiousness, concentration and power.

Travaux récents

Les œuvres réalisées par Gottfried Helnwein de 1989 à 1992 sont conformes à l'évolution des deux pôles importants de sa peinture: le réalisme photographique et la monochromie. La coloration obscurément expressive des pastels aux structures diffuses qu'il a peints jusqu'ici fait place à une brillance lisse et parfaite dans les tons bleus, qui semble aussi froide que magiquement distante. Si les pastels signifiaient encore une cassure radicale dans l'œuvre de Helnwein, ces nouveaux travaux retrouvent les thèmes et les principes de mise en forme des débuts. Certaines de ces toiles, par exemple les autoportraits avec Ali et Cyril, reposent sur d'anciennes photographies, qui, après avoir été digitalisées au jet d'encre, sont projetées sur un écran et peintes à l'huile et à l'acrylique de manière monochrome, tout comme les autres toiles de la série. La technique de Helnwein n'a jamais semblé aussi synthétique. La pensée d'une phase intermédiaire dans son œuvre s'impose. Mais il existe toujours une relation profonde avec les événements, elle trouve son expression dans ses tableaux qui renferment encore plus d'éléments narratifs et scéniques: dissolution de l'Union soviétique («MiG 23»), guerres en Irak et en Yougoslavie («Nuit II», «Nuit V»), la découverte sensationnelle d'un cadavre momifié datant de l'Age de pierre (de 3400 à 3300 avant notre ère) en Autriche dans le glacier Similaum au-dessus de la Ötztal («Homme des Glaces»). Face à la grande rétrospective de son œuvre qui s'étale maintenant sur plus de vingt années, on cherche vainement qui pourrait égaler la diversité des sujets, la concentration et la puissance d'expression de Gottfried Helnwein.

80 Feuermensch, 1991

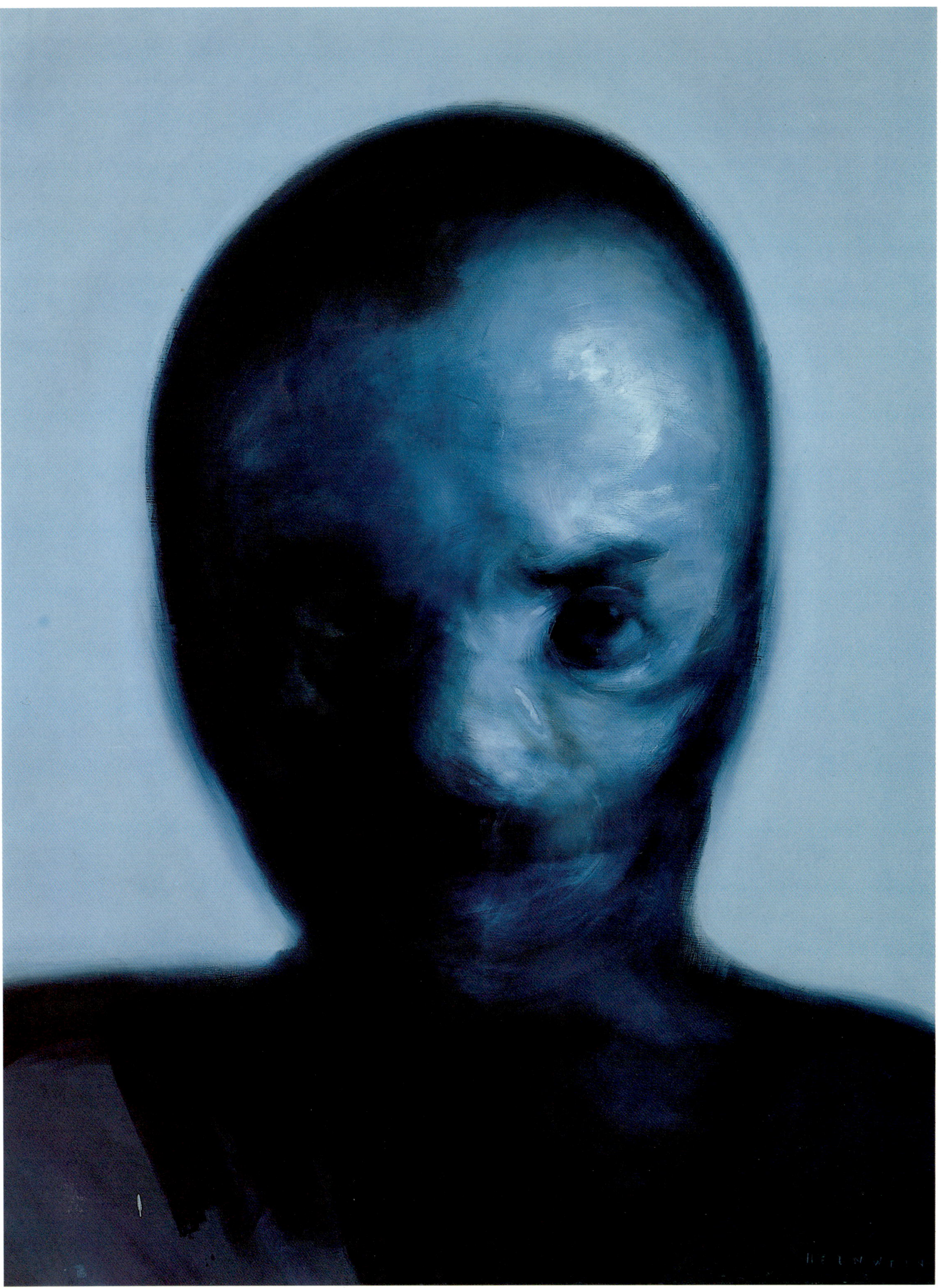

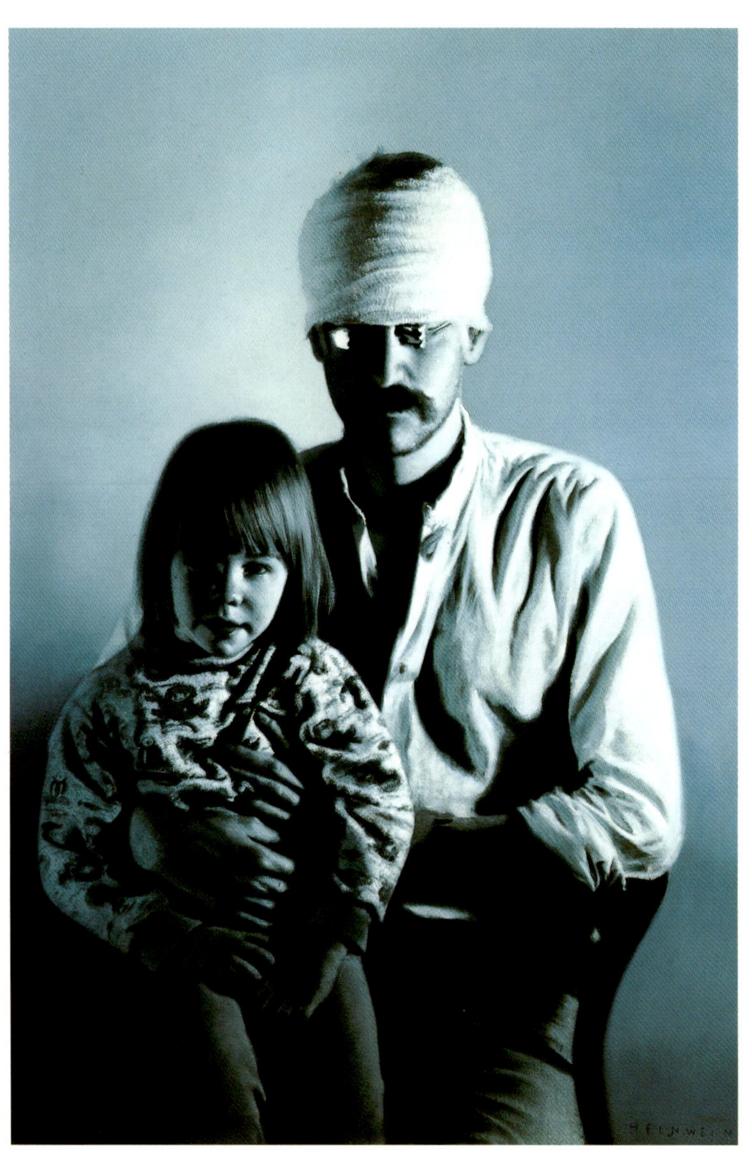

81 **Selbstportrait mit Cyril**, 1990

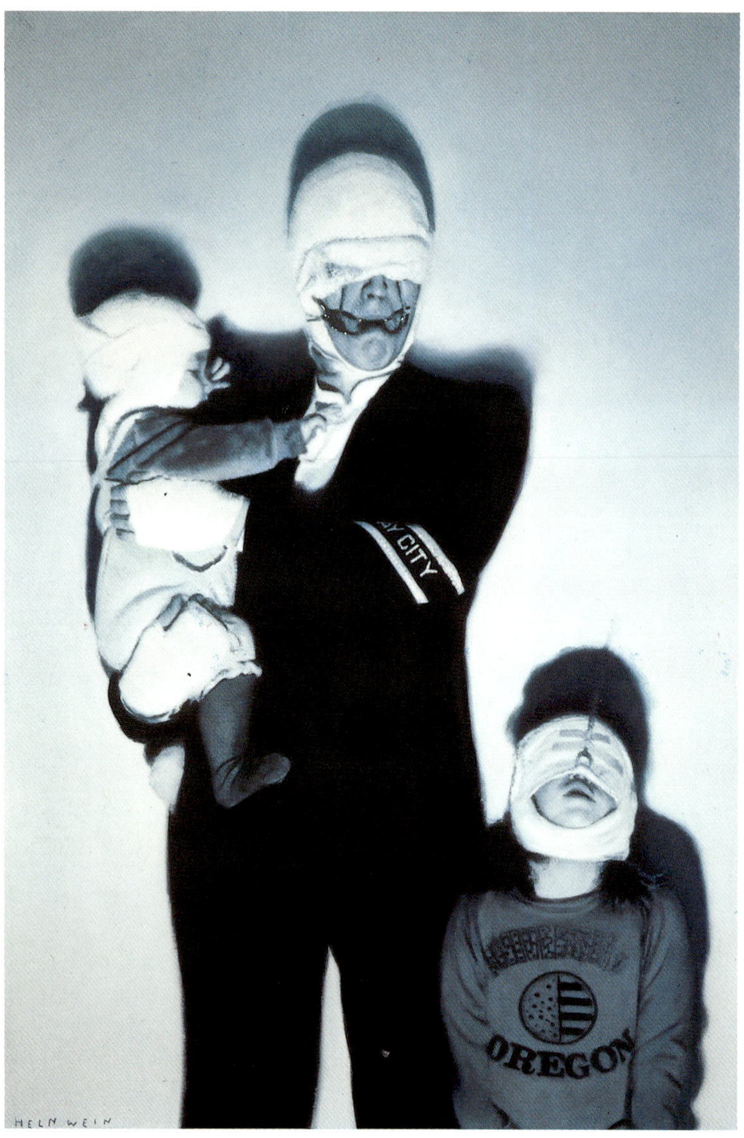

82 **Selbstportrait mit Cyril und Ali**, 1990

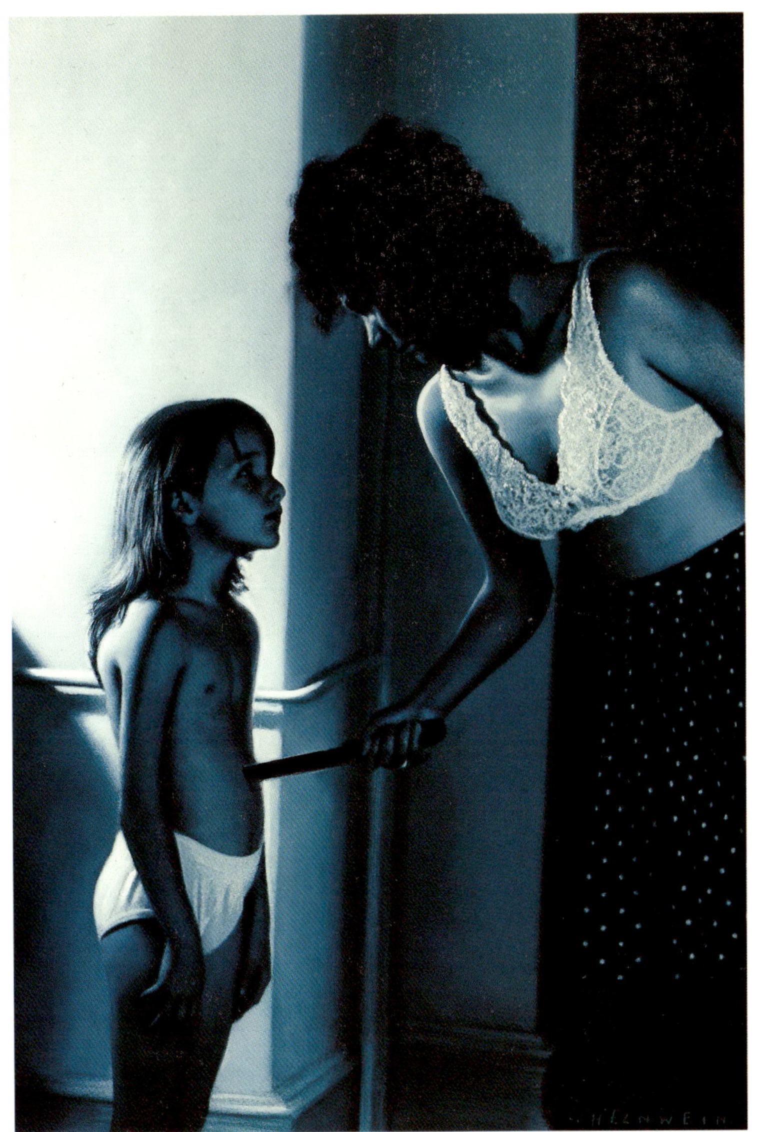

83 **Muttertag**, 1990

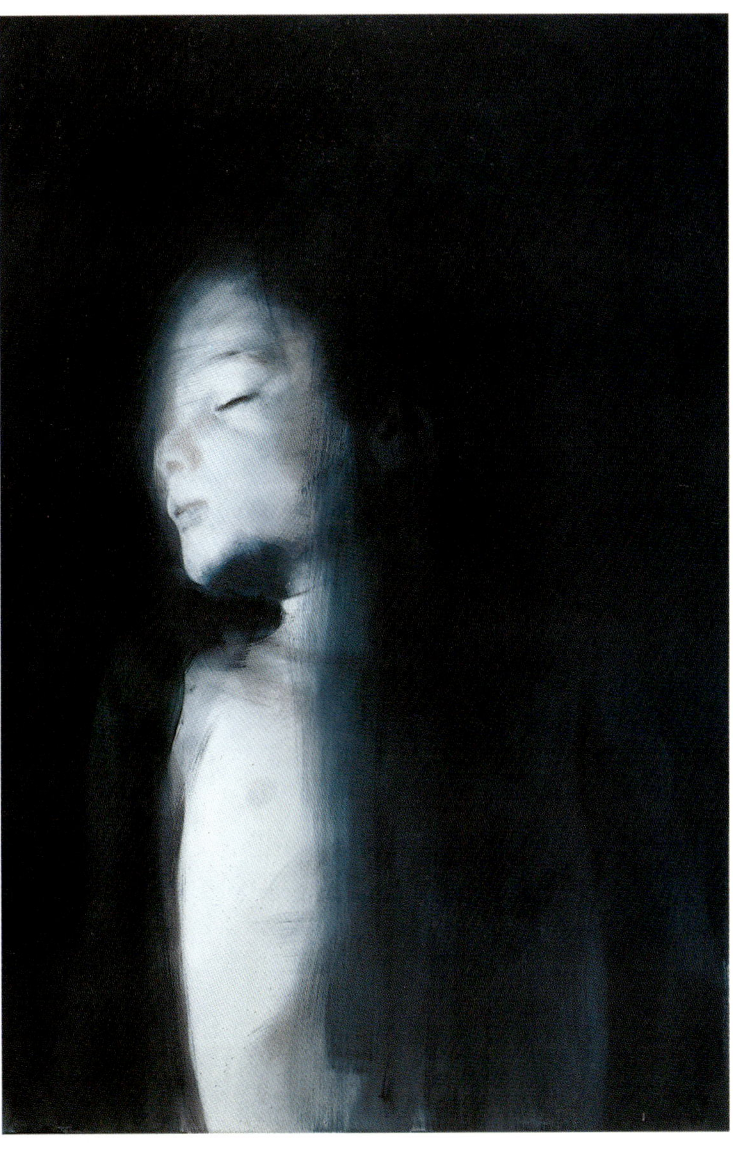

84 **Ali**, 1991

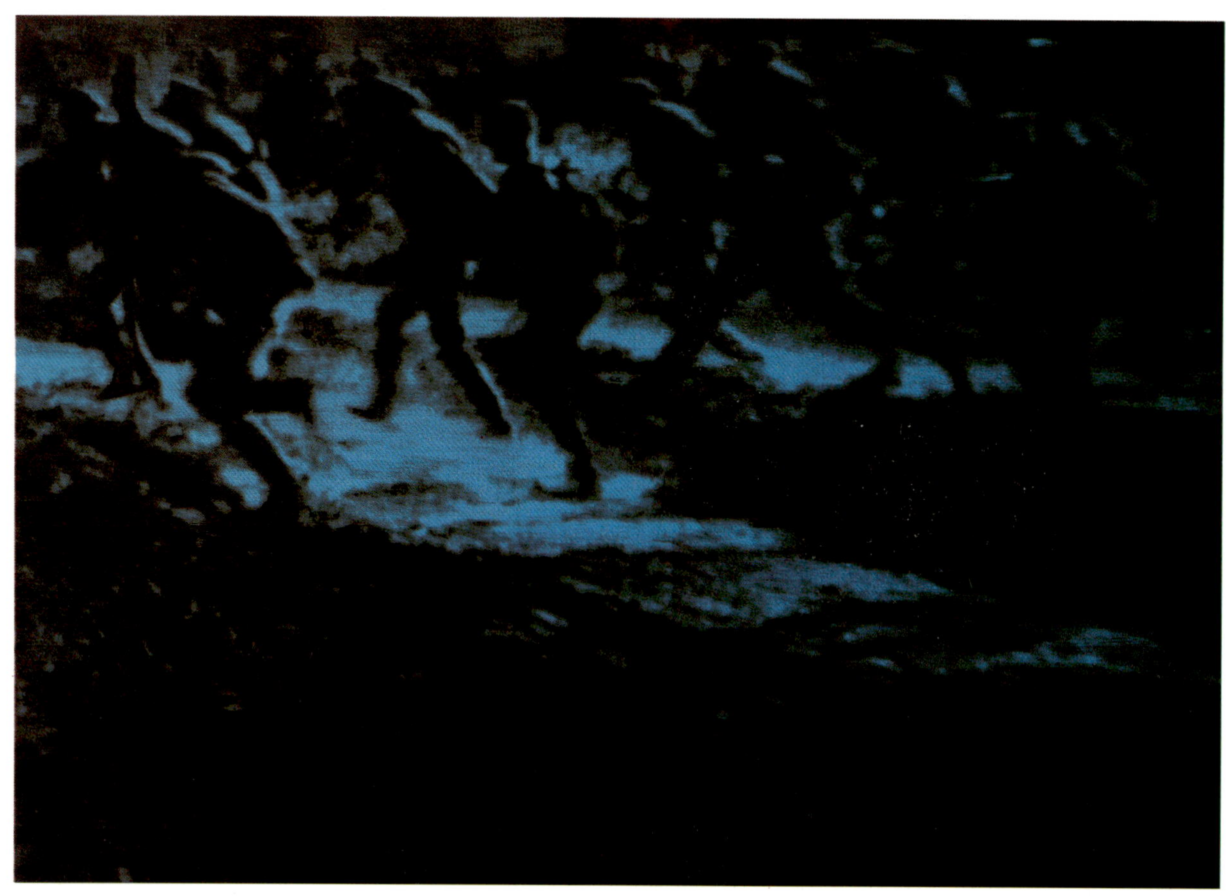

85 Nacht II, 1989

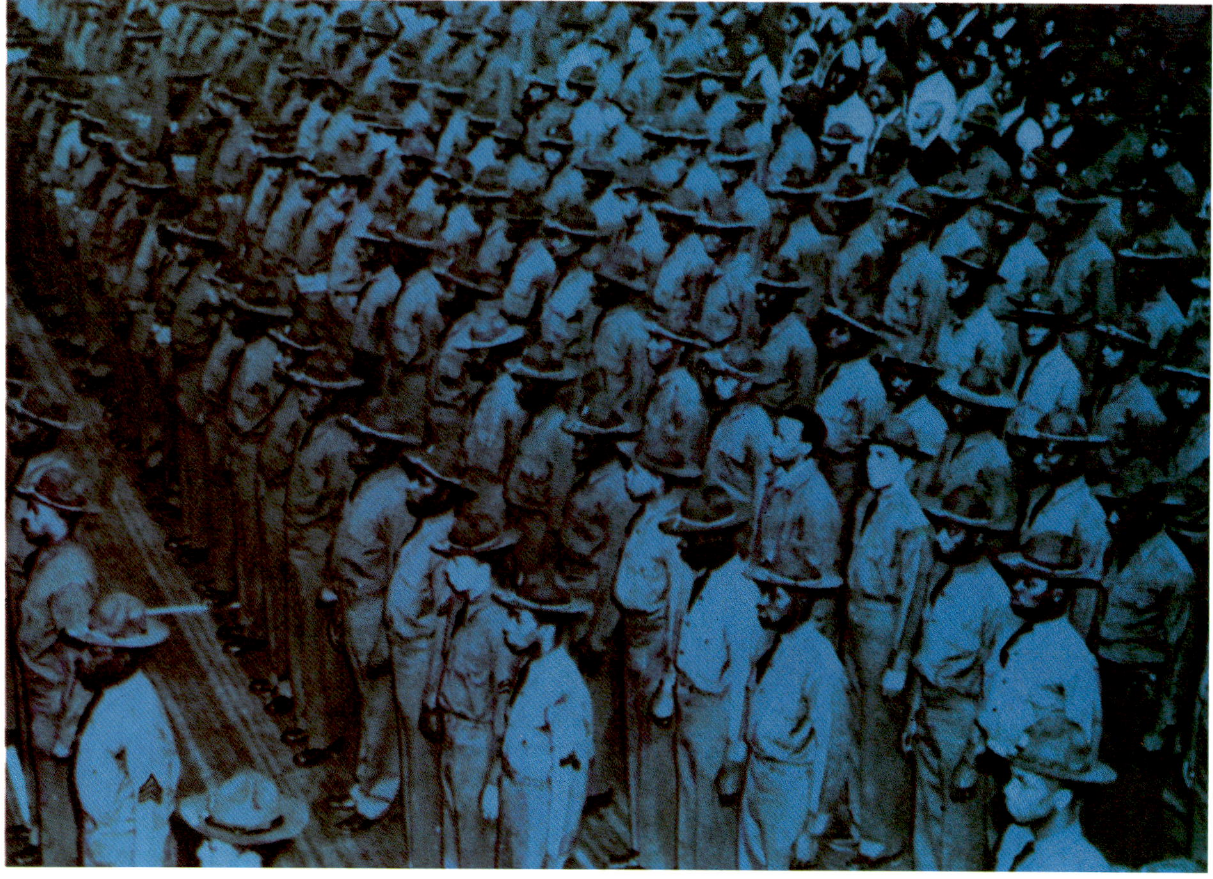

86 Nacht V, 1990

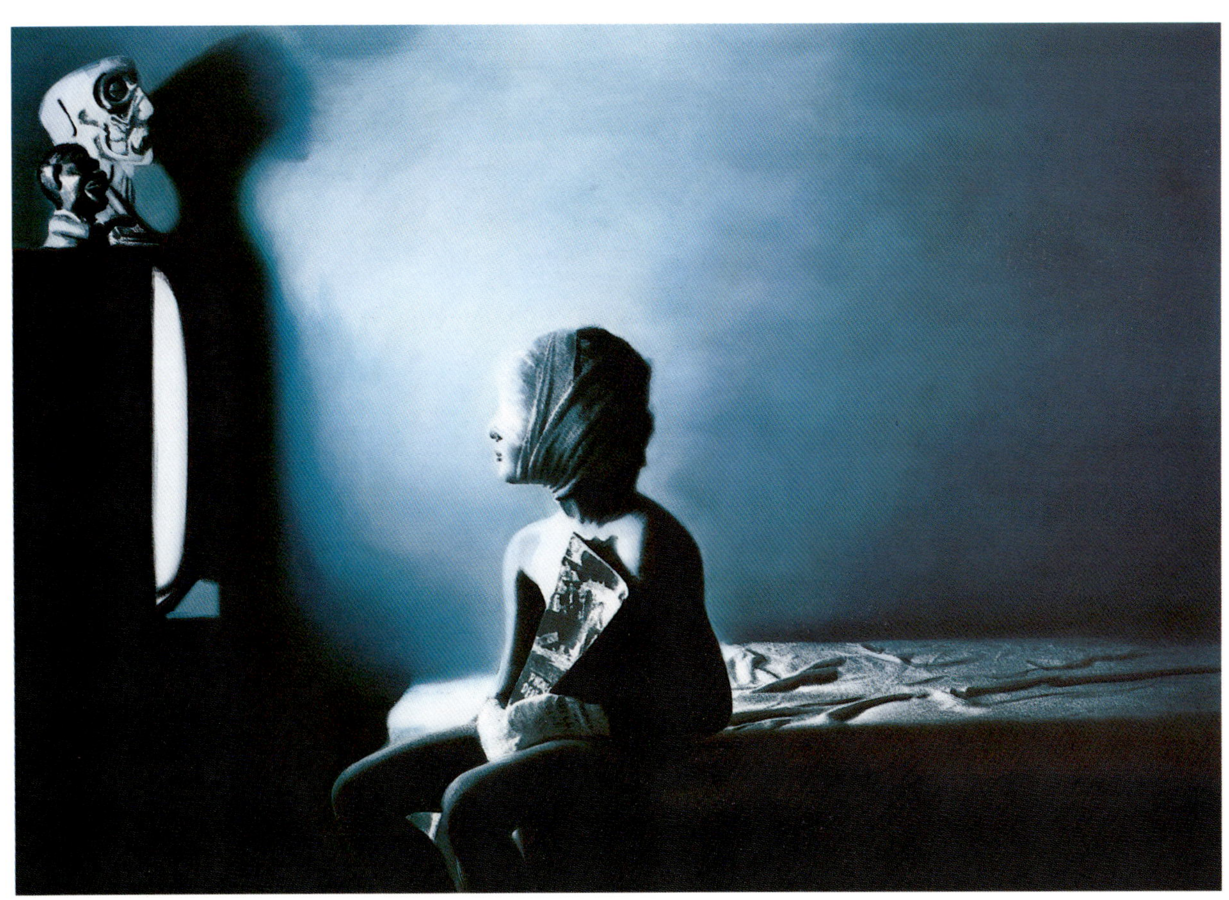

87 **Nacht IV**, 1990

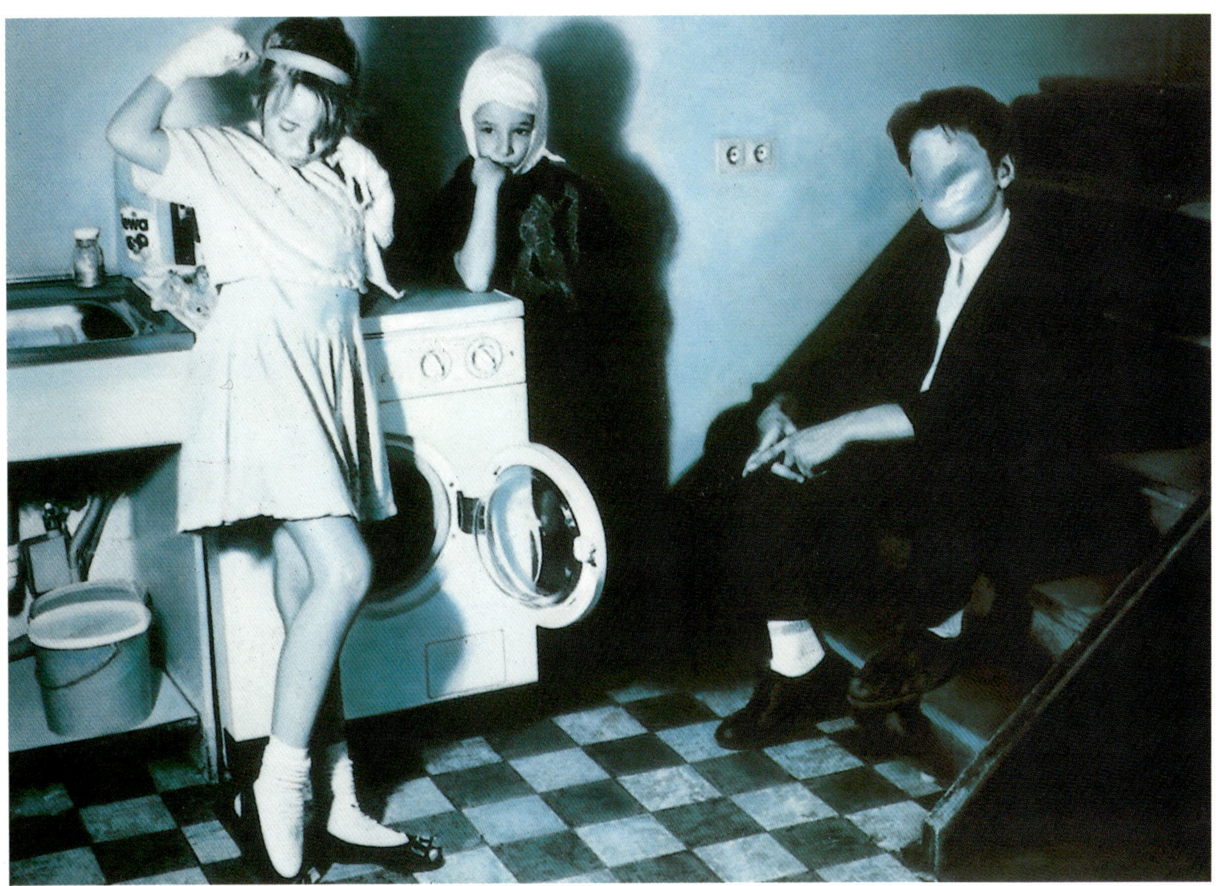

88 **Kinder und Mann ohne Gesicht**, 1991

89 **Türkenfamilie**, 1988 ▷

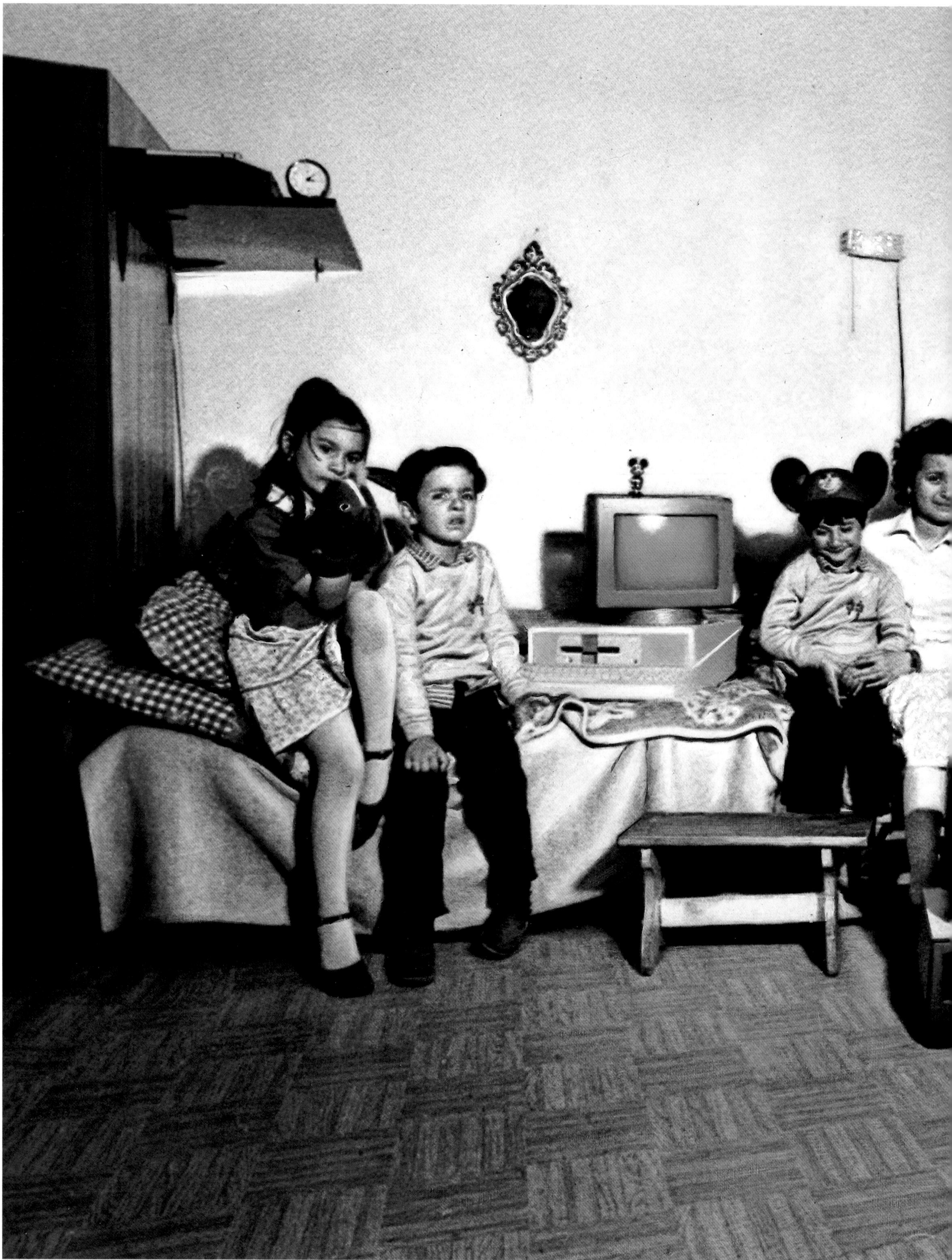

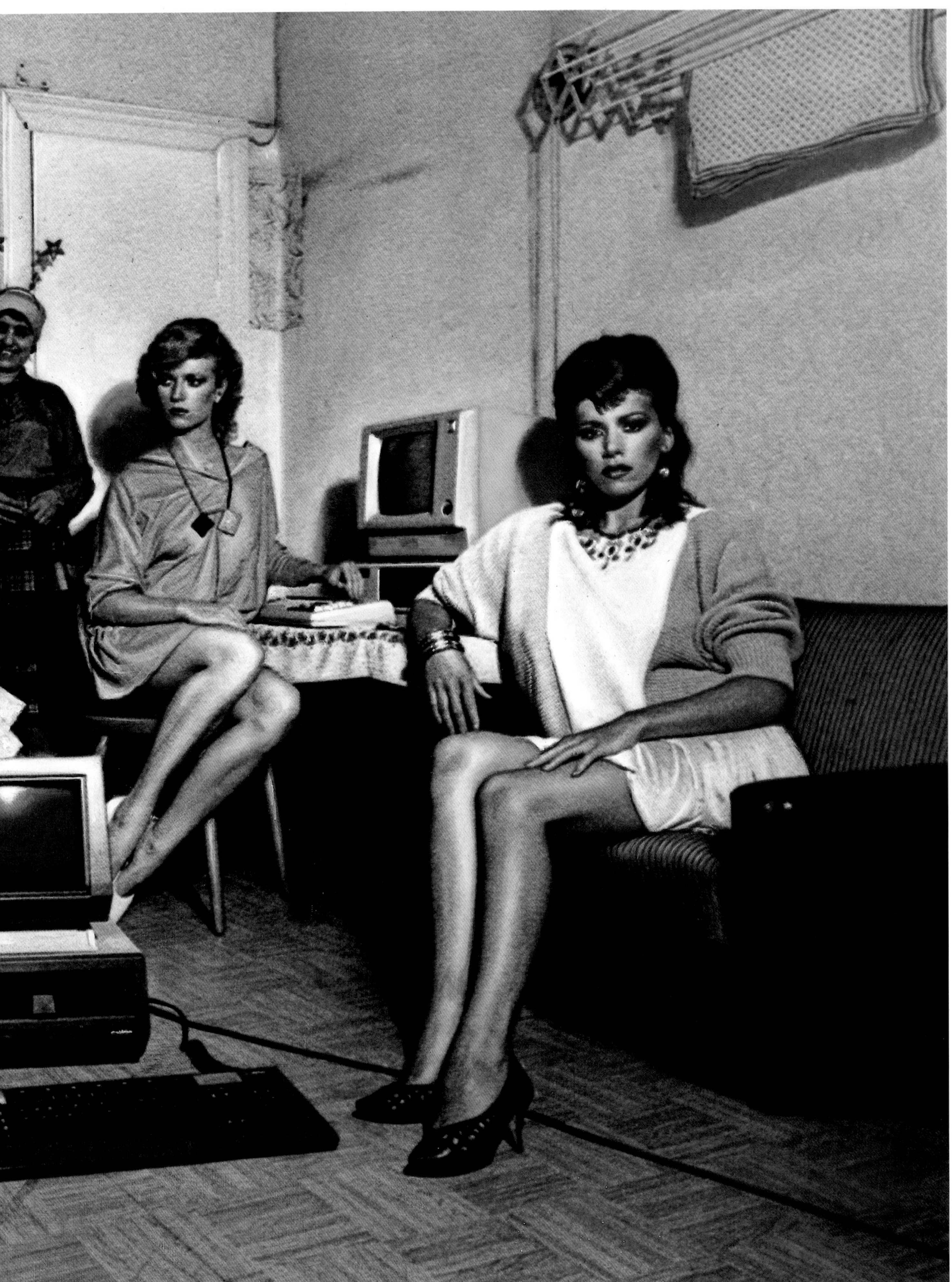

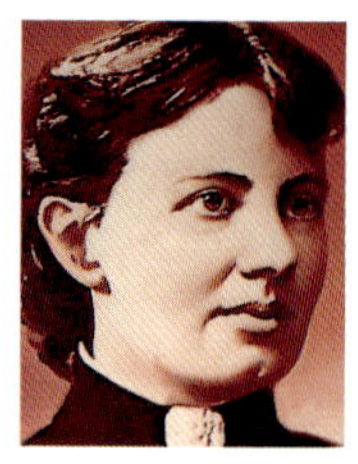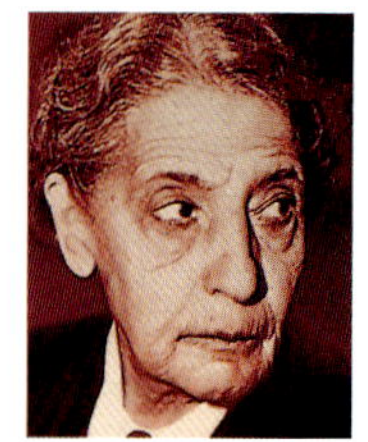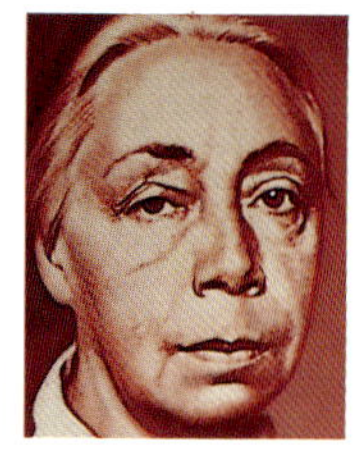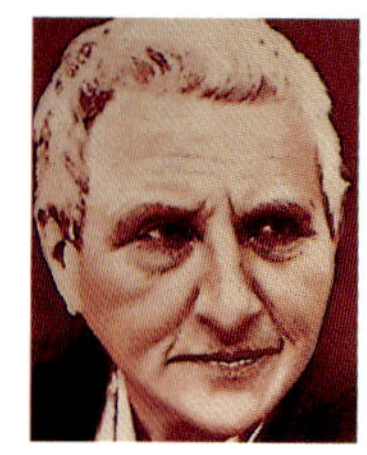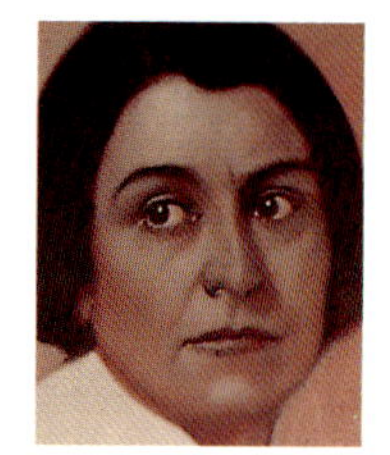
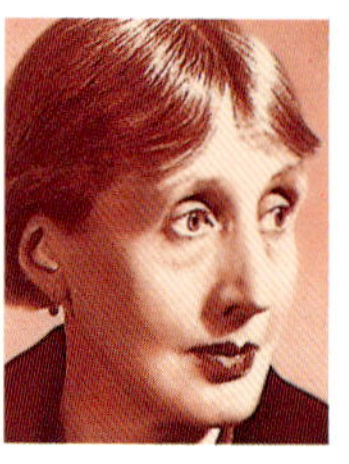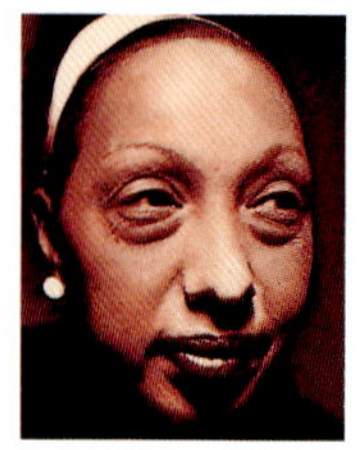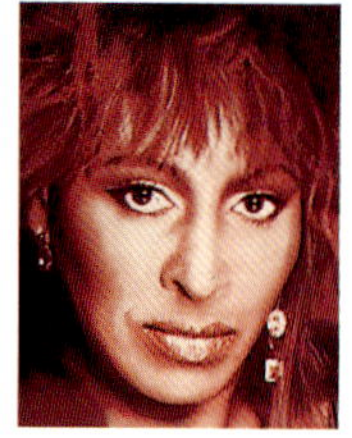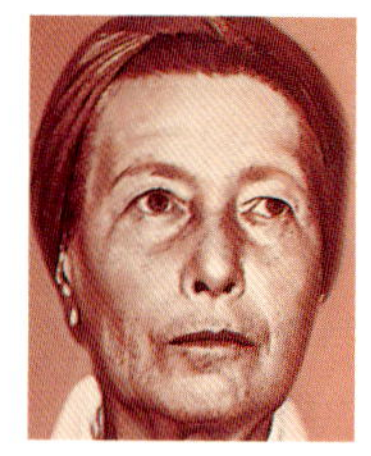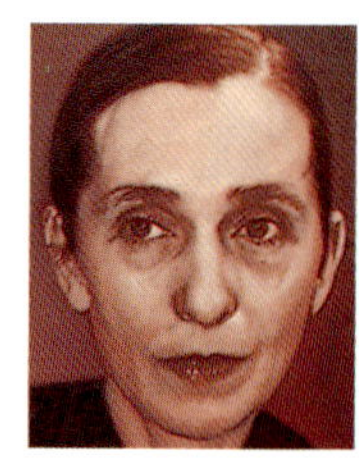
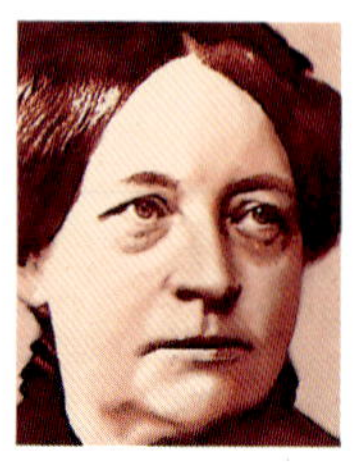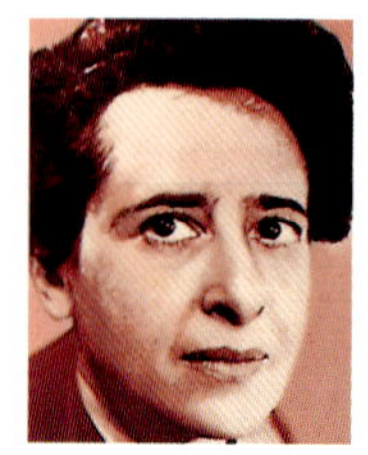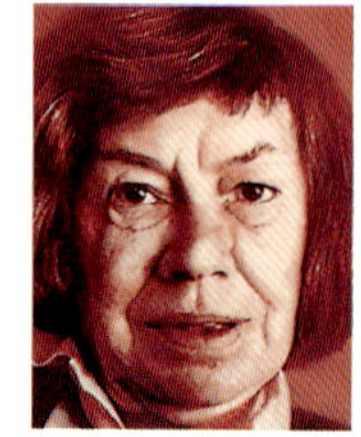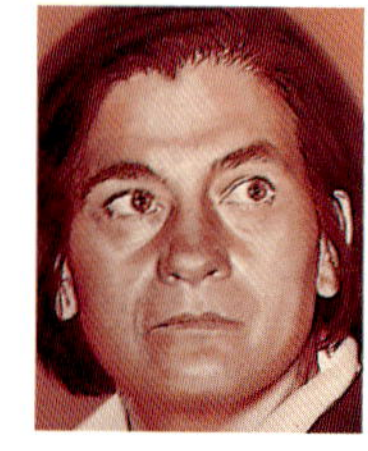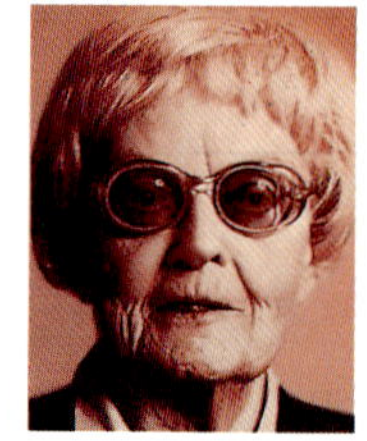
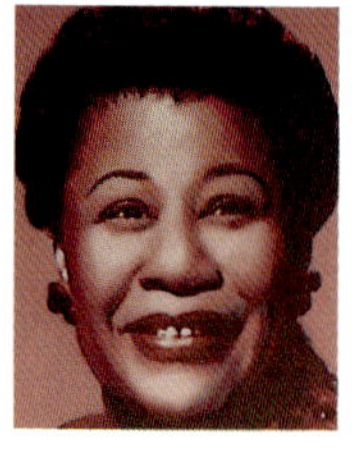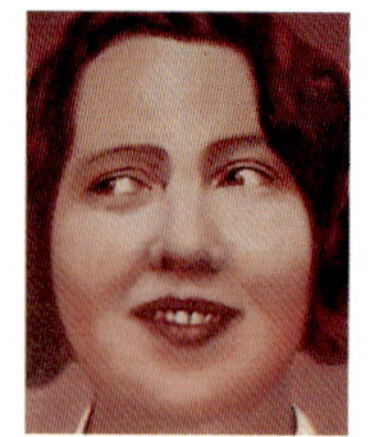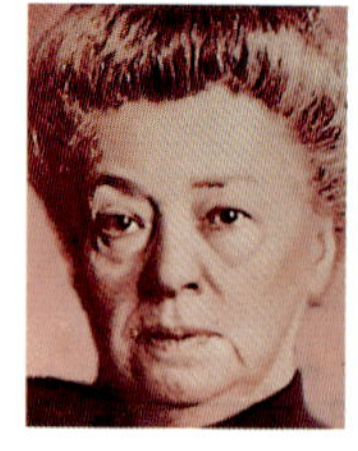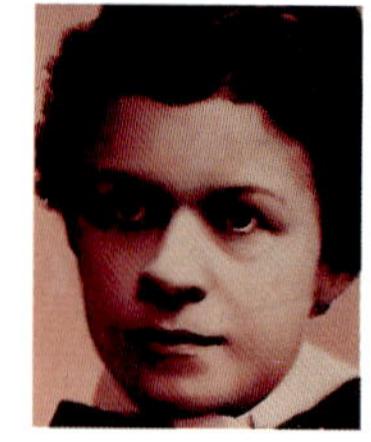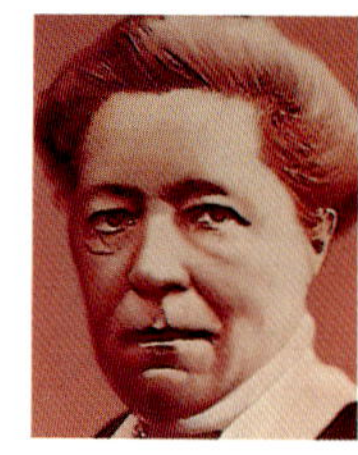
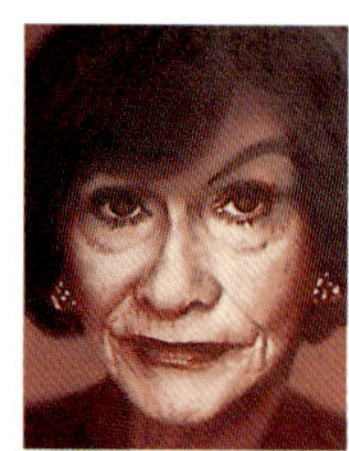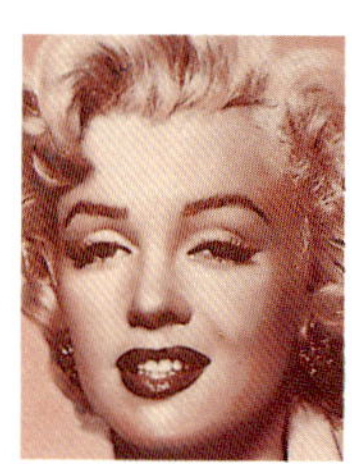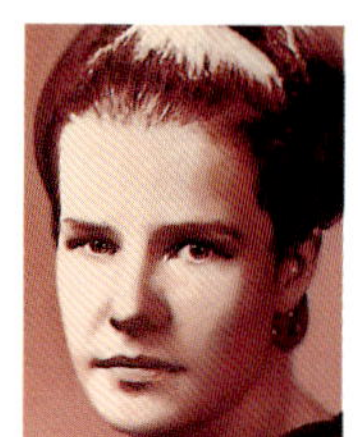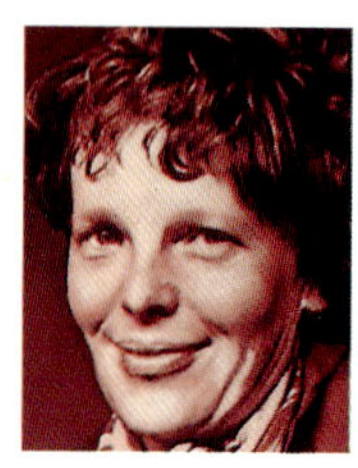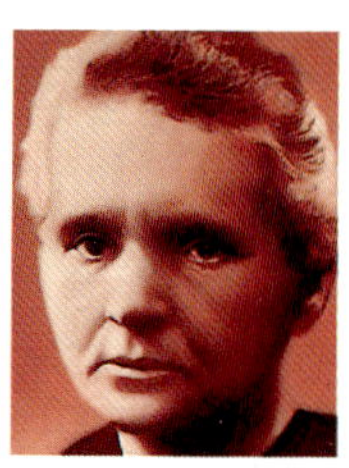

90 Achtundvierzig Portraits, 1991

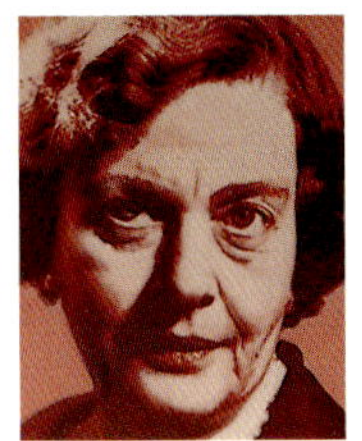 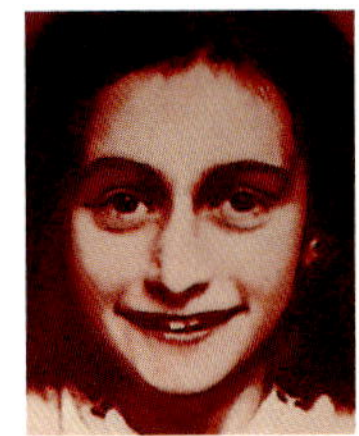 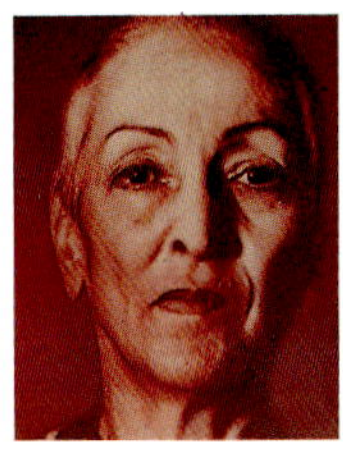 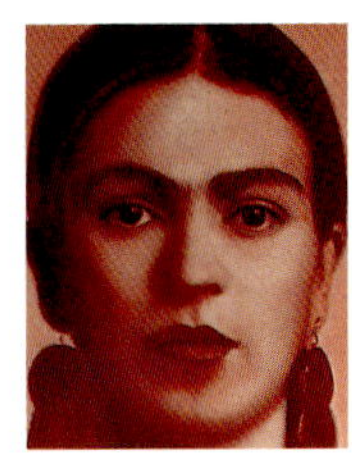 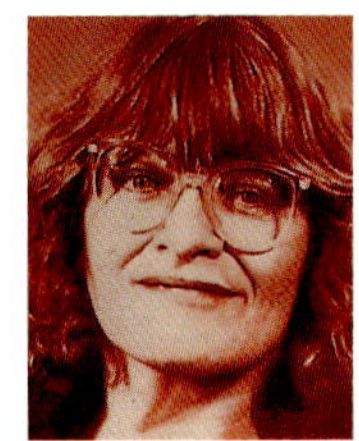

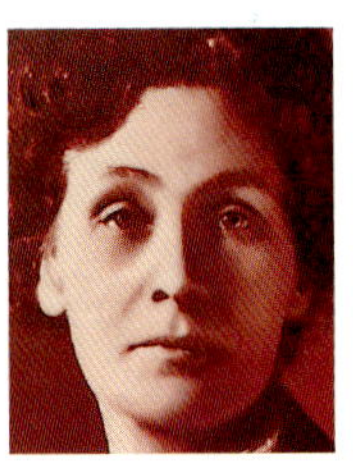 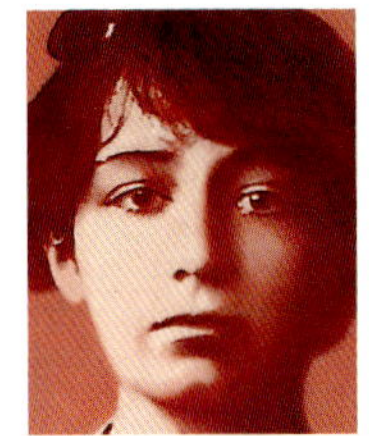 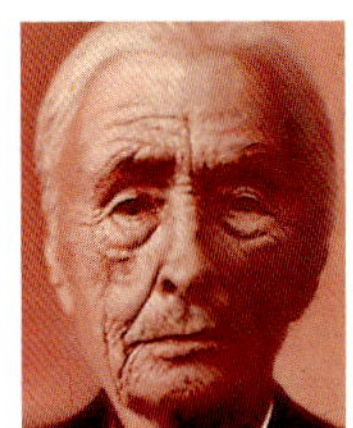 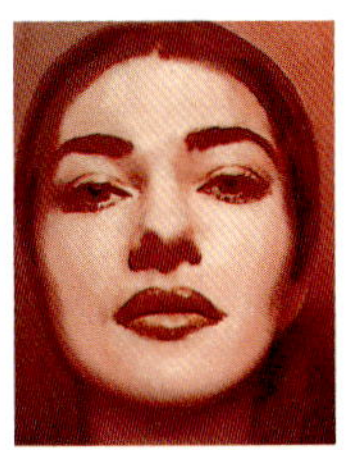 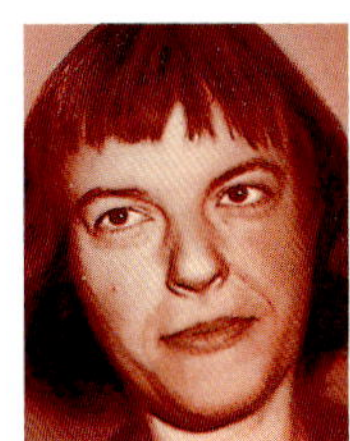

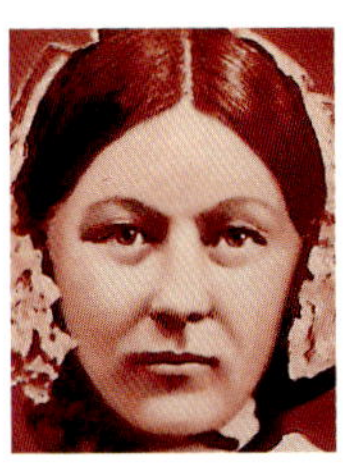 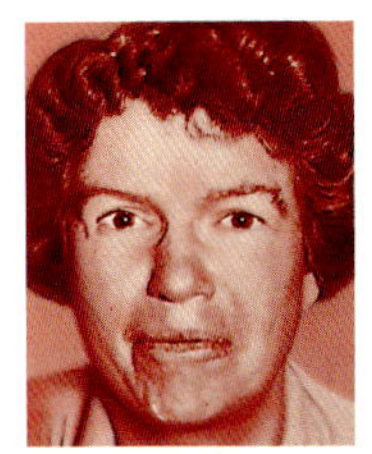 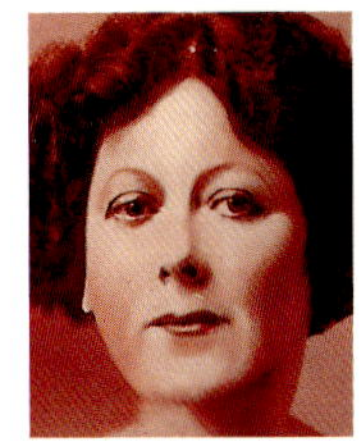 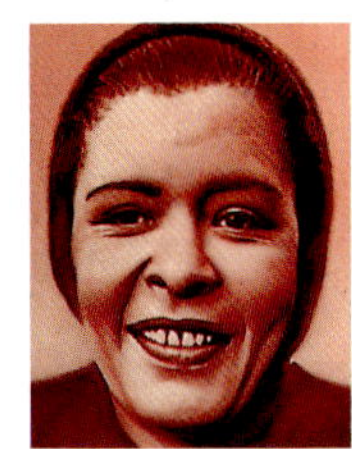 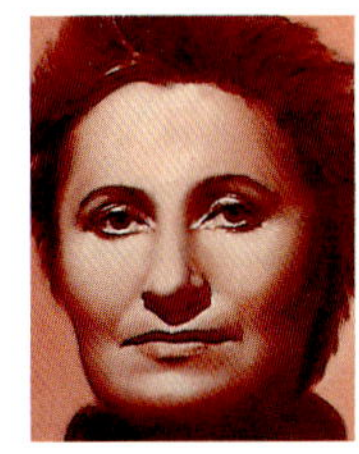

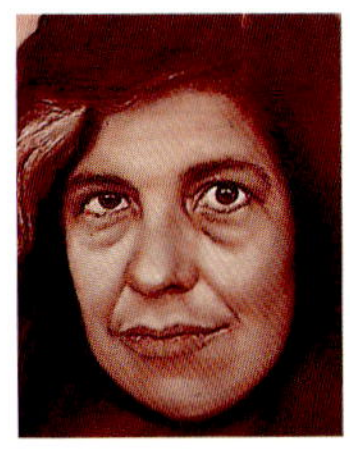 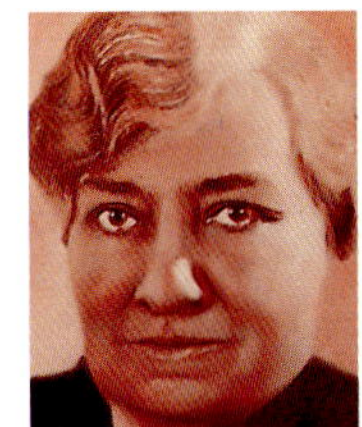 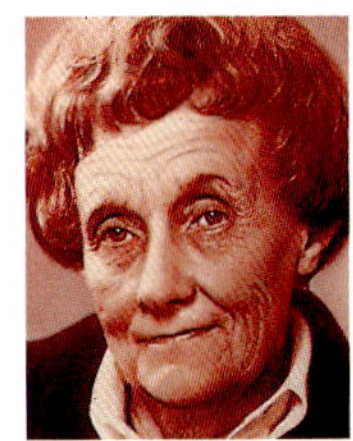 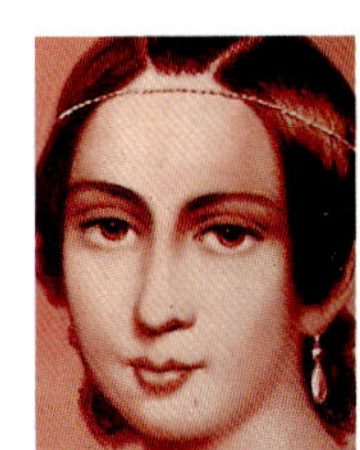 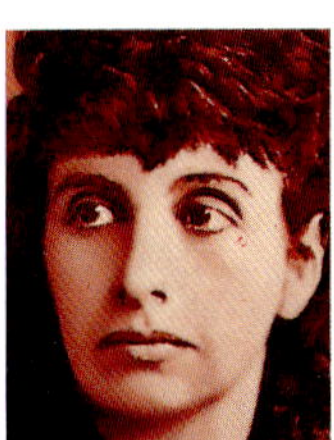

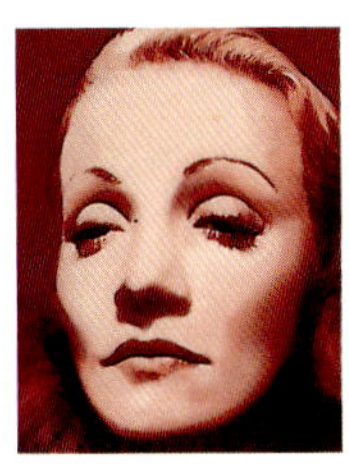 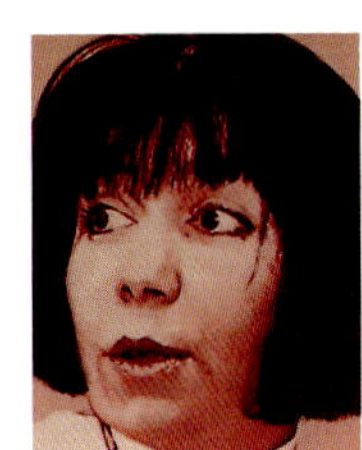 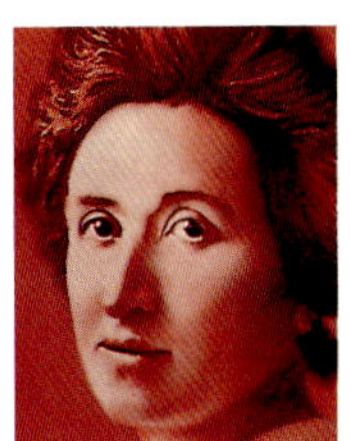

48 Portraits

Kunst ist immer auch ein Dialog mit den Werken anderer Künstler. So verwundert es nicht, daß Gottfried Helnwein den »48 Portraits« berühmter Männer im Museum Ludwig, Köln, die Gerhard Richter geschaffen hat, eine eigene Bilderserie berühmter Frauen entgegensetzte: aber nicht in Schwarzweiß, sondern in gedämpftem Rot.

48 Portraits

One feature of art is always its dialogue with the works of other artists. Small wonder, then, that Gottfried Helnwein replied to Gerhard Richter's series of »48 Portraits« of famous men in the Museum Ludwig (Cologne) with a series of his own – of famous women, not in black and white (like Richter's) but in muted red.

48 portraits

L'Art, c'est aussi un dialogue avec les œuvres d'autres artistes. Rien d'étonnant donc à ce que Gottfried Helnwein oppose sa propre série de toiles sur les femmes célèbres aux «48 portraits» d'hommes célèbres de Gerhard Richter, que l'on trouve au Musée Ludwig. Pas en noir et blanc cette fois, mais en rouge mat.

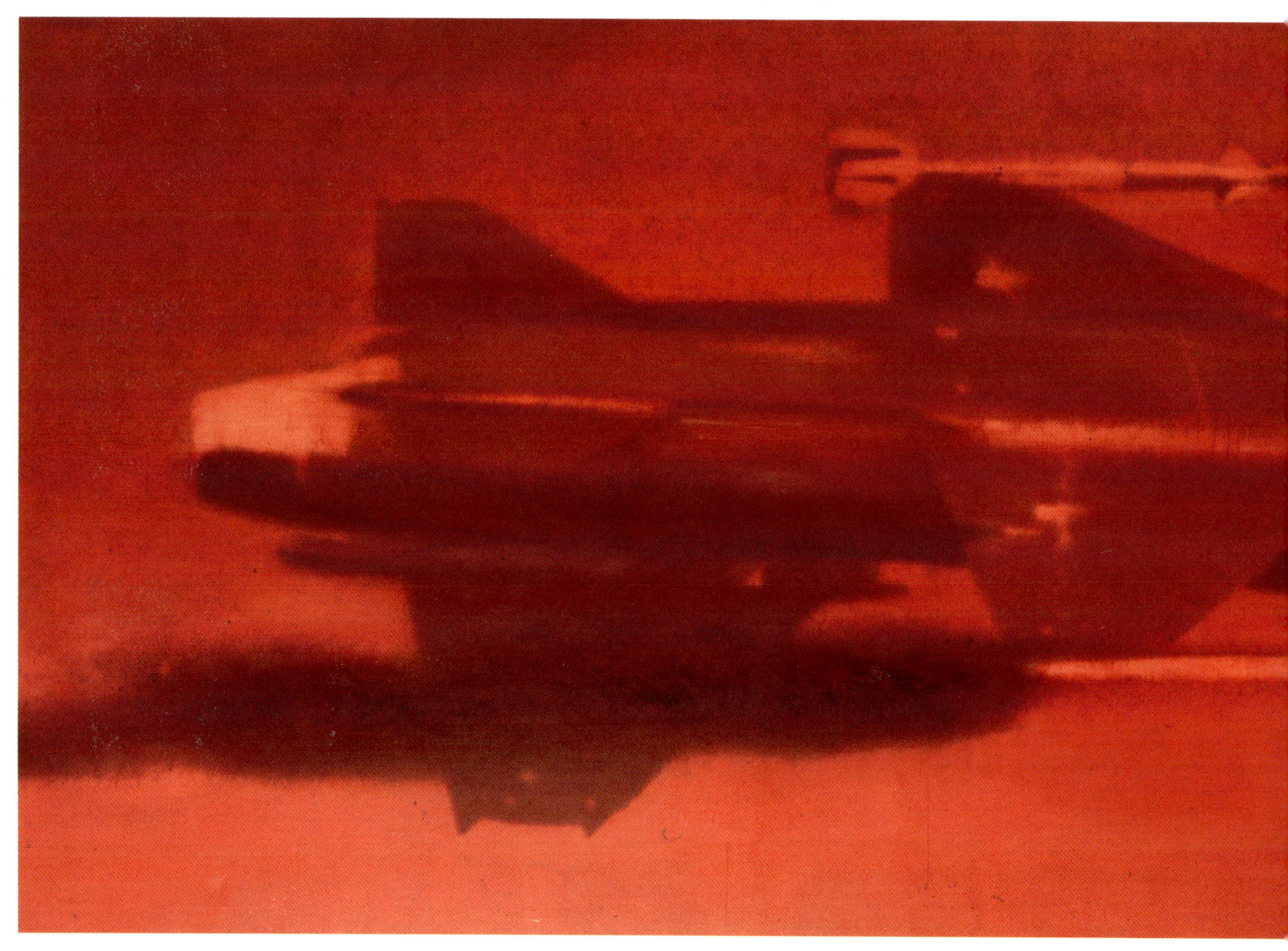

91 **MiG 23**, 1989

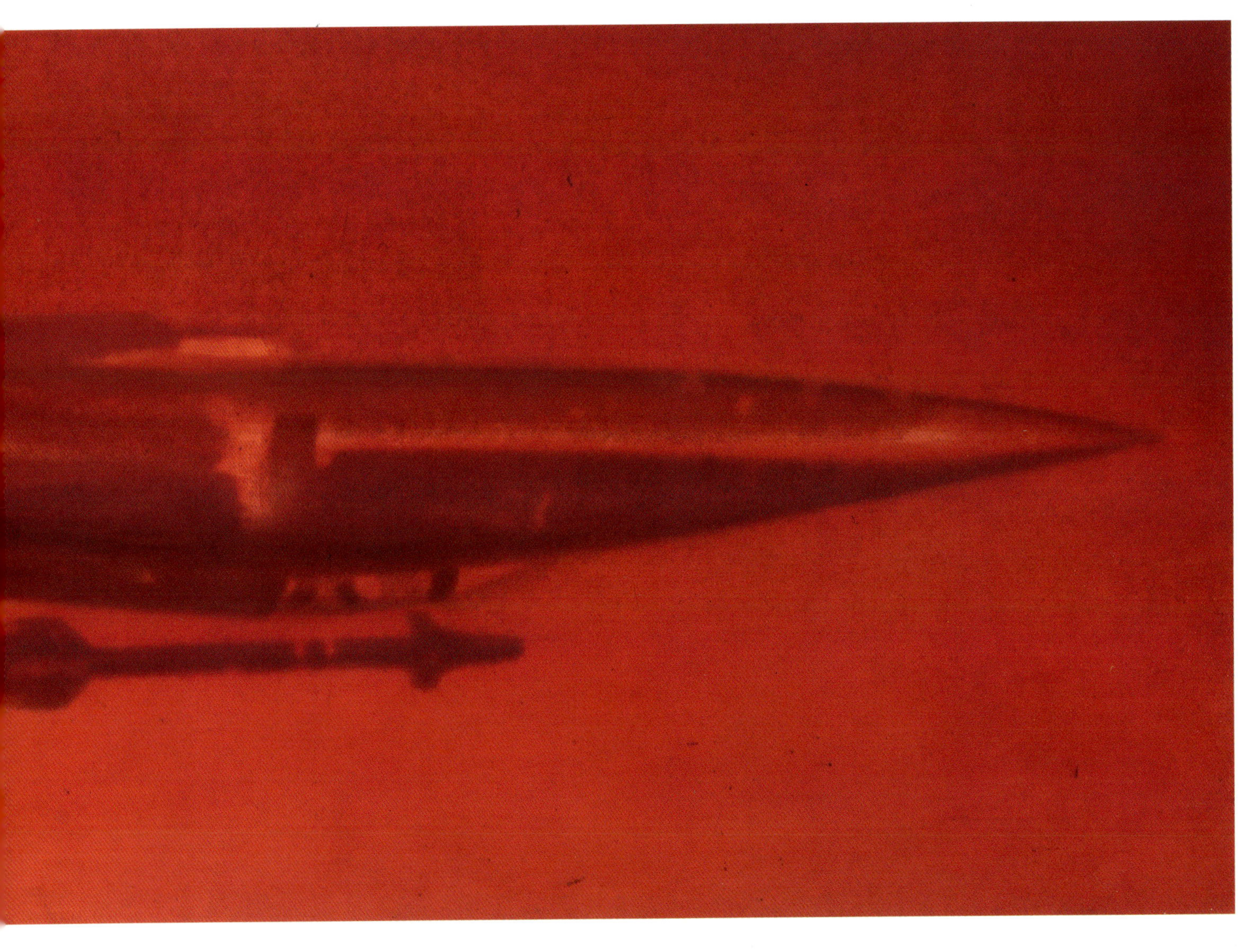

Fotografien

Gottfried Helnwein begleitete von Anfang an seine künstlerische Arbeit mit der Fotografie. Zunächst als Dokumentation begonnen, verselbständigte sie sich seit den achtziger Jahren immer mehr, weil ihm bewußt wurde, wie sehr die Fotografie ihre spezifischen Wirkungsmöglichkeiten besitzt, die sie neben der Malerei und der Zeichnung als eigene künstlerische Gattung nobilitieren. Bediente er sich noch in seiner Malerei einer beispiellosen fotografischen Raffinesse, um die künstlerischen Bildvorstellungen so real wie möglich zu gestalten, so genügten im Rahmen der fotografischen Arbeit vielfach schon kleine Veränderungen in der Lichtführung und in der Kameraeinstellung, um die verschiedenen Wirklichkeiten des Sichtbaren und des Unsichtbaren miteinander zu verschmelzen. Dabei beweist sich Gottfried Helnwein immer wieder aufs neue als der geniale Portraitist dieser Zeit. Wie kein anderer zeigt er die Brüchigkeit der Menschen, Idole und Ideale des 20. Jahrhunderts, die in sich bereits alle Zeichen des Verfalls tragen. Schon in ihre Haut sind die Katastrophenperspektiven und Krisenstimmungen, sind das Morbide, der Ekel und die Melancholie des Vergehens eingeprägt wie in einen Kampfplatz der Exzesse. Erfüllte und verborgene Wünsche, die Fülle des gelebten Lebens, Verletzungen, Schmerz und Tod, Vergangenheit, Gegenwart und Zukunft des Individuums sind wie in einem unerbittlichen Brennglas konzentriert gebündelt worden, gnadenlos und dennoch zutiefst human. Wer jemals geglaubt hat, das Objektiv der Kamera sei objektiv, der wird bei den Fotografien von Gottfried Helnwein eines Besseren belehrt. Das ist kein blinder Tribut mehr an die hedonistische Konsumkultur und ihre massenmedialen Inhalte. Hier ist ein Visionär am Werk und kein Dokumentar der Eitelkeiten.

Photographs

From the outset of his work as artist, Gottfried Helnwein has also been a photographer. At first the photographs were taken for documentation purposes, but since the 1980s they have increasingly become an autonomous branch of his work. Helnwein realised that photography affords its own spectrum of opportunities, and that these have given it credibility as an artistic genre alongside painting and drawing. If his paintings have an unparalleled photographic sophistication, in order to convey as real a visual impression as possible, he has often been content in his photographic work with minimal adjustments to the exposure or focus in order to fuse the different realities in what is seen and what is unseen. Again and again in this work, Gottfried Helnwein shows himself to be the genius among contemporary portrait artists. More than any other he has highlighted the fragmented status of humankind and their idols and ideals in the twentieth century, which already bears within it all the tokens of decay. In their very skin we witness catastrophe and crisis, morbidity and disgust, and the melancholy of transience, imprinted there as if in a combat arena of excessive indulgences. Wishes fulfilled or concealed, the amplitude of life lived to the full, injuries and pain and death, the past and present and future of the individuals: all these are focussed as if by a merciless burning glass, pitiless and yet profoundly human. Anyone who ever believed the camera lens is objective should take a look at Gottfried Helnwein's photos and think again. His work constitutes no blind tribute to hedonist consumer culture and its mass media contents. It is no documentation of the vanities. Rather, it is the work of a visionary.

Photographies

La photographie a accompagné les travaux de Gottfried Helnwein depuis ses débuts. Ce qui ne devait être au départ qu'une documentation, devint dès les années 80 de plus en plus autonome, car l'artiste avait pris conscience des possibilités d'expression spécifiques de la photographie, qui font d'elle un genre artistique propre à côté de la peinture et du dessin. S'il montrait encore dans sa peinture une subtilité photographique sans pareille pour reproduire aussi réellement que possible ses idées, il est vrai que pour le photographe il suffit souvent de petits changements dans l'éclairage ou d'un réglage de l'appareil pour fondre les différentes réalités du Visible et de l'Invisible. Et Gottfried Helnwein nous prouve sans cesse qu'il est LE portraitiste de notre époque. Comme nul autre, il nous montre la fragilité de l'Etre humain, des idoles et des idéaux au 20ème siècle, qui portent déjà en eux le signe de la dégradation. Leur peau, telle un champ de bataille livré aux excès, porte déjà la trace des catastrophes à venir et des climats de crise, le caractère morbide, le dégoût et la mélancolie du temps qui fuit. Les souhaits accomplis et secrets, la plénitude de la vie vécue, les blessures, la souffrance et la mort, passé, présent et avenir de l'individu sont comme concentrés dans le faisceau d'une lentille impitoyable; point de clémence ici, mais une profonde humanité. Celui qui croyait à l'objectivité de l'appareil photographique comprendra son erreur face aux photos de Gottfried Helnwein. Elles ne sont pas un tribut aveugle à la culture de consommation hédoniste et aux mass media. Nous avons affaire à un voyant et non à un documentaliste des vanités.

92 Arno Breker Holding a Picture of Joseph Beuys, 1988

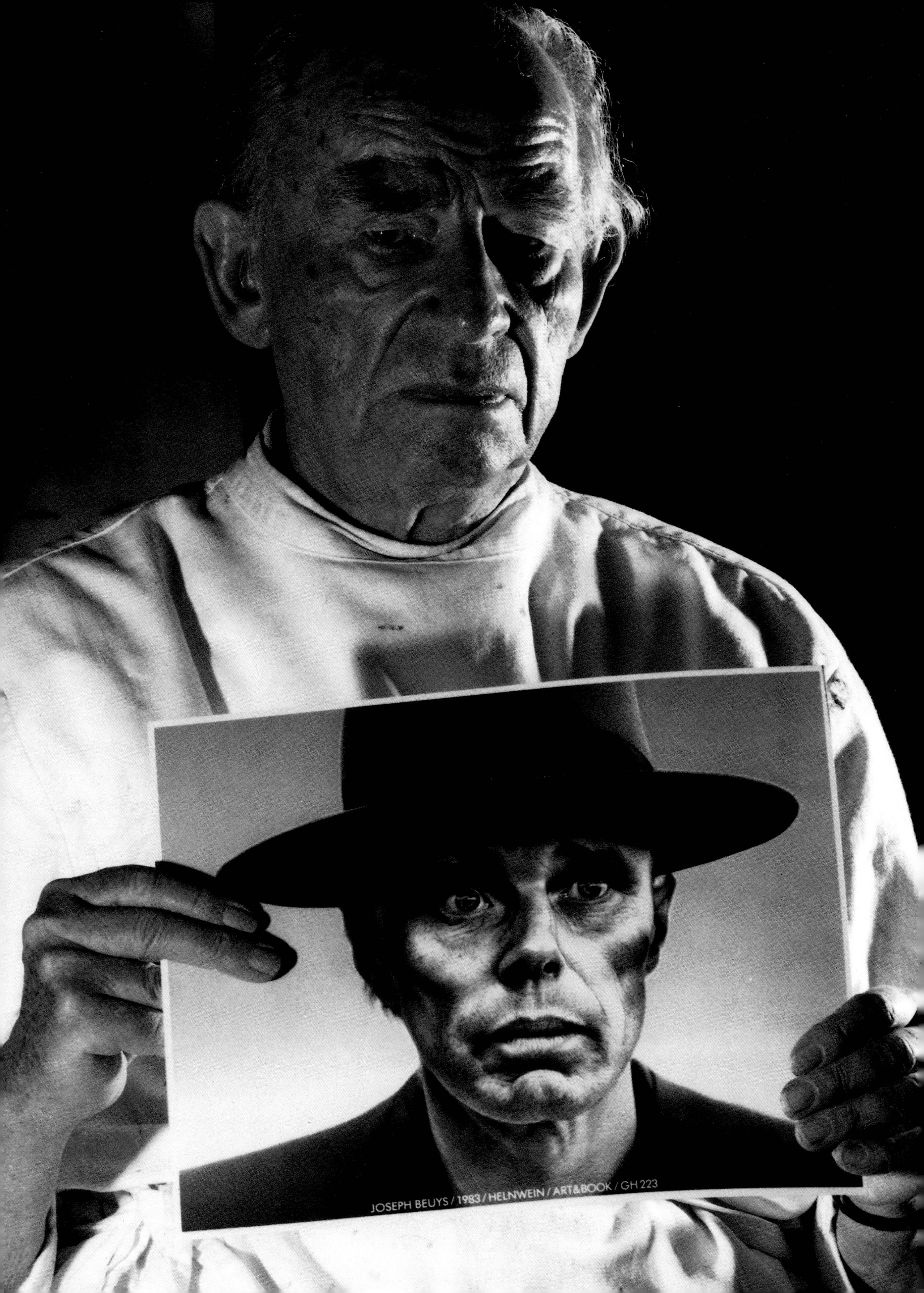

JOSEPH BEUYS / 1983 / HELNWEIN / ART&BOOK / GH 223

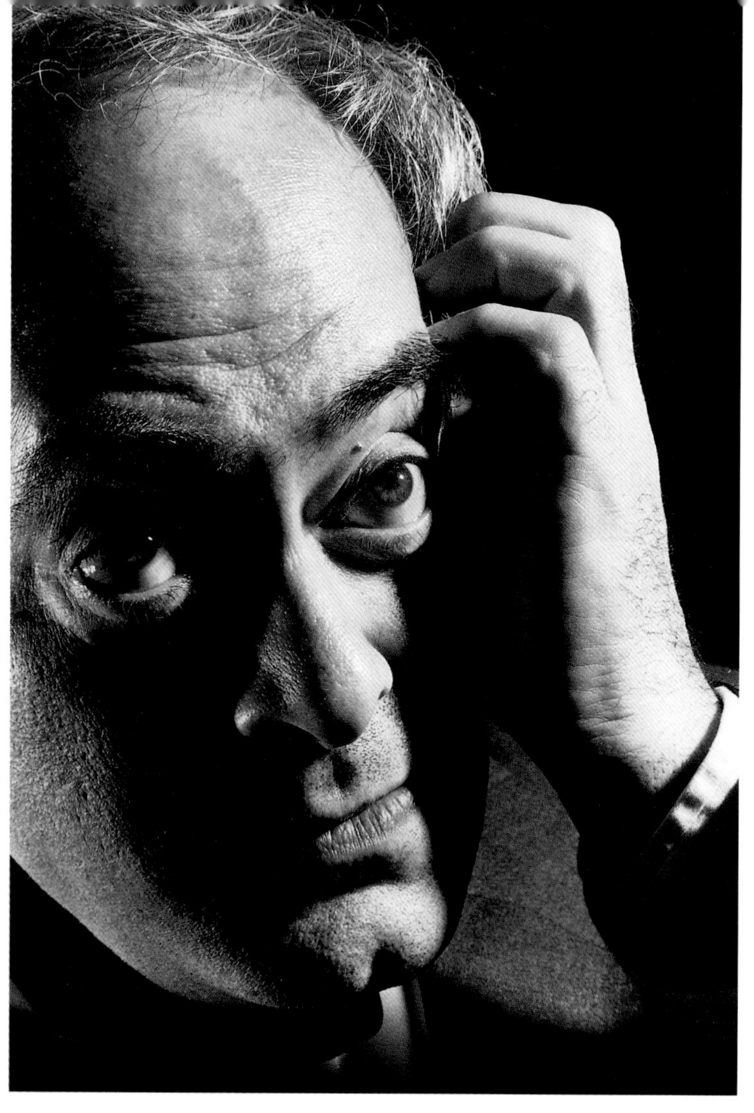

△ 93 Roland Topor

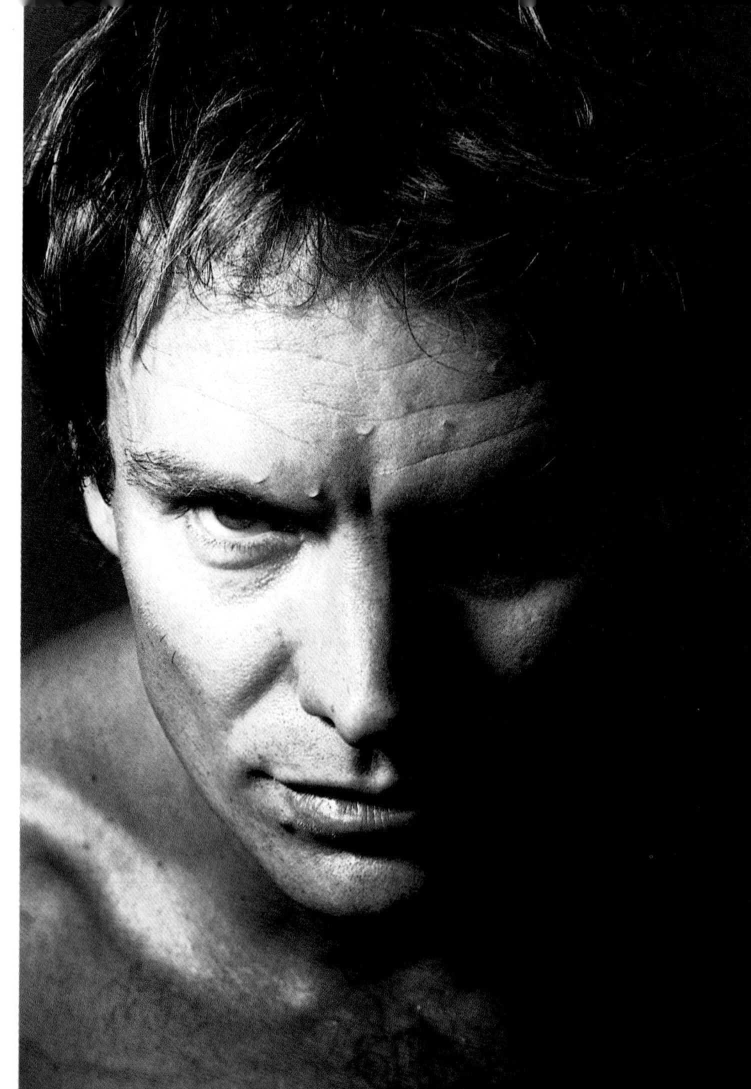

△ 94 Sting

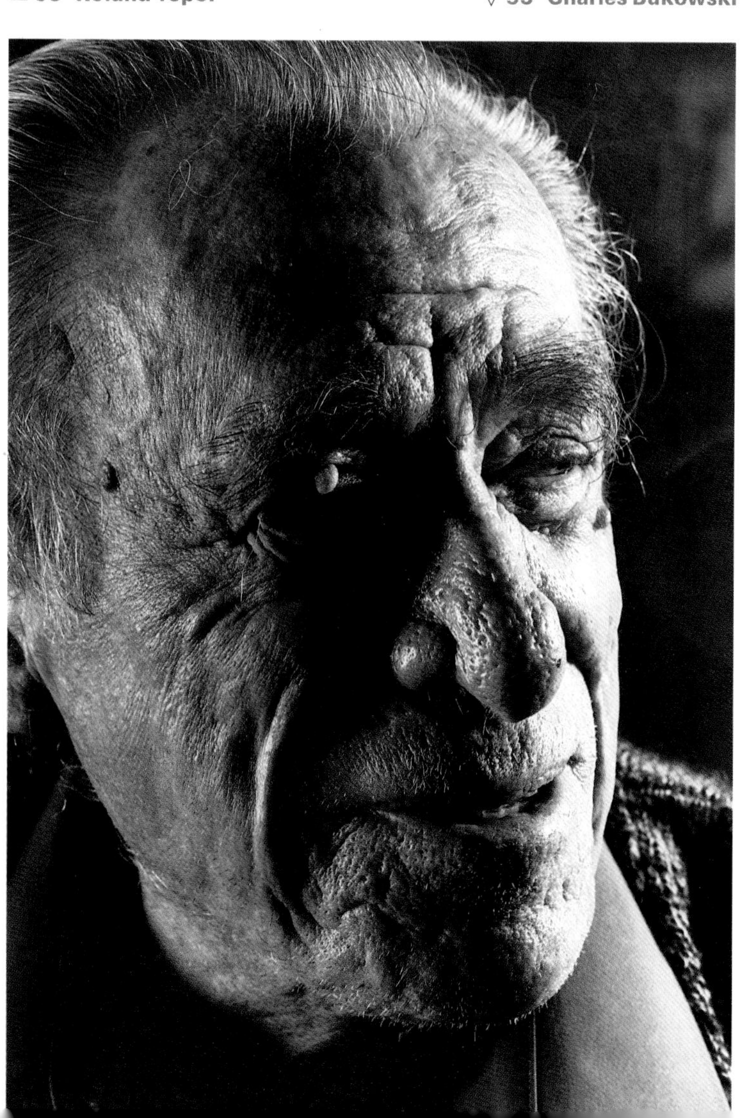

▽ 95 Charles Bukowski

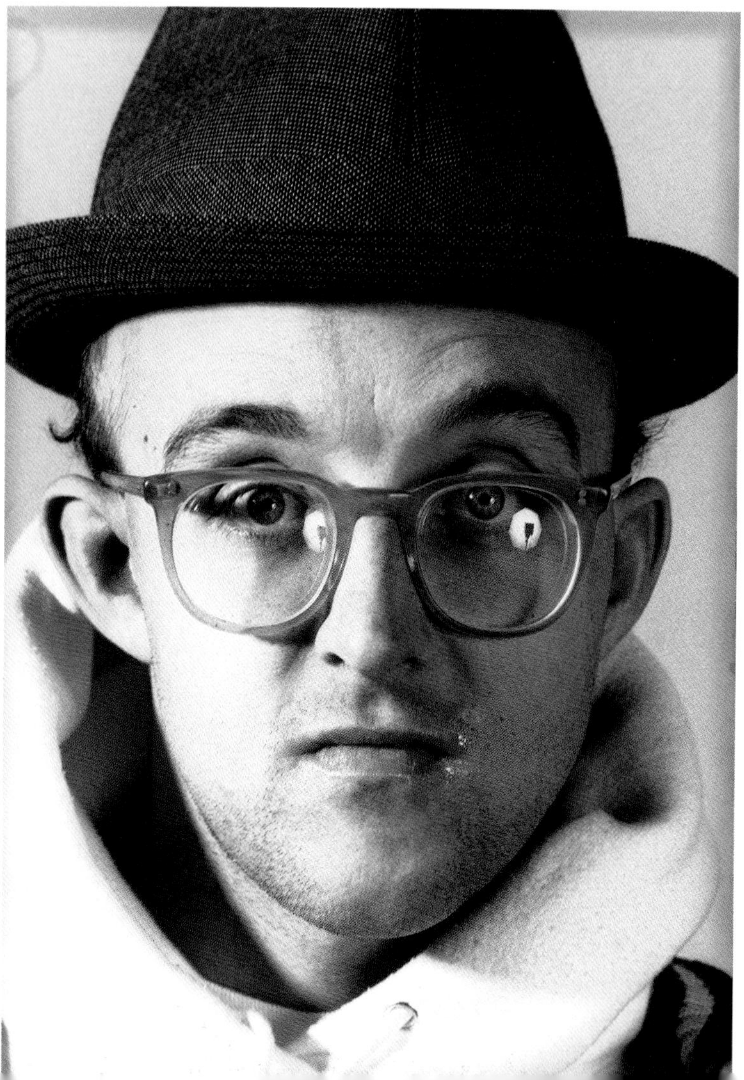

▽ 96 Keith Haring

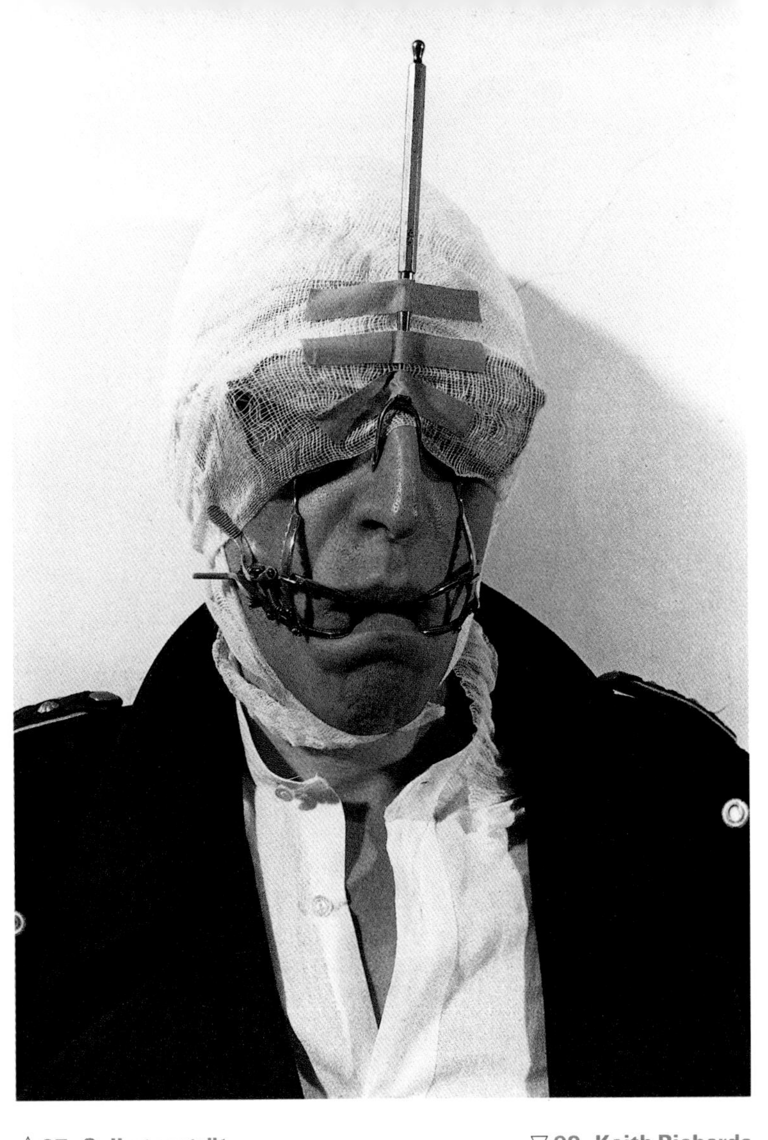

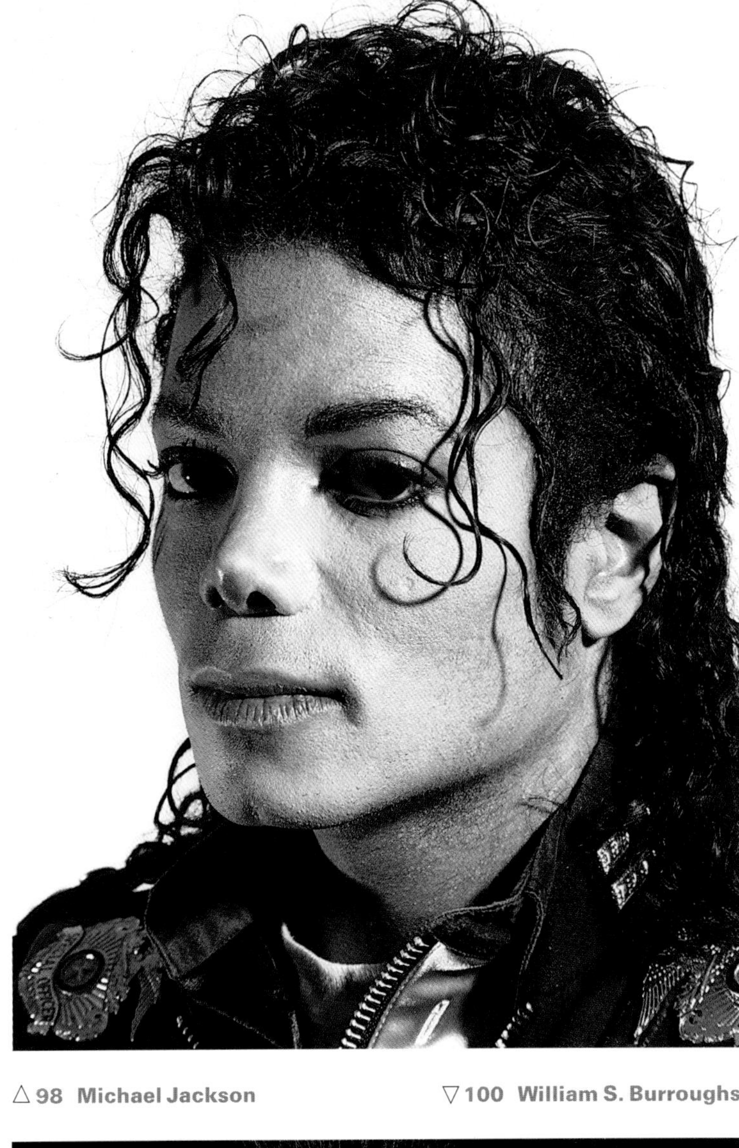

△ 97 Selbstporträt   ▽ 99 Keith Richards   △ 98 Michael Jackson   ▽ 100 William S. Burroughs

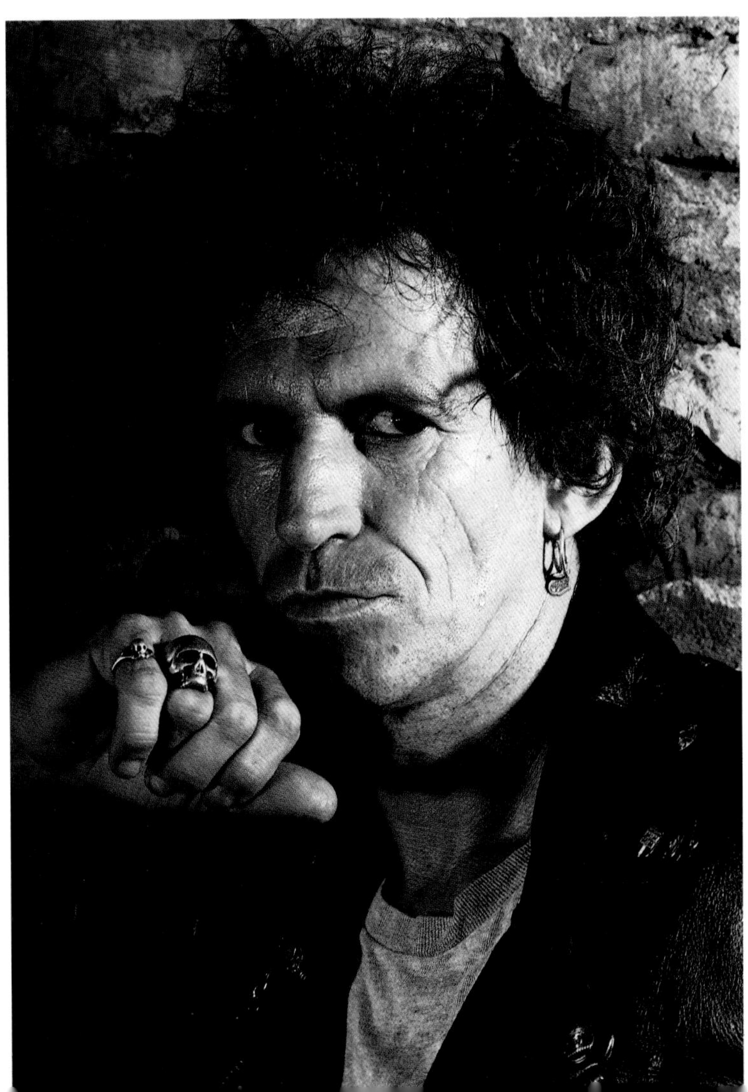

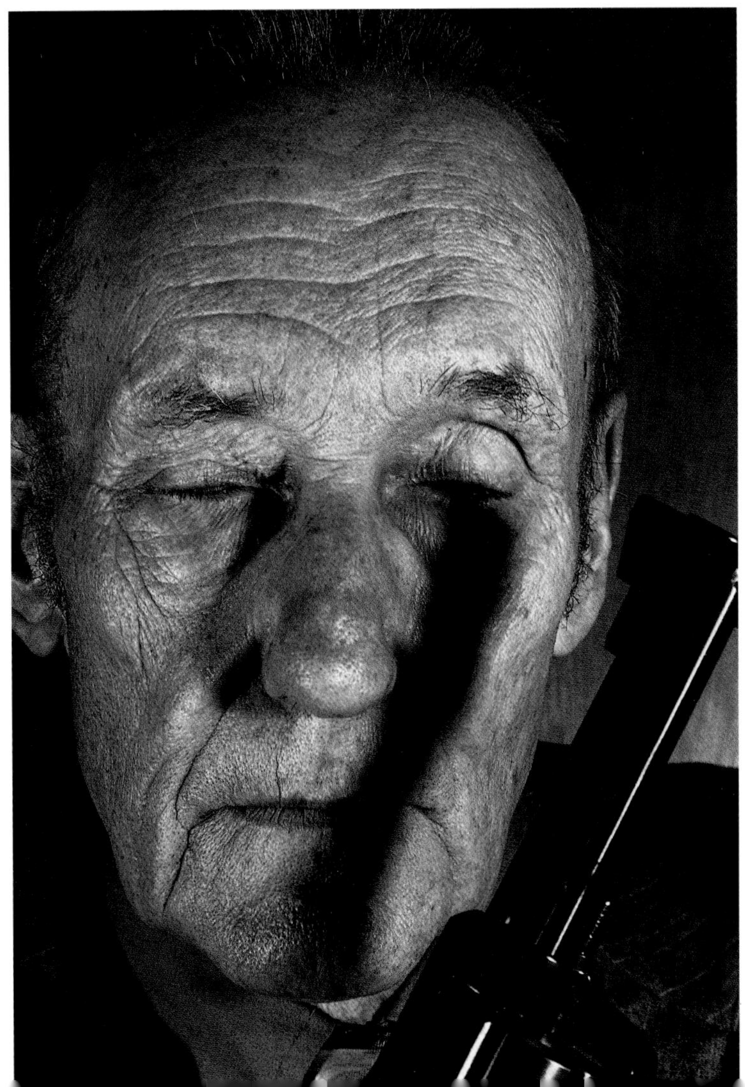

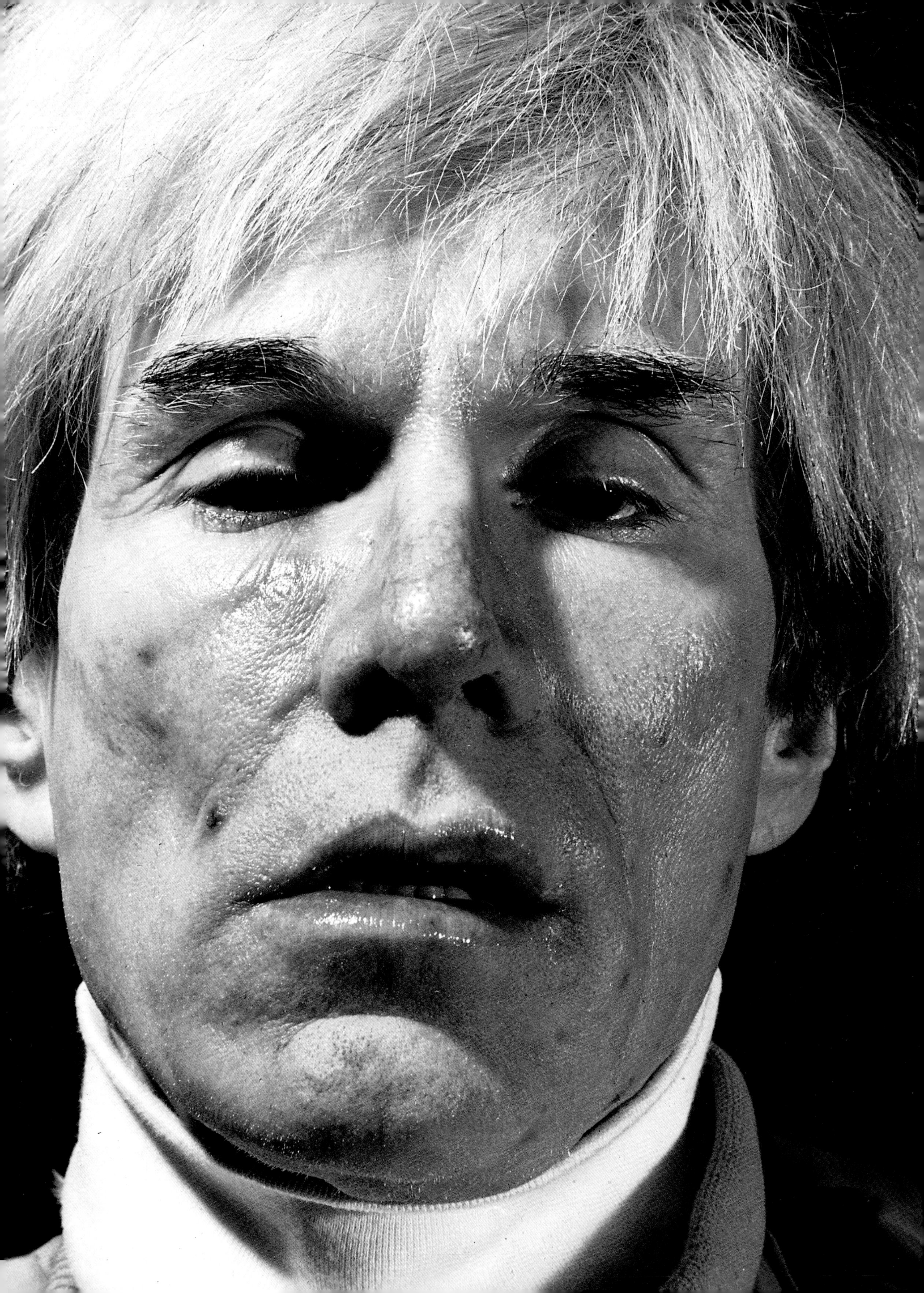

Cover

»Ich will auf allen Zeitschriften-Covers der Welt sein!« – Was wie das Credo eines Illustrators klingen mag, erhält in Gottfried Helnweins Werk eine andere Dimension, denn er benutzte die Massenmedien nur als Transportmittel, um seine Malerei zu verbreiten. 1973 schockierte er erstmals mit einem Cover für das österreichische Nachrichtenmagazin *Profil*. Skrupelloser Sadismus wurde ihm immer wieder vorgeworfen, Sensationsmache. Aber er hatte schon bald den Durchbruch geschafft und gehört seitdem zu den gefragtesten Covermachern: *Der Spiegel*, *Stern*, *Time*, *Paris Match* – alle brachten Helnwein-Titel, weil seine brillante Bildersprache, ebenso wie diejenige von Andy Warhol oder Roy Lichtenstein, jeder Mensch verstehen kann: weltweit.

Covers

»I want to be on every magazine cover in the world!« It sounds like the creed of an illustrator. In Gottfried Helnwein's work, this statement takes on another meaning, since he has been using the media as a vehicle to get his art seen. In 1973 he shocked the public for the first time with his cover for the Austrian news magazine *Profil*. He was repeatedly accused of unscrupulous sadism and sensationalism. But he quickly achieved his breakthrough and ever since has been among the most sought-after cover artists. *Der Spiegel, Stern, Time, Paris Match* – all of them have used Helnwein covers, because his brilliant visual idiom (like Andy Warhol's or Roy Lichtenstein's) can be understood by anyone anywhere in the world.

Couvertures

«Je veux faire la couverture des journaux du monde entier!» – Ce qui sonne un peu comme le Credo d'un illustrateur a une toute autre portée ici, car Gottfried Helnwein n'a utilisé les mass media que pour véhiculer et propager sa peinture. En 1973, il a choqué le public pour la première fois avec sa couverture pour *Profil*, un magazine autrichien. Ce qui lui valut d'être traité par la suite de sadique sans scrupules et d'accrocheur, mais ne l'empêcha pas de devenir très vite l'un des concepteurs de couvertures les plus demandés: *Der Spiegel, Stern, Time, Paris-Match*: ils ont tous porté des titres de Helnwein. En effet, et il est en ceci proche de Andy Warhol ou Roy Lichtenstein, tous les hommes peuvent comprendre le langage fulgurant des images de Helnwein. Un langage universel en quelque sorte.

101 Andy Warhol, 1983

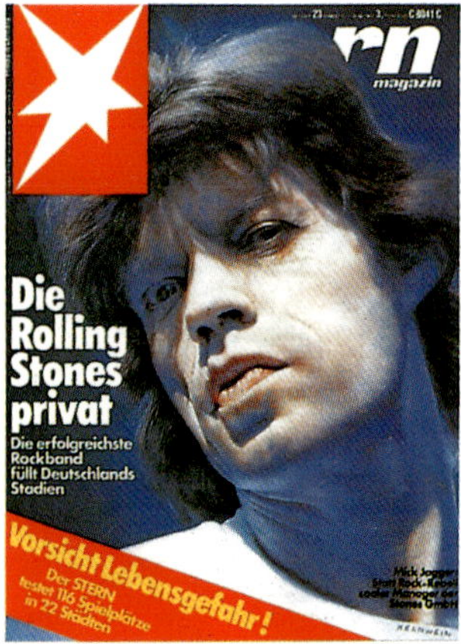

102 *Stern* Cover, 1982

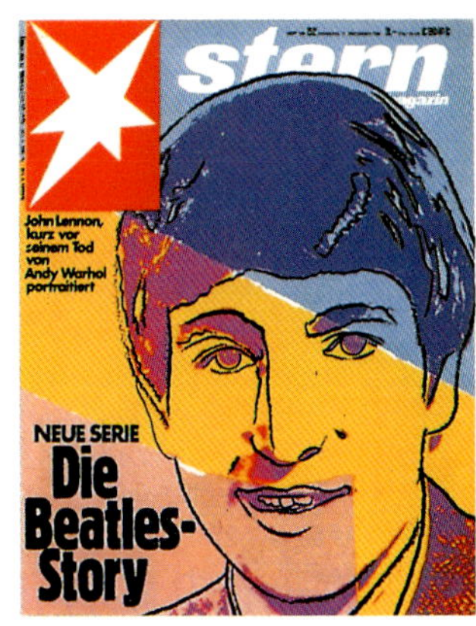

103 Andy Warhol
Stern Cover, 1980

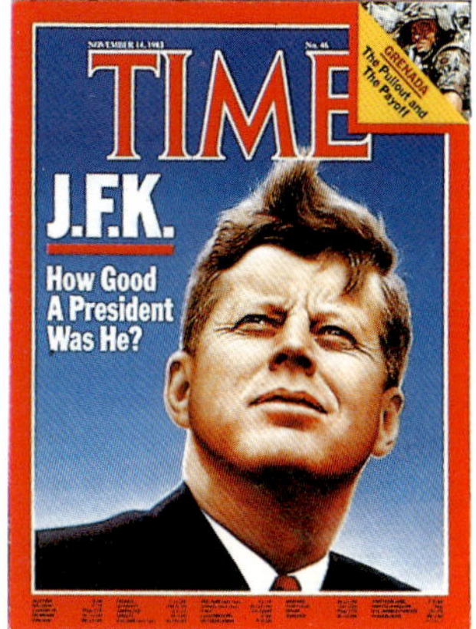

104 *Time* Cover, 1983

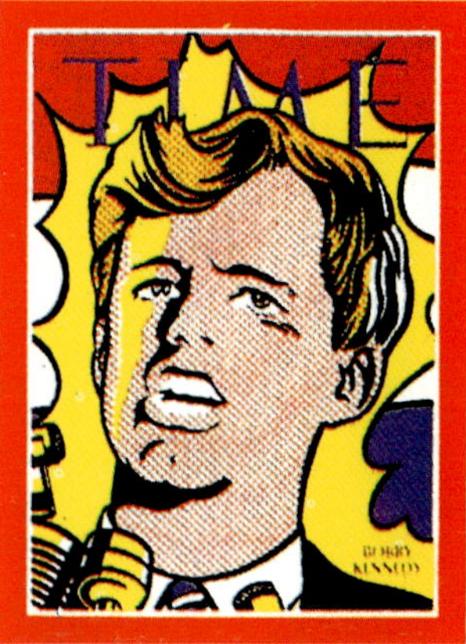

105 Roy Lichtenstein
Time Cover, 1968

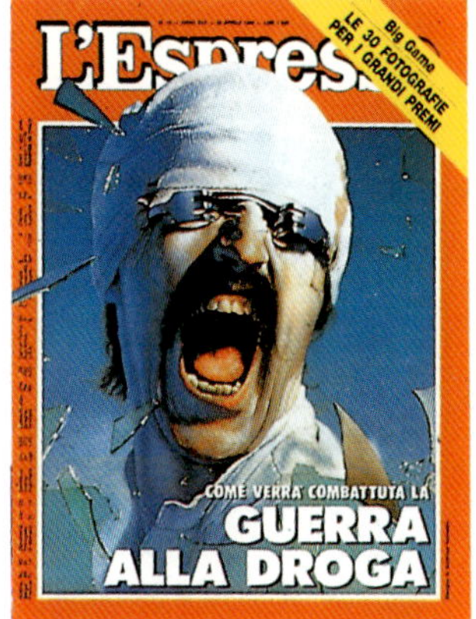

106 *L'Espresso* Cover, 1984

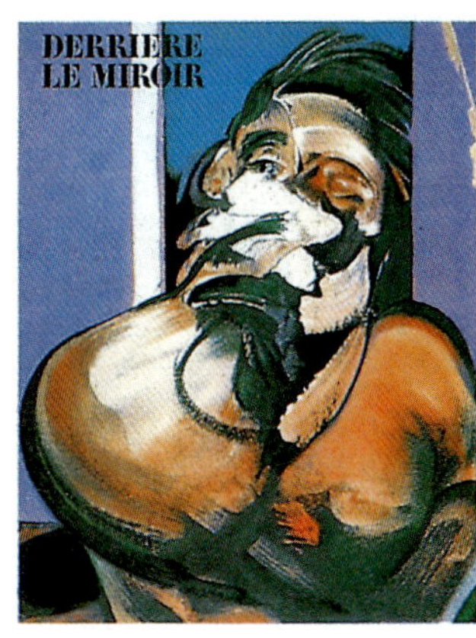

107 Francis Bacon
Derrière Le Miroir Cover, 1966

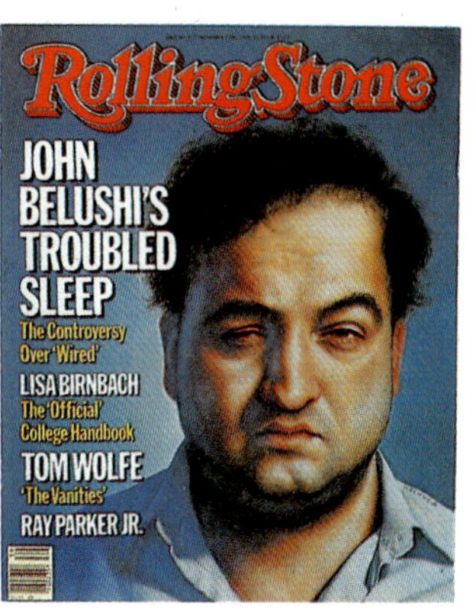

108 *Rolling Stone* Cover, 1984

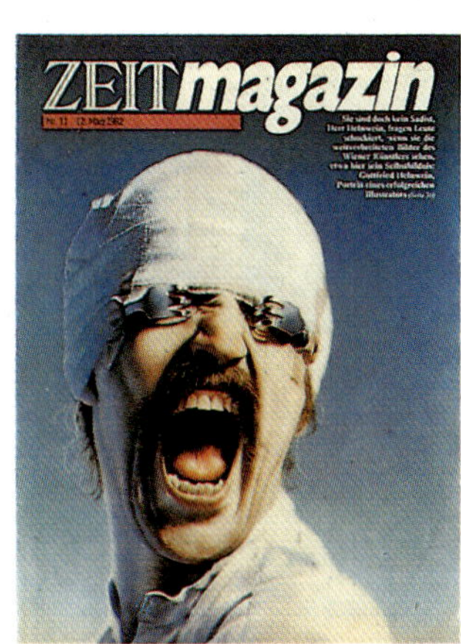

109 *Zeit magazin* Cover, 1985

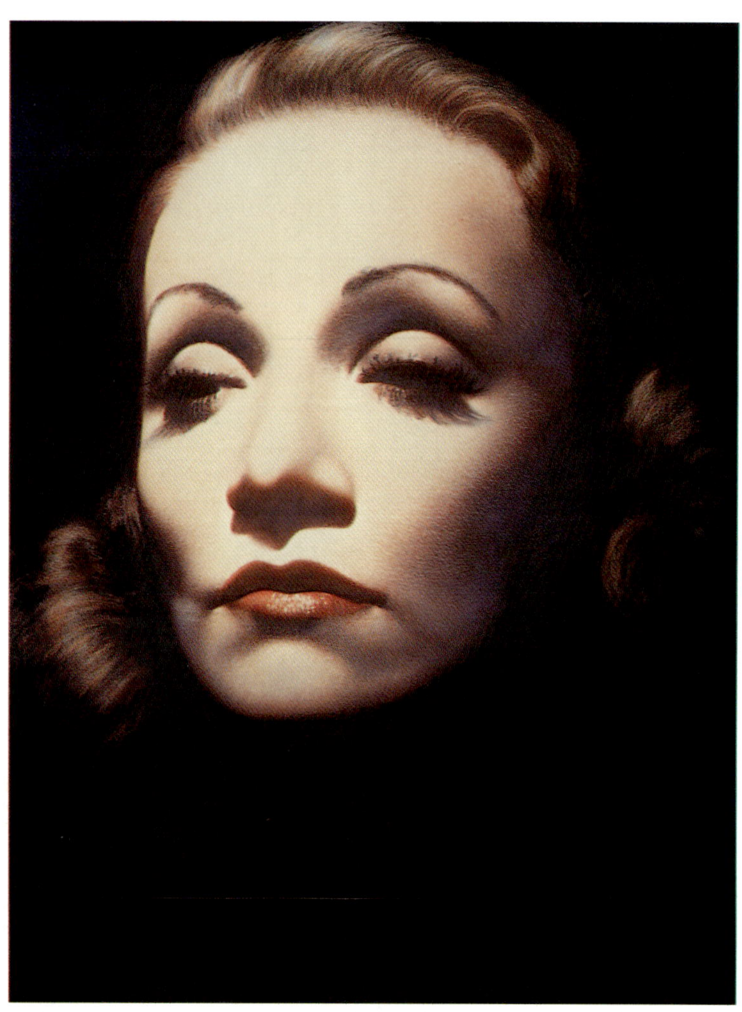

110 **Marlene**, 1983

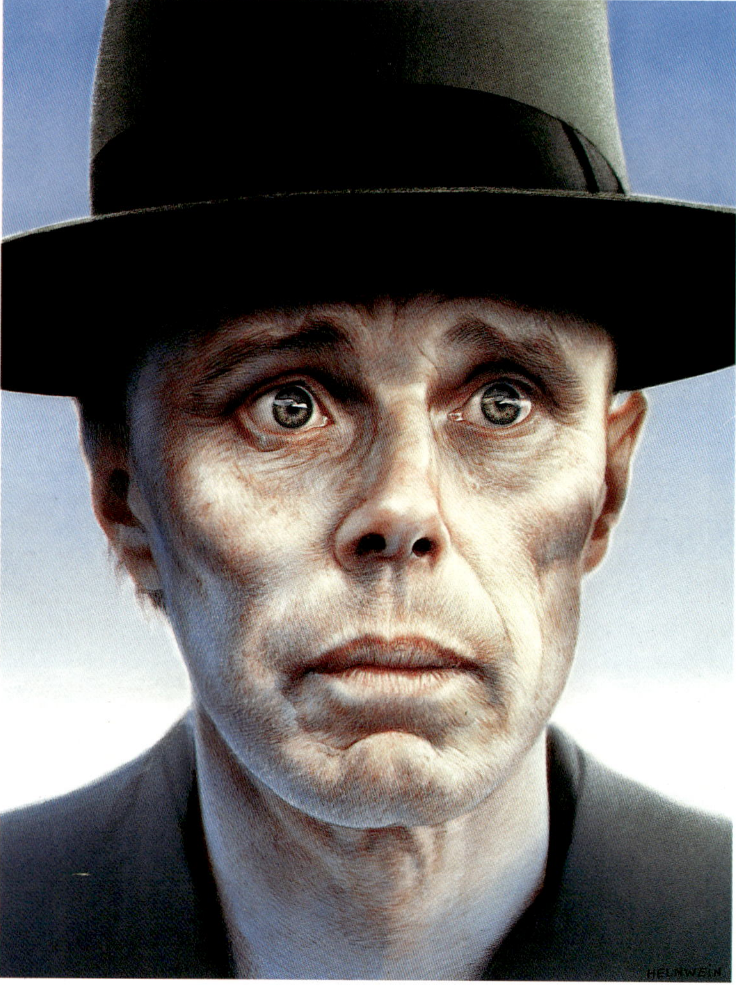

111 **Joseph Beuys**, 1982

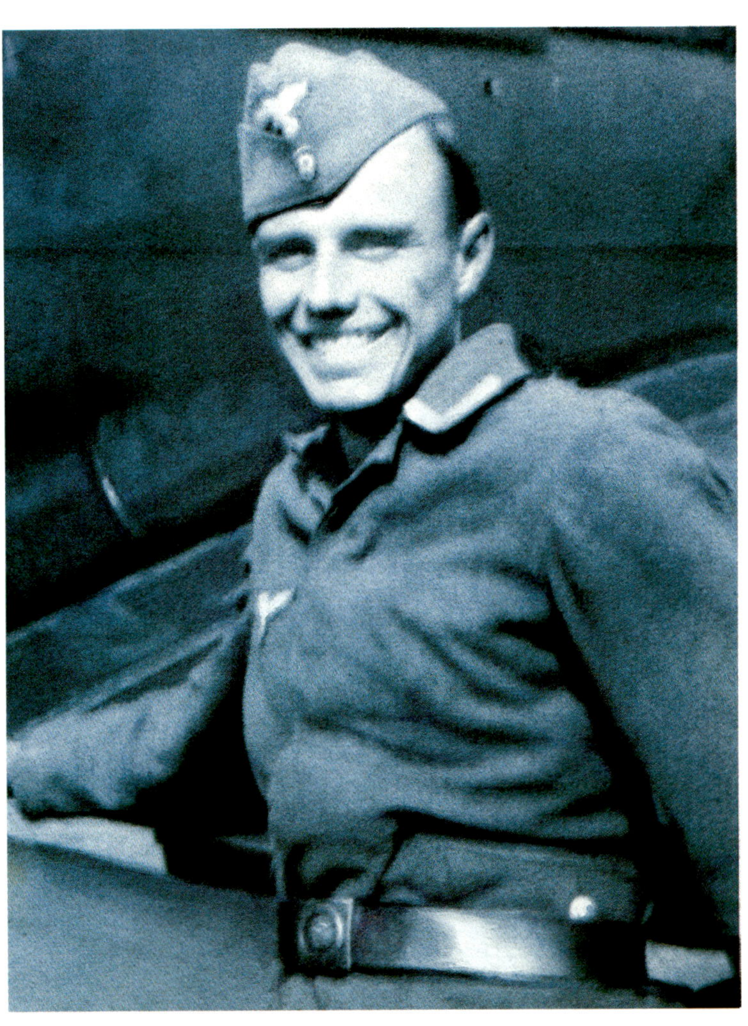

112 Vor dem Absturz I, 1988

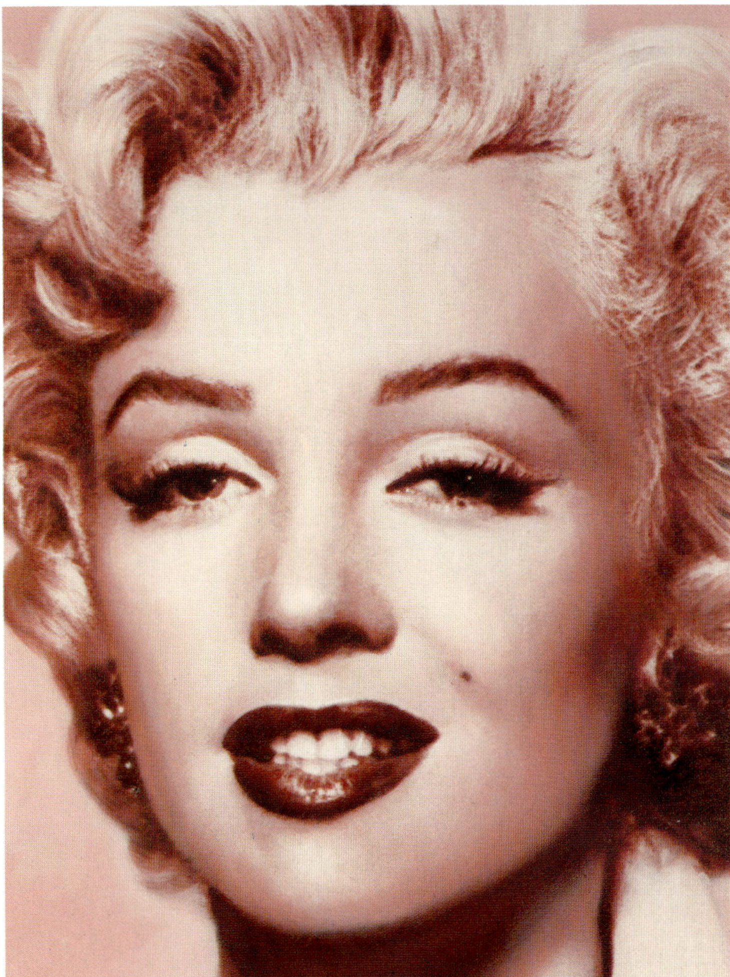

113 Marilyn, 1991

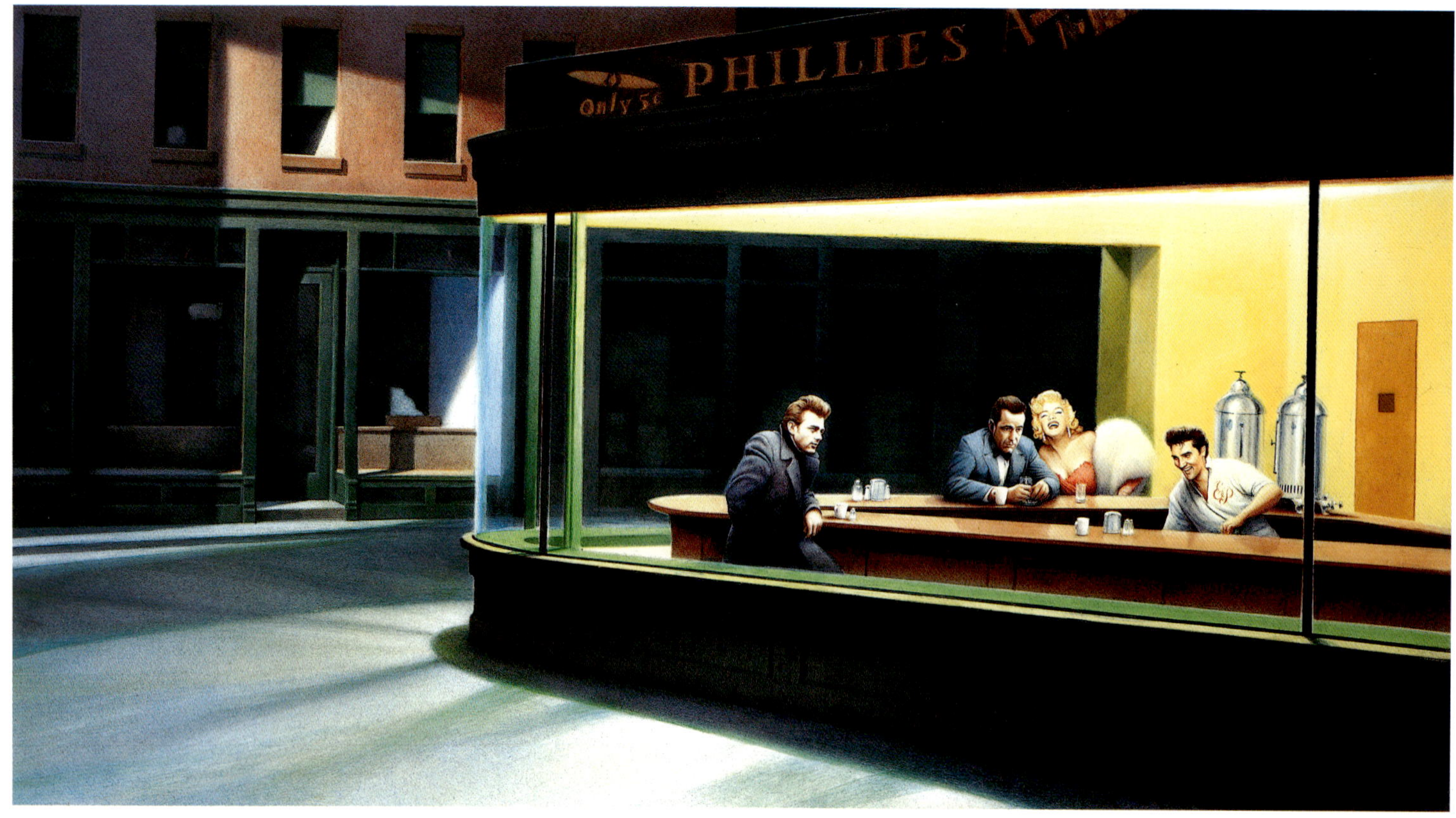

114 Nighthawks, 1988

115 James Dean I, 1981 ▷

Idole des 20. Jahrhunderts

Stars sind die Heiligen der Gegenwart – von James Dean über Mick Jagger, Marlene Dietrich, Joseph Beuys, Donald Duck bis hin zu Andy Warhol –, und sie sind auch ihre Opfer. Wie kein anderer versteht es Gottfried Helnwein aber immer wieder, den schmalen Grat zwischen Portrait und Groteske dieser Produkte des Konsumzeitalters aufzuzeigen, denn seine subtilen Mittel der Verfremdung entlarven die trivialen Mythen, Anbetungsmuster und Gefühlsklischees solcher Leitbilder und machen sie damit auch suspekt.

Twentieth-Century Idols

Stars are the saints of our times, from James Dean to Mick Jagger, Marlene Dietrich to Joseph Beuys, Donald Duck to Andy Warhol. And they are also the victims of their times. Gottfried Helnwein has an unmatched flair for highlighting the thin divide that runs between a portrait and the grotesque when we look at these products of the consumer age. His subtle methods of defamiliarization expose the trivial myths, mechanisms of worship, and emotional clichés that are in such idols, and subject them to sceptical scrutiny.

Idole du 20ème siècle

De James Dean à Andy Warhol en passant par Mick Jagger, Marlene Dietrich, Joseph Beuys et Donald Duck, notre époque vénère les stars qui sont aussi ses victimes. Nul n'égale Gottfried Helnwein quand il s'agit de mettre à jour la distance infime entre le portrait et le masque grotesque de ces produits de l'ère de consommation, car ses moyens subtils pour nous les rendre étrangers démasquent les mythes triviaux, les standards de vénération et les poncifs sentimentaux de tels modèles, les rendant ainsi suspects.

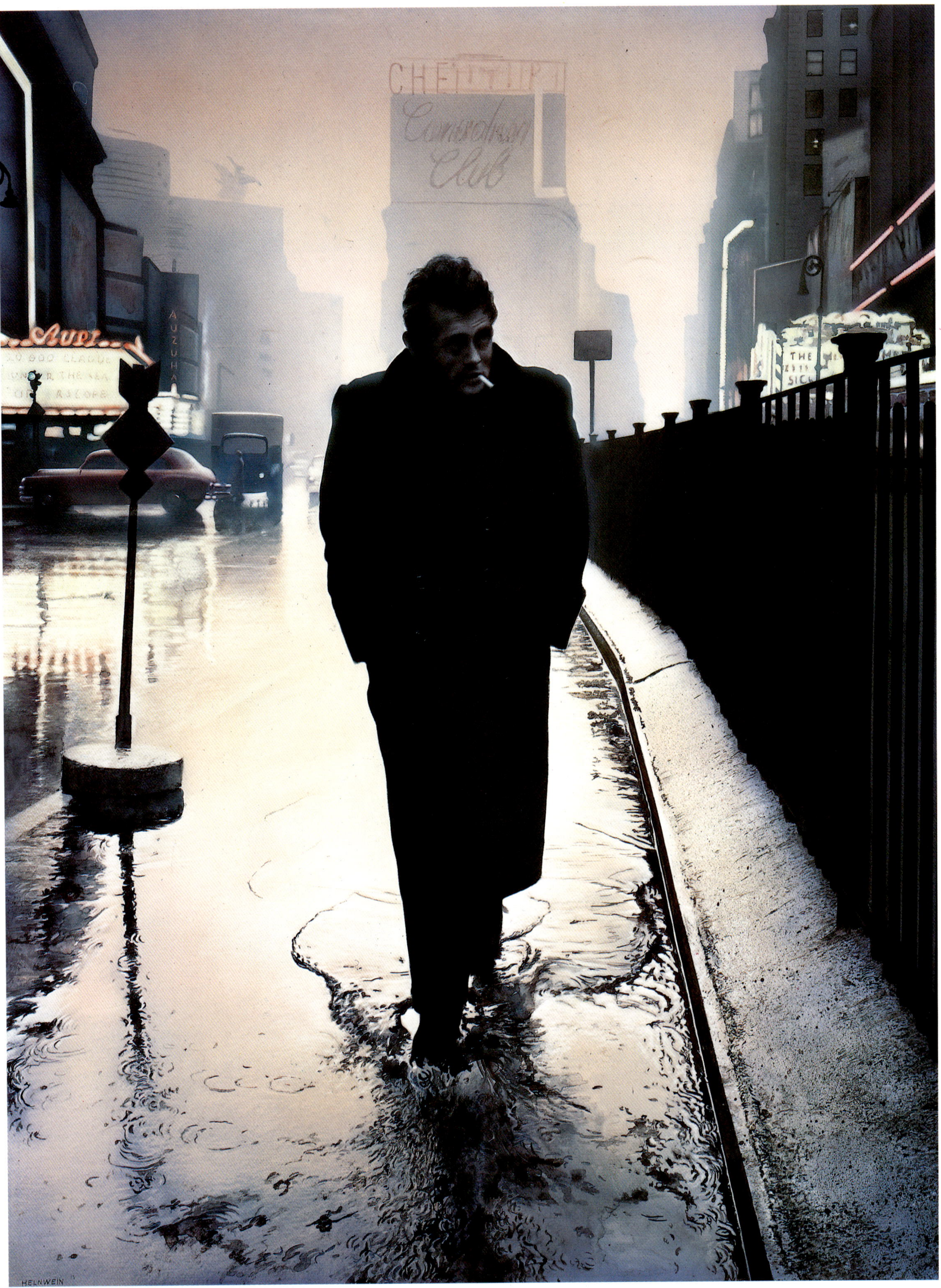

Canadian Club
Club
AUZUHA
THE
SICC
HELNWEIN

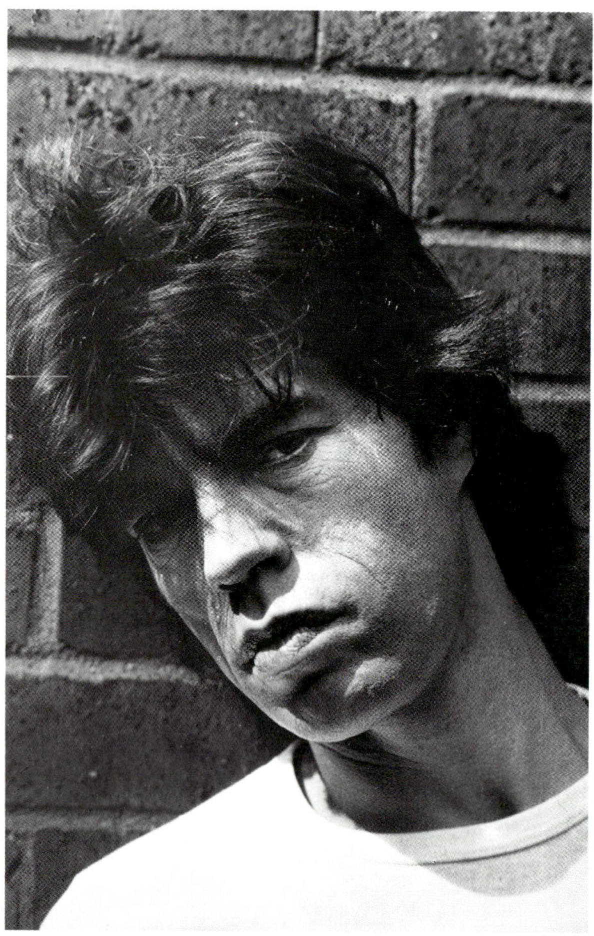

116 Mick Jagger, 1982

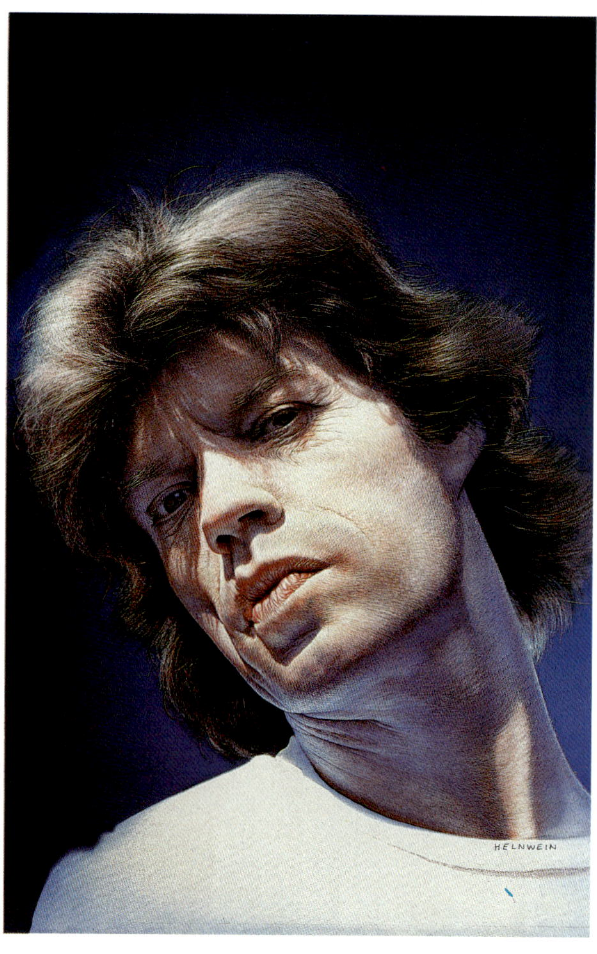

117 Mick Jagger, 1982

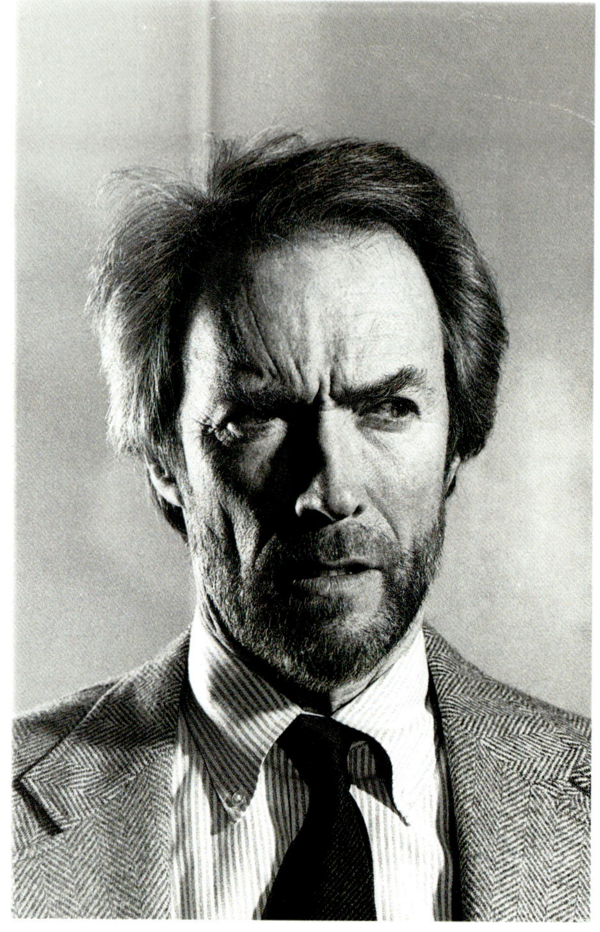

118 Clint Eastwood, 1984

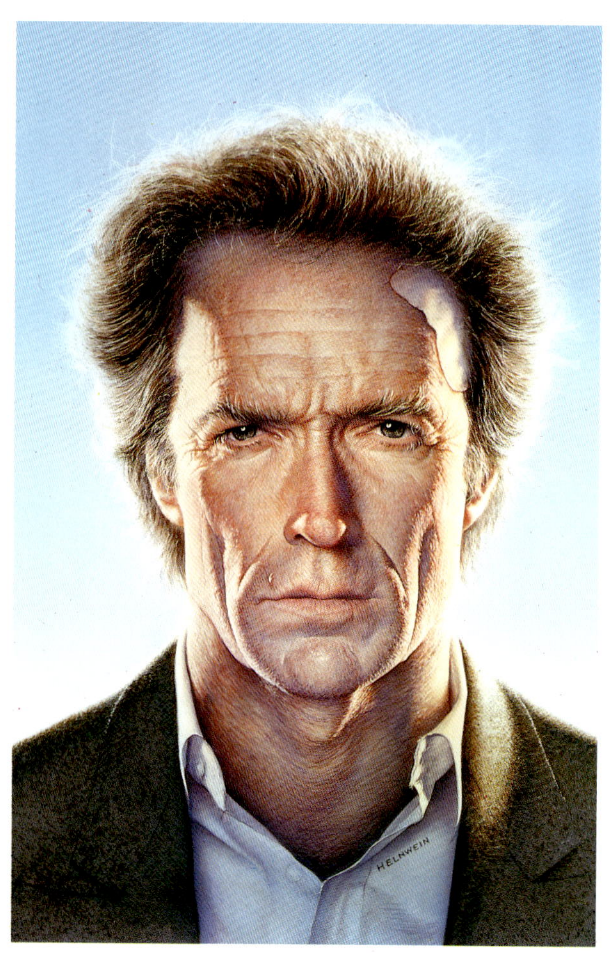

119 Clint Eastwood, 1984

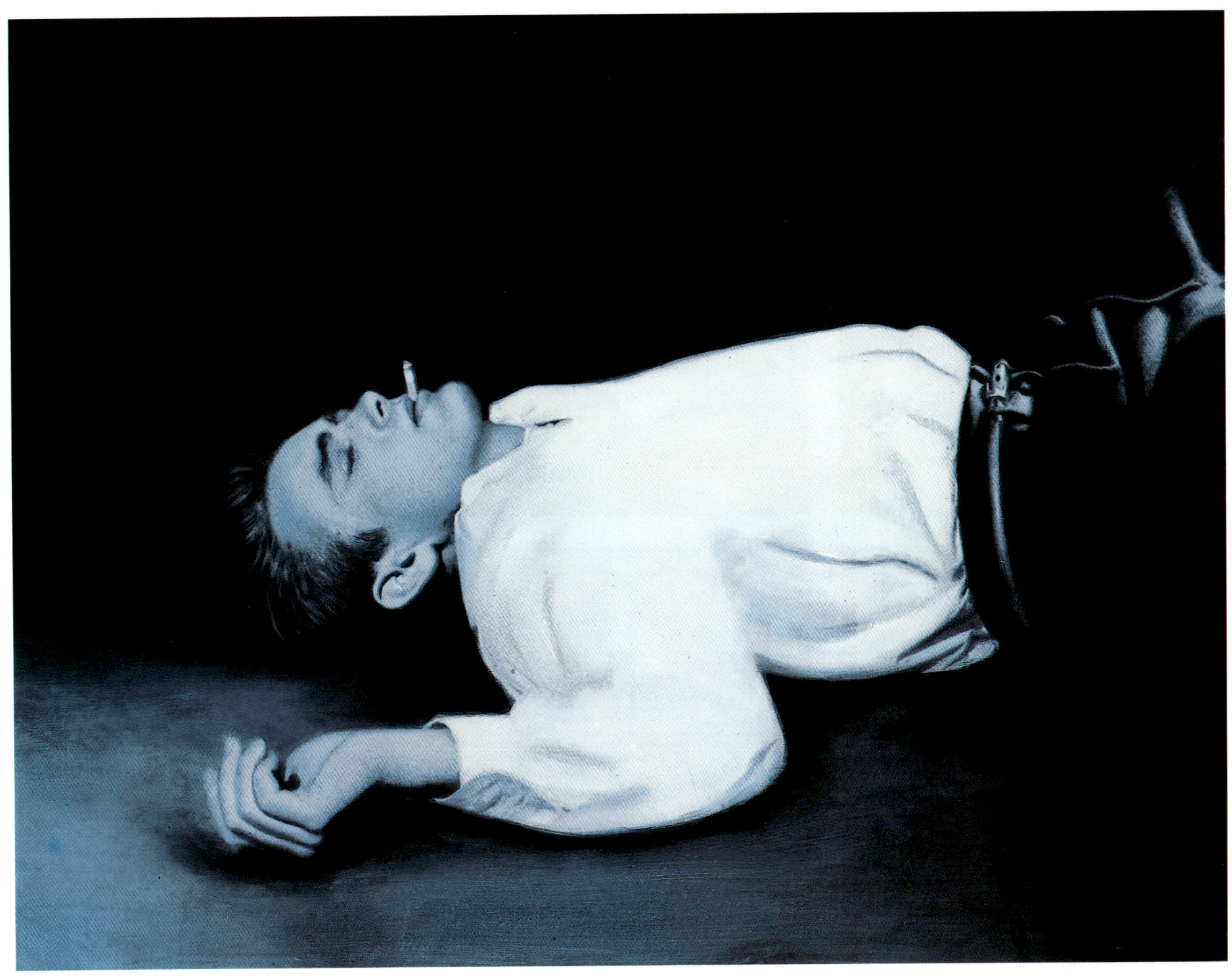

120 Verbrannter Engel II, 1990

Bei Helnweins Bildern glaubt man oft, Fotos vor sich zu haben, und tatsächlich fotografiert er seine Modelle oder benutzt vorhandenes Material, bevor er sie malt. Aber was Helnwein dann visualisiert, ist immer mehr als die Fotografie: Er holt ein Stück Innenwelt an die Hauptoberfläche und macht damit jene geistige Landkarte sichtbar, jenen Schöpfungsplan der Superstars, nach dem die Jugend ihr eigenes Bild und Selbstverständnis definiert. Mick Jagger, Clint Eastwood oder Jimmy Dean – alle Züge des kindlich-naiven und morbid-grausamen sind in diesen Gesichtern der »Idole des 20. Jahrhunderts« enthalten. Ob gestorben oder nicht, schon jetzt sind sie so unsterblich wie die Götter – aber nur in den Märchen der Welt.

Helnwein's pictures often appear to be photographs, and he does in fact take photos of his models – or use the material available – before painting them. What Helnwein then visualizes, however, is always more than a mere photograph: he brings a piece of the model's inner world to the skin's surface, thereby rendering visible the superstars' mental map, their creative plan – the very things used by young people to define their own self-image, the way in which they see themselves. Mick Jagger, Clint Eastwood, Jimmy Dean – the faces of the »Idols of the 20th Century« contain every feature of childish naivety and degenerate cruelty. Whether dead or not, they are already as immortal as the gods – but only in the fairy tales of the world.

On a souvent l'impression de regarder des photographies lorsqu'on se penche sur les œuvres de Helwein, et le fait est qu'il photographie ses modèles avant de les peindre, ou qu'il utilise du matériel existant. Mais Helnwein va au-delà de la photographie, ici c'est une parcelle du monde intérieur qui fait surface, et les paysages de l'âme, les diagrammes des superstars, d'après lesquels la jeunesse définit sa propre image et son identité, deviennent visibles. Mick Jagger, Clint Eastwood ou Jimmy Dean – on retrouve dans les visages de ces «idoles du 20ème siècle» tous les traits naïvement enfantins ou cruellement morbides. Où qu'ils se trouvent, ils sont déjà aussi immortels que les dieux. Mais uniquement dans nos contes.

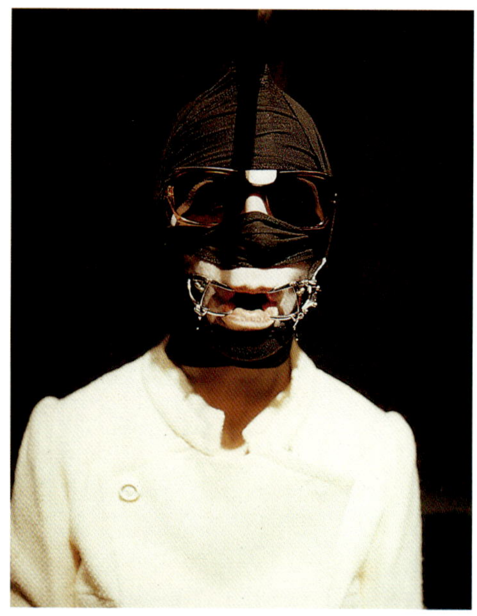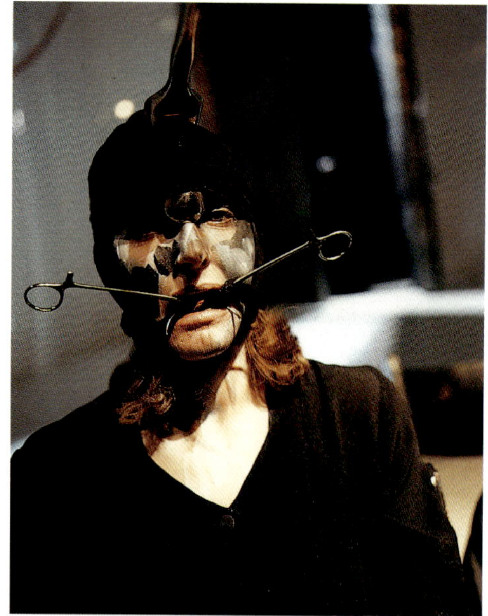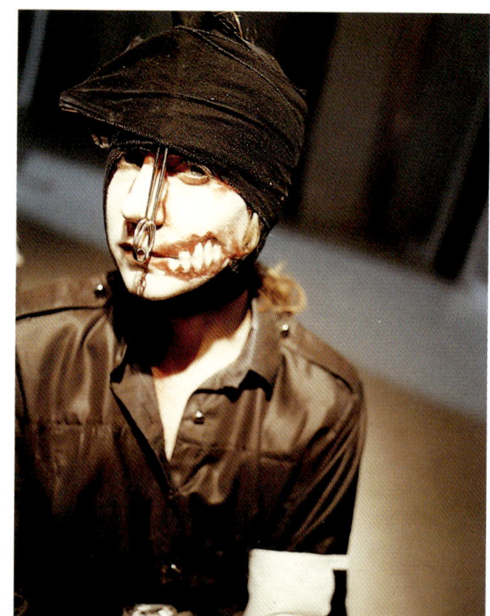

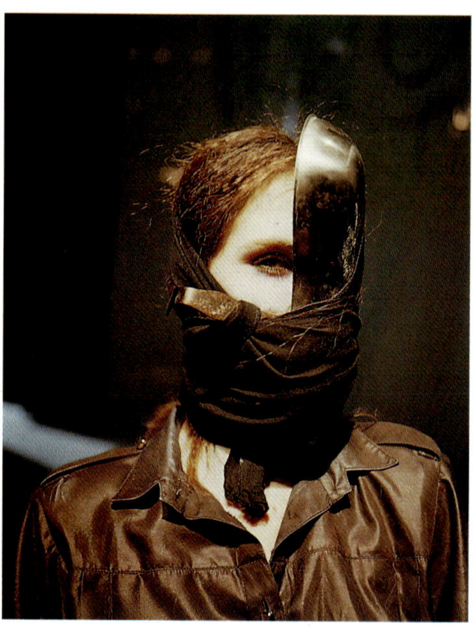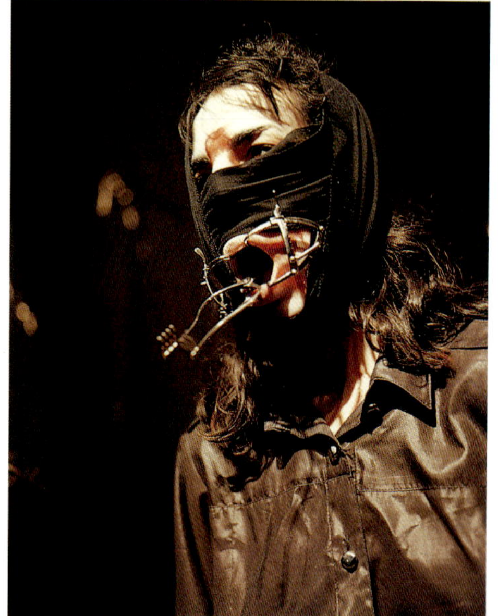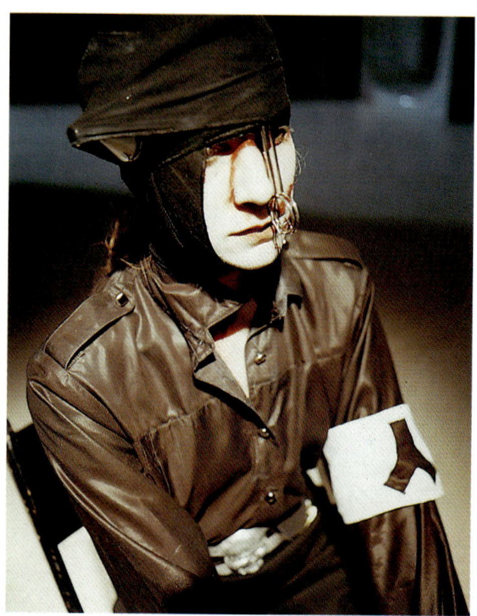

121 Macbeth: Choreographisches △ ▷ Theater von Hans Kresnik. Bühnenbild, Kostüm und Maske von Gottfried Helnwein, 1988

Theater

Gottfried Helnwein gestaltete seit 1984 ebenso erfolgreiche wie skandalträchtige Theaterplakate für den Regisseur Peter Zadek am Hamburger Schauspielhaus (John Hopkins, *Verlorene Zeit*, 1984; Peer Raben, *Andi*, 1987; Frank Wedekind, *Lulu*, 1988). Aber erst der österreichische Choreograph und Regisseur Hans Kresnik konnte Helnwein 1988 den Anreiz bieten, auch Bühnenbilder und Kostüme zu schaffen, zunächst für Shakespeares *Macbeth* (Stadttheater Heidelberg), *Ödipus* von Sophokles (Stadttheater Heidelberg, 1989), dann für Peter Weiss' Revolutionsdrama *Die Verfolgung und Ermordung Jean Paul Marats...* (Staatstheater Stuttgart, 1990).

Theatre

Since 1984, Gottfried Helnwein has been designing theatre posters as successful as they have proved scandalous for director Peter Zadek at the Schauspielhaus in Hamburg. Productions include John Hopkins: *Verlorene Zeit,* 1984; Peer Raben: *Andi,* 1987; Frank Wedekind: *Lulu,* 1988. But it was left to an Austrian, the choreographer and director Hans Kresnik, to lure him in 1988 with the prospect of designing the set and costumes for Shakespeare's *Macbeth* and Sophocles' *Oedipus* (both at the Heidelberg city theatre, the latter in 1989) and then for Peter Weiss' *Marat/Sade* at the Stuttgart State Theatre in 1990.

Théâtre

Gottfried Helnwein créait depuis 1984 des affiches de théâtre dont le succès égalait le caractère scandaleux pour Peter Zadek, metteur en scène au Schauspielhaus de Hambourg (John Hopkins, *Temps perdu*, 1984; Peer Raben, *Andi*, 1987; Frank Wedekind, *Lulu*, 1988). Mais il fallut attendre le chorégraphe et metteur en scène autrichien Hans Kresnik pour qu'il s'intéresse en 1988 aux décors et aux costumes, d'abord pour *Macbeth* de Shakespeare (Stadttheater Heidelberg), *Œdipe* de Sophocle (Stadttheater Heidelberg, 1989), puis pour le drame révolutionnaire de Peter Weiss *La poursuite et le meurtre de Jean Paul Marat...* (Staatstheater Stuttgart, 1990).

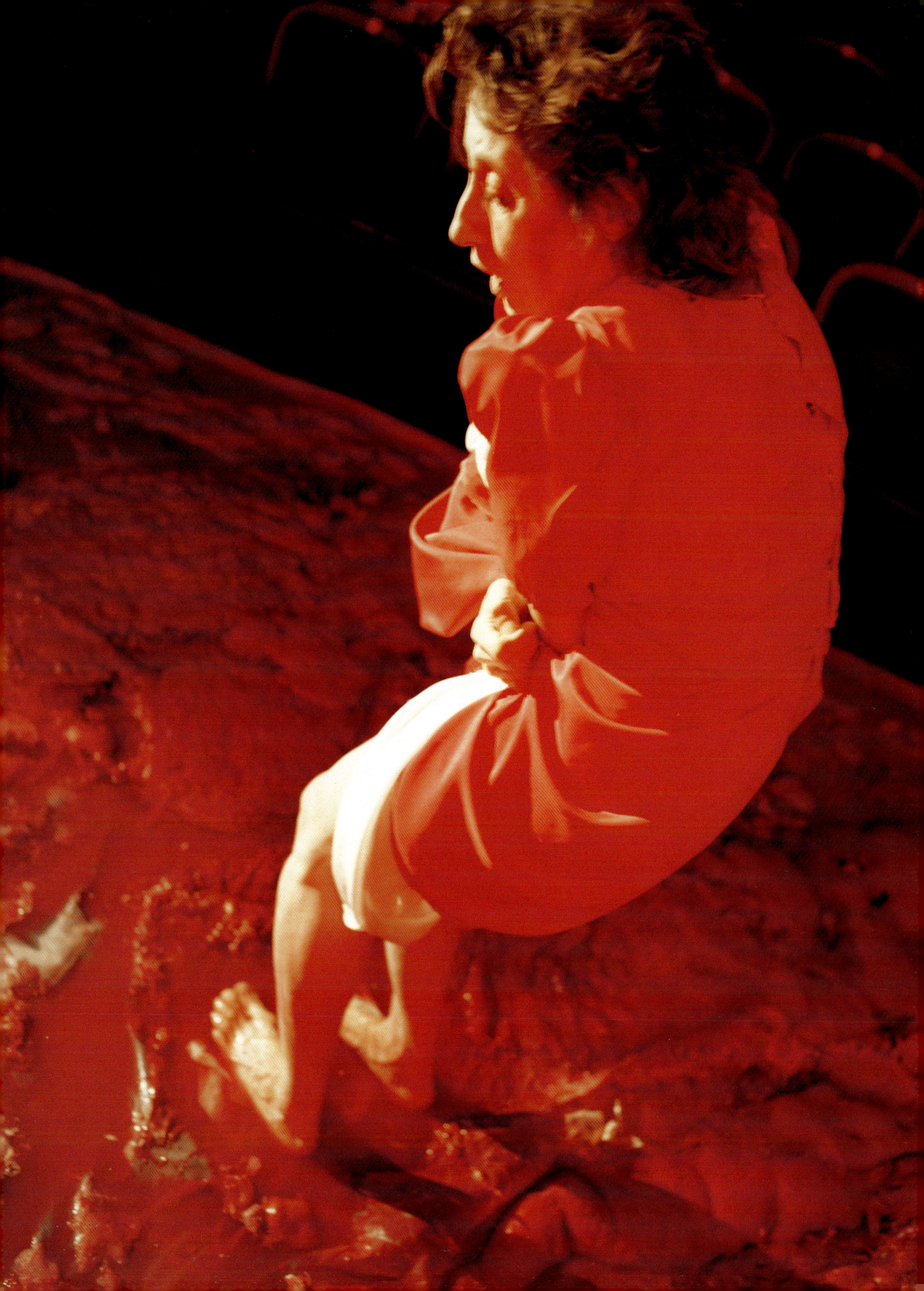

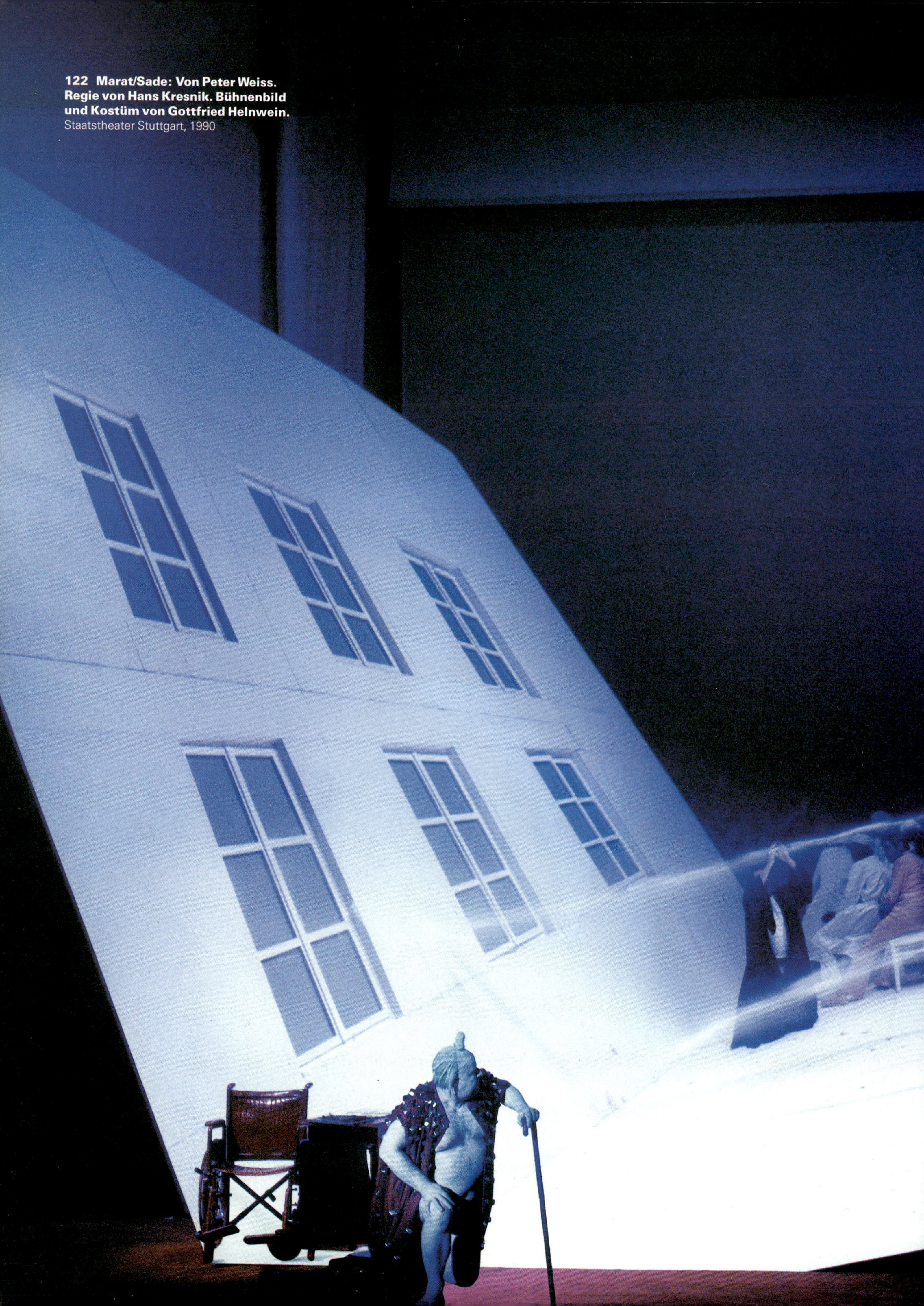

122 Marat/Sade: Von Peter Weiss.
Regie von Hans Kresnik. Bühnenbild
und Kostüm von Gottfried Helnwein.
Staatstheater Stuttgart, 1990

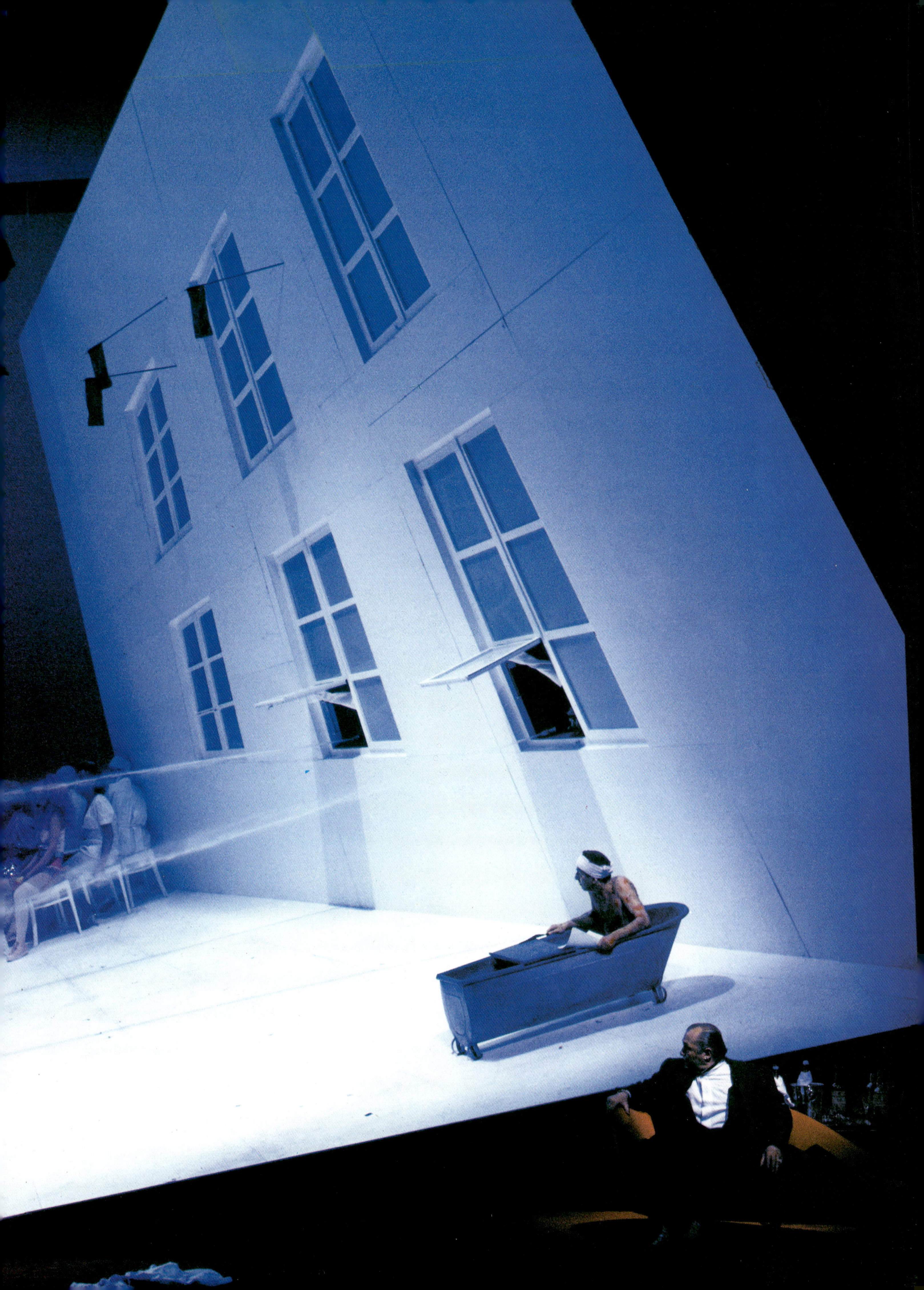

Biographie

1948 Geboren in Wien/Österreich.

1969–1973 Studium an der Akademie der Bildenden Künste in Wien. Erste fotografische Selbstbildnisse mit Bandagen, chirurgischen Instrumenten; Fotoaktionen mit Kindern.

1971 Erste Aktionen und Skandale in der Öffentlichkeit. In der Galerie D in Mödling bei Wien läßt der Bürgermeister Bilder von Helnwein beschlagnahmen.

1972 Aktion »Blut für Helnwein« in der Galerie in der Dommayergasse, Wien. Die Ausstellung in der Galerie des Pressehauses in Wien wird wegen heftiger Proteste und Streikdrohungen des Betriebsrates nach drei Tagen abgebrochen.

1973 Erstes Titelbild für das österreichische Polit-Magazin *Profil*. In den folgenden Jahren zahlreiche Cover, u. a. für die Magazine *Stern*, *Spiegel*, *L'Espresso*, *Time*, *Rolling Stone*.

1977 Siebenmonatiger Aufenthalt in den USA. Intensive Auseinandersetzung mit Wassily Kandinsky und Walt Disney.

1979 Einzelausstellung mit Federzeichnungen in der Albertina, Wien. Aktionen zum »Internationalen Jahr des Kindes«.

1981 Beginn einer Serie von Arbeiten über Trivialhelden und -mythen der Gegenwart. Internationaler Durchbruch mit dem Gemälde »James Dean – Boulevard of Broken Dreams«. Erste Monographie.

1982 Erste Photosession mit den Rolling Stones in London. Cover der Scorpions-LP *Blackout*.

1983 *Time*-Cover von J. F. Kennedy. Trifft Muhammad Ali in Los Angeles. Fotosession mit Andy Warhol in New York. Einzelausstellung im Stadtmuseum München. Das Berliner Magazin *tip* wählt Helnwein zum Künstler des Jahres.

1984 Beginn der Zusammenarbeit mit dem deutschen Theaterregisseur Peter Zadek. *Time*-Cover des sowjetischen Außenministers Andrei Gromyko. Besucht den genialen Walt-Disney-Zeichner Carl Barks in Oregon. Fotosession mit Clint Eastwood in München.

1985 Einzelausstellung in der Albertina, Wien. Umzug nach Deutschland. Radikale Veränderung der künstlerischen Arbeit. Großformatige, mehrteilige Bilder (Di-, Tri-, Polyptychen). Das Museum of Modern Art, New York, zeigt das Marlene-Dietrich-Portrait.

1986 Beginn einer Serie fotografischer Selbstinszenierungen zu Themen des deutschen Nationalsozialismus.

1987 Große Einzelausstellungen: Leopold-Hoesch-Museum, Düren; Villa Stuck, München; Musée d'Art Moderne, Straßburg. Installation und Ausstellungsoper »Der Untermensch« in der Kunsthalle Bremen.

1988 Berühmtes Theaterplakat zu *Lulu* von Frank Wedekind, Hamburger Schauspielhaus. Installation vor dem Museum Ludwig in Köln: »Neunter November Nacht«. Die Monografie »Helnwein – Der Untermensch« erscheint in Deutschland und in Japan (1990). Teilnahme an der Polaroid-Ausstellung »Selection 4« im Victoria & Albert Museum, London, und an der »photokina«, Köln. Fotosession mit Michael Jackson. 2. Wohnsitz in Florida/USA.

1989 Arbeit an einer Serie von Zeichnungen und Pastellen. Einzelausstellung mit »Zeichnungen und Arbeiten auf Papier« im Museum Folkwang in Essen. Fotosession mit Norman Mailer und Keith Haring.

1990 Große Einzelausstellungen: Kunstverein Ludwigsburg, Musée de L'Elysée, Lausanne. Fotosession mit William S. Burroughs und Keith Richards.

1991 Trifft Charles Bukowski und David Bowie in Los Angeles. Zusammenarbeit mit John Cale an *Orpheus*. Installation in der Minoritenkirche in Krems/Stein, Niederösterreichisches Landesmuseum. Arbeit an den »48 Portraits«.

1992 Fotosession mit Roy Lichtenstein in New York. Installation »White Christmas« im Leopold-Hoesch-Museum, Düren. Einzelausstellungen: Pfalzgalerie Kaiserslautern, Kunstmuseum Thun sowie »Faces«, Stadtmuseum München.

Biography

1948 Born in Vienna, Austria.

1969–1973 Studies at the Academy of Fine Art in Vienna. First photographic self-portraits with bandages and surgical instruments. Photo events with children.

1971 First public events and scandals. The lord mayor has pictures by Helnwein confiscated from Galerie D in Mödling near Vienna.

1972 »Blood for Helnwein« event at Dommayergasse Gallery, Vienna. Owing to violent protests and an administration strike threat, the exhibition in Vienna's Press Centre gallery is closed after three days.

1973 First cover for the Austrian political magazine *Profil*. In later years, many covers for *Stern*, *Spiegel*, *L'Espresso*, *Time*, *Rolling Stone* and others.

1977 Seven months in the USA. Close study of the work of Wassily Kandinsky and Walt Disney.

1979 Solo exhibition of ink drawings at Albertina, Vienna. Events for International Year of the Child.

1981 Series of works on contemporary popular heroes and myths. International breakthrough with his painting »James Dean – Boulevard of Broken Dreams«. First monograph.

1982 First photo session with the Rolling Stones in London. Cover of Scorpions album *Blackout*.

1983 J.F. Kennedy *Time* cover. Meets Muhammad Ali in Los Angeles. Photo session with Andy Warhol in New York. Solo exhibition at Municipal Museum, Munich. Readers of Berlin magazine *tip* vote Helnwein Artist of the Year.

1984 Starts to work with German theatre director Peter Zadek. Soviet foreign secretary Andrei Gromyko *Time* cover. Visits top Disney draughtsman Carl Barks in Oregon. Photo session with Clint Eastwood.

1985 Solo exhibition at Albertina, Vienna. Moves to Germany. Changes his work radically. Large-format pictures in distinct panels (diptychs, triptychs, etc.). Museum of Modern Art in New York exhibits his portrait of Marlene Dietrich.

1986 Begins a series of photographic images of himself using subjects connected with Nazism.

1987 Major solo shows: Leopold Hoesch Museum, Düren; Villa Stuck, Munich; Musée d'Art Moderne, Strasbourg. »The Subhuman«, an installation and opera at the Bremen Kunsthalle.

1988 Famous theatre poster for Frank Wedekind's *Lulu* at the Hamburg Schauspielhaus. Installation outside the Museum Ludwig, Cologne: »Night of 9th November«. The study »Helnwein – The Subhuman« is published in Germany and Japan (1990). Exhibits at the Polaroid show »Selection 4« at the Victoria & Albert Museum, London, and »photokina« in Cologne. Photo session with Michael Jackson. Makes his second home in Florida, USA.

1989 Works on a series of drawings and pastels. Solo exhibition of drawings and work on paper at the Museum Folkwang, Essen. Photo sessions with Norman Mailer, Provincetown/Boston, and Keith Haring, Düsseldorf.

1990 Major solo shows: Kunstverein Ludwigsburg, Musée de l'Elysée, Lausanne. Photo sessions with William S. Burroughs, Lawrence/Kansas, and Keith Richards, Berlin.

1991 Meets Charles Bukowski and David Bowie in Los Angeles. Works with John Cale on *Orpheus*. Installation in Minorite Church at Krems/Stein, Niederösterreichisches Landesmuseum. Works on the »48 Portraits«.

1992 Photo session with Roy Lichtenstein in New York. »White Christmas« installation at Leopold Hoesch Museum, Düren. Major solo exhibitions at Pfalzgalerie, Kaiserslautern, and Kunstmuseum Thun (Switzerland). »Faces«: solo show at Municipal Museum, Munich.

Biographie

1948 Né à Vienne, Autriche

1969–1973 Etudes à l'Académie des Beaux-Arts de Vienne. Premières photographies en autoportrait avec bandages et instruments de chirurgie; travaux photographiques avec des enfants.

1971 Premières manifestations et scandales. Les photographies de Helnwein sont saisies dans la galerie D à Mödling, près de Vienne.

1972 Manifestation «Blut für Helnwein» dans la galerie de la Dommayergasse, Vienne. L'exposition présentée à la Maison de la Presse à Vienne doit être interrompue au bout de trois jours en raison des protestations et des menaces de grève du comité d'entreprise.

1973 Première photographie de couverture pour la revue politique autrichienne *Profil*. Au cours des années suivantes, nombreuses couvertures, entre autres pour les revues *Stern*, *Spiegel*, *L'Esspresso*, *Time*, *Rolling Stone*.

1977 Séjour de sept mois aux Etats-Unis. Confrontation intensive avec les œuvres de Wassily Kandinsky et de Walt Disney.

1979 Exposition individuelle de dessins à la plume à l'Albertina, Vienne. Actions pour l'«Année internationale de l'enfance».

1981 Commence à travailler sur les héros et les mythes triviaux du présent. Percée internationale avec «James Dean – Boulevard of Broken Dreams». Première monographie.

1982 Premières séances de photos avec les Rolling Stones à Londres. Couverture du 33 tours *Blackout* des Scorpions.

1983 Couverture du *Time* représentant J. F. Kennedy. Rencontre Muhammad Ali à Los Angeles. Séances de photo avec Andy Warhol à New York. Exposition individuelle au Stadtmuseum de Munich. Helnwein est élu artiste de l'année par les lecteurs de la revue *tip*.

1984 Début d'une collaboration avec le metteur en scène allemand, Peter Zadek. Couverture du *Time* représentant le ministre soviétique des Affaires étrangères, Andreï Gromyko. Rend visite en Oregon à Carl Barks, dessinateur de Walt Disney.

Séances de photos avec Clint Eastwood à Munich.

1985 Exposition individuelle à l'Albertina, Vienne. S'installe en Allemagne. Transformation radicale du travail artistique. Tableaux de grand format à plusieurs volets (diptyques, triptyques, polyptiques). Le Museum of Modern Art, New York, présente le portrait de Marlène Dietrich créé par Helnwein.

1986 Début d'une série de mises en scène photographiques sur les thèmes du national-socialisme allemand.

1987 Importantes expositions individuelles: Leopold-Hoesch-Museum, Düren; Villa Stuck, Munich; Musée d'Art Moderne, Strasbourg. Installation et opéra «Le sous-homme» à la Kunsthalle de Brême.

1988 Création de la célèbre affiche pour *Lulu* de Frank Wedekind, Théâtre de Hambourg. Installation devant le Museum Ludwig, Cologne: «La Nuit du Neuf Novembre». La monographie «Helnwein – Der Untermensch» paraît en Allemagne et au Japon (1990). Participation à l'exposition polaroïd «Selection 4», Victoria & Albert Museum, Londres, et à la «photokina», Cologne. Séances de photos avec Michael Jackson. Deuxième résidence en Floride/USA.

1989 Série de dessins et de pastels. Exposition individuelle, «Zeichnungen und Arbeiten auf Papier», Museum Folkwang, Essen. Photos avec Norman Mailer et Keith Haring.

1990 Expositions individuelles: Kunstverein Ludwigsburg, Musée de l'Elysée, Lausanne. Photos avec William S. Burroughs, Lawrence/Kansas, et Keith Richards, Berlin.

1991 Rencontre Charles Bukowski et David Bowie à Los Angeles. Collabore avec John Cale pour *Orpheus*. Installation dans l'église Minoritenkirche à Krems/Stein, Niederösterreichisches Landesmuseum. Travaille aux «48 Portraits».

1992 Séances de photos avec Roy Lichtenstein à New York. Installation «White Christmas» au Leopold-Hoesch-Museum, Düsseldorf. Importantes expositions individuelles à la Pfalzgalerie de Kaiserslautern et au Kunstmuseum de Thun (Suisse). «Faces» – exposition individuelle au Stadtmuseum de Munich.

Bildlegenden

1 Selbstbildnis mit Schmunzelhilfe, 1972
Fotografie

2 Selbstbildnis, 1972
Grattage

3 Selbstbildnis, 1970
Fotografie

4 Aktion Allzeit Bereit, Wien, 1976
Fotografien
© Fotos: Wolfgang Hauptmann, Wien

5 Aktion Café Alt Wien, Wien, 1976
Fotografie
© Foto: Wolfgang Hauptmann, Wien

6 Selbstdarstellung als sechsjähriges Mädchen, Wien,
1972
Fotografien

7 Lichtkind, 1972
Grattage

8 Aktion Ewige Jugend, Wien, 1972
Fotografien

9 Beautiful Victim I, 1974
Aquarell auf Karton, 53,5 x 73 cm

10 Beautiful Victim II, 1974
Aquarell auf Karton, 102 x 73 cm

11 Lichtkind, 1976
Aquarell auf Karton, 90 x 60 cm

12 Roter Mund, 1978
Aquarell auf Karton, 98 x 71 cm

13 Das Lied II, 1980
Aquarell auf Karton, 28,5 x 23,5 cm

14 Mutter, du hier?, 1971
Öl auf Papier und Sperrholz, 40 x 30 cm

15 Kleine Korrektur, 1971
Aquarell und Tusche auf Lithographie, 23 x 21 cm

16 Gemeines Kind, 1970
Aquarell, Farbstift und Bleistift auf Karton, 15 x 30 cm

17 Peinlich, 1971
Farbstift, Bleistift, Aquarell und Tusche auf Karton,
60 x 35 cm

18 Guten Morgen, Liebe Enten, 1972
Federzeichnung, 50 x 31 cm

19 Martin Kippenberger **Kaputtes Kind**, 1985
Dispersion, Gummi und Aufkleber auf Leinwand,
130 x 120 cm

20 Freud und Leid, 1972
Aquarell, Tusche und Bleistift, 40 x 60 cm

21 Das Sonntagskind, 1972
Aquarell, Farbstift und Bleistift auf Karton, 102 x 73 cm

22 Ich und Du, 1972
Federzeichnung, 19 x 13 cm

23 Easy Rider, 1972
Aquarell, 21,4 x 19,5 cm

24 Blutende Knaben, 1987
Farbstift, 89 x 63 cm

25 Judaskuß I (Detail), 1985
Federzeichnung

26 Die Erbsünde, 1987
Farbstift, 87 x 59 cm

27 Unbefleckte Empfängnis, 1985
Farbstift, 80 x 60 cm

28 Ja, Ihr Zwei I, 1972
Federzeichnung, 19 x 13 cm

29 Ja, Ihr Zwei II, 1972
Federzeichnung, 19 x 13 cm

30 Das Verhängnis des jungen Anwalts, 1979
Federzeichnung, 75 x 55 cm

31 Unser Entenbischof, 1977
Ferderzeichnung, 75 x 55 cm

32 Das Malheur, 1987
Farbstift, 89 x 63 cm

33 Der Zwischenfall, 1979
Aquarell auf Karton, 52 x 63,5 cm

34 Erdbeben, 1977
Aquarell auf Karton, 36,9 x 54,3 cm

35 Der höhnische Arzt, 1973
Aquarell auf Papier und Sperrholzplatte, 86 x 122 cm

36 Guten Morgen, Du Sau!, 1972
Aquarell, Farbtusche und Bleistift auf Karton, 87 x 62 cm

37 Crocodile Rock, 1978
Aquarell auf Karton, 90 x 60 cm

38 Das Wunder I, 1980
Aquarell auf Karton, 52,2 x 40,4 cm

39 Der Freigeist, 1979
Aquarell auf Karton, 54 x 41,5 cm

40 Der Tod des Pinocchio, 1988
Farbstift und Pastell, 49 x 62 cm

41 Gott in Panik, 1989
Öl und Pastell, 90 x 60 cm

42 Modern Sleep II, 1989
Öl und Pastell, 90 x 60 cm

43 Gott als General, 1987
Öl und Pastell, 84 x 65 cm

44 Das Wunderkind, 1989
Öl und Pastell, 90 x 60 cm

45 Verbrannter Engel, 1989
Öl und Pastell, 90 x 60 cm

46 Antonin Artaud, 1989
Öl und Pastell, 90 x 60 cm

47 Artaud's Song, 1989
Öl und Pastell, 90 x 60 cm

48 Selbstportrait 1, 1977
Aquarell auf Karton, 88 x 62,5 cm

49 Selbstdarstellung, Wien, 1981
Fotografien

50 Blackout, 1982
Aquarell auf Karton, 44 x 40 cm

51 Selbstbildnis 5 bis 13, 1986
Acryl auf Papier und Aluminium, Öl und Acryl auf Leinwand, je 210 x 150 cm

52 Franz Xaver Messerschmidt, 1736 – 1783
Skulptur

53 Selbstbildnis 14, 1987
Öl und Acryl auf Leinwand, 210 x 115 cm

54 Selbstbildnis 16, 1988
Öl und Acryl auf Leinwand, 210 x 115 cm

55 Gott der Untermenschen (Triptychon), 1986
Fotografie und Öl auf Leinwand, 120 x 440 cm

56 Geheime Elite (Triptychon), 1986
Fotografie, Öl und Acryl, 120 x 340 cm

57 Das stille Leuchten der Avantgarde (Triptychon),
1986
Fotografie, Öl und Acryl, 120 x 340 cm

58 It's only Rock'n Roll (Diptychon), 1986
Fotografie, Öl und Acryl auf Leinwand, 210 x 460 cm

59 Der Beweis, 1986
Fotografie, Öl und Acryl auf Leinwand, 210 x 612 cm

60 Eine Träne auf Reisen (Diptychon), 1986
Fotografie, 120 x 260 cm

61 Die letzten Tage von Pompeji, 1987
Cibachrome, 60 x 40 cm

62 Glückspilz, 1987
Cibachrome, 60 x 40 cm

63 Black Mirror II, 1987
Cibachrome, 60 x 40 cm

64 Black Mirror IV, 1987
Cibachrome, 60 x 40 cm

65 Black Mirror III, 1987
Cibachrome, 60 x 40 cm

66 Black Mirror V, 1987
Cibachrome, 60 x 40 cm

67 Hilft Mutter Theresia nur sich selbst?, 1987
Cibachrome, 60 x 40 cm

68 Nacht in Shangri-La II, 1987
Cibachrome, 60 x 40 cm

69 Modern Sleep, 1987
Cibachrome, 60 x 40 cm

70 Ohne Titel, 1987
Cibachrome, 60 x 40 cm

71 Selbstportrait, 1987
Polaroid, 70 x 52 cm

72 Selbstportrait, 1987
Polaroid, 70 x 52 cm

73 Ohne Titel, 1987
Polaroid, 70 x 52 cm

74 Ohne Titel, 1987
Polaroid, 70 x 52 cm

**75 »Selektion« (Neunter November Nacht). 100 Meter
lange Bilderstraße zwischen Dom und Museum Ludwig in Köln**, 1988
Installation
Foto: Farbfoto Harz, Düsseldorf (S. 57 oben)

**76 Gesichter aus der Installation »Selektion«,
Museum Ludwig, Köln**, 1988

**77 Gesichter aus der Installation »Selektion« von
einem unbekannten Attentäter zerschnitten**, 1988
Fotos: Theresa Froh (oben links) und Roman Mensig
(unten links und rechts)

78 Arbeit an Kindskopf, 1991
Öl, Acryl und Ink-Jet auf Leinwand, 649 x 403 cm
Fotos: Bernhard Schaub, Köln

**79 Kindskopf, Installation in der Minoritenkirche
Krems/Stein, Niederösterreichisches Landesmuseum**,
1991
Foto: Bernhard Schaub, Köln

80 Feuermensch, 1991
Öl und Acryl auf Leinwand, 192 x 150 cm

81 Selbstportrait mit Cyril, 1990
Öl und Acryl auf Leinwand, 174 x 120 cm

82 Selbstportrait mit Cyril und Ali, 1990
Öl und Acryl auf Leinwand, 174 x 118 cm

83 Muttertag, 1990
Öl und Acryl auf Leinwand, 119 x 80 cm

84 Ali, 1991
Öl, Acryl und Ink-Jet auf Leinwand, 166 x 113 cm

85 Nacht II, 1989
Öl und Acryl auf Leinwand, 118 x 155 cm

86 Nacht V, 1990
Öl und Acryl auf Leinwand, 120 x 167 cm

87 Nacht IV, 1990
Öl, Acryl und Ink-Jet auf Leinwand, 123 x 165 cm

88 Kinder und Mann ohne Gesicht, 1991
Öl, Acryl und Ink-Jet auf Leinwand, 120 x 160 cm

89 Türkenfamilie, 1988
Öl, Acryl und Ink-Jet auf Leinwand, 210 x 310 cm

90 Achtundvierzig Portraits, 1991
Öl, Acryl und Ink-Jet auf Leinwand, jedes Bild: 70 x 55 cm

91 MiG 23, 1989
Öl, Acryl und Ink-Jet auf Leinwand, 215 x 600 cm

92 Arno Breker Holding a Picture of Joseph Beuys,
1988
Fotografie auf Bromöldruckpapier, 99 x 66 cm

93 Roland Topor, Fotografie

94 Sting, Fotografie

95 Charles Bukowski, Fotografie

96 Keith Haring, Fotografie

97 Selbstporträt, Fotografie

98 Michael Jackson, Fotografie

99 Keith Richards, Fotografie

100 William S. Burroughs, Fotografie

101 Andy Warhol, 1983
Fotografie auf Bromöldruckpapier, 99 x 66 cm

102 Stern Coverabbildung, 1988

103 Andy Warhol Stern Coverabbildung, 1980

104 Time Coverabbildung, 1983

105 Roy Lichtenstein Time Coverabbildung, 1968

106 L'Espresso Coverabbildung, 1984

107 Francis Bacon Derrière Le Miroir Coverabbildung,
1966

108 Rolling Stone Coverabbildung, 1984

109 Zeit magazin Coverabbildung, 1985

110 Marlene, 1983
Aquarell auf Karton, 71 x 59 cm

111 Joseph Beuys, 1982
Aquarell auf Karton, 32 x 25 cm

112 Vor dem Absturz I, 1988
Aquarell, Acryl und Öl auf Leinwand, 100 x 70 cm

113 Marilyn, 1991
Öl, Acryl und Ink-Jet auf Leinwand, 70 x 55 cm

114 Nighthawks, 1988
Aquarell auf Karton, 66,5 x 124 cm
Nach Edward Hoppers **Nighthawks**, Courtesy of the Art
Institute of Chicago/Friends of American Art Collection
©Gottfried Helnwein

115 James Dean I, 1981
Aquarell auf Karton, 83 x 69 cm
Nach einem Foto von Dennis Stock

116 Mick Jagger, 1982
Fotografie

117 Mick Jagger, 1982
Aquarell auf Karton, 38 x 28 cm

118 Clint Eastwood, 1984
Fotografie

119 Clint Eastwood, 1984
Aquarell auf Karton, 53 x 61 cm

120 Verbrannter Engel II, 1990
Öl und Acryl auf Leinwand, 119 x 156 cm

**121 Macbeth: Choreographisches Theater von Hans
Kresnik. Bühnenbild, Kostüm und Maske von Gottfried
Helnwein**, 1988
Fotos: Andor Graser, Paris

**122 Marat/Sade: Von Peter Weiss. Regie von Hans
Kresnik. Bühnenbild und Kostüm von Gottfried Heln-
wein**. Staatstheater Stuttgart, 1990
Foto: Bernard Widmann, Stuttgart

Captions

1 Self-portrait with aid for smiling, 1972
Photograph

2 Self-portrait, 1972
Grattage

3 Self-portrait, 1970
Photograph

4 Action event Be Prepared, Vienna, 1976
Photographs
© Photos: Wolfgang Hauptmann, Vienna

5 Action event Café Alt Wien, Vienna, 1976
Photograph
© Photo: Wolfgang Hauptmann, Vienna

6 Self-portrayal as a Six-year-old Girl, Vienna, 1972
Photographs

7 Child of Light, 1972
Grattage

8 Action event Eternal Youth, Vienna, 1972
Photographs

9 Beautiful Victim I, 1974
Watercolour on cardboard, 53.5 x 73 cm

10 Beautiful Victim II, 1974
Watercolour on cardboard, 102 x 73 cm

11 Child of Light, 1976
Watercolour on cardboard, 90 x 60 cm

12 Red Mouth, 1978
Watercolour on cardboard, 98 x 71 cm

13 The Song II, 1980
Watercolour on cardboard, 28.5 x 23.5 cm

14 Mother, is it you?, 1971
Oil on paper and plywood, 40 x 30 cm

15 Slight Correction, 1971
Watercolour and Indian ink on lithograph, 23 x 21 cm

16 Nasty Child, 1970
Watercolour, crayon and pencil on cardboard, 15 x 30 cm

17 Embarrassing, 1971
Crayon, pencil, watercolour and Indian ink on cardboard,
60 x 35 cm

18 Good Morning, Dear Little Ducks, 1972
Pen sketch, 50 x 31 cm

19 Martin Kippenberger **Ruined Child**, 1985
Latex, rubber and stickers on canvas, 130 x 120 cm

20 Happiness and Sorrow, 1972
Watercolour, Indian ink and pencil, 40 x 60 cm

21 Sunday's Child, 1972
Watercolour, crayon and pencil on cardboard, 102 x 73 cm

22 Me and You, 1972
Pen sketch, 19 x 13 cm

23 Easy Rider, 1972
Watercolour, 21.4 x 19.5 cm

24 Bloody Boys, 1987
Crayon, 89 x 63 cm

25 The Judas Kiss I (detail), 1985
Pen sketch

26 Original Sin, 1987
Crayon, 87 x 59 cm

27 Immaculate Conception, 1985
Crayon, 80 x 60 cm

28 Yes, You Two I, 1972
Pen sketch, 19 x 13 cm

29 Yes, You Two II, 1972
Pen sketch, 19 x 13 cm

30 The Young Lawyer's Undoing, 1979
Pen sketch, 75 x 55 cm

31 Our Duckbishop, 1977
Pen sketch, 75 x 55 cm

32 The Mishap, 1987
Crayon, 89 x 63 cm

33 The Incident, 1979
Watercolour on cardboard, 52 x 63.5 cm

34 Earthquake, 1977
Watercolour on cardboard, 36.9 x 54.3 cm

35 The Mocking Doctor, 1973
Watercolour on paper and plywood board, 86 x 122 cm

36 Good Morning, You Swine!, 1972
Watercolour, coloured ink and pencil on cardboard,
87 x 62 cm

37 Crocodile Rock, 1978
Watercolour on cardboard, 90 x 60 cm

38 The Miracle, 1980
Watercolour on cardboard

39 The Free Spirit, 1979
Watercolour on cardboard, 54 x 41.5 cm

40 The Death of Pinocchio, 1988
Crayon and pastel, 49 x 62 cm

41 God in Panic, 1989
Oil and pastel, 90 x 60 cm

42 Modern Sleep II, 1989
Oil and pastel, 90 x 60 cm

43 God as General, 1987
Oil and pastel, 84 x 65 cm

44 The Child Prodigy, 1989
Oil and pastel, 90 x 60 cm

45 Burnt Angel, 1989
Oil and pastel, 90 x 60 cm

46 Antonin Artaud, 1989
Oil and pastel, 90 x 60 cm

47 Artaud's Song, 1989
Oil and pastel, 90 x 60 cm

48 Self-portrait 1, 1977
Watercolour on cardboard, 88 x 62.5 cm

49 Self-portrayal, Vienna, 1981
Photographs

50 Blackout, 1982
Watercolour on cardboard, 44 x 40 cm

51 Self-portraits 5–13, 1986
Acrylic paint on paper and aluminium, oil and acrylic paint
on canvas, each picture 210 x 150 cm

52 Franz Xaver Messerschmidt, 1736–1783
Sculpture

53 Self-portrait 14, 1987
Oil and acrylic paint on canvas, 210 x 115 cm

54 Self-portrait 16, 1988
Oil and acrylic paint on canvas, 210 x 115 cm

55 God of the Subhumans (Triptych), 1986
Photograph and oil on canvas, 120 x 440 cm

56 Secret Elite (Triptych), 1986
Photograph, oil and acrylic paint, 120 x 340 cm

57 The Quiet Glow of the Avant-garde (Triptych), 1986
Photograph, oil and acrylic paint, 120 x 340 cm

58 It's only Rock'n Roll (Diptych), 1986
Photograph, oil and acrylic paint on canvas, 210 x 460 cm

59 Proof, 1986
Photograph, oil and acrylic paint on canvas, 210 x 612 cm

60 A Tear on its Travels (Diptych), 1986
Photograph, 120 x 260 cm

61 The Last Days of Pompeii, 1987
Cibachrome, 60 x 40 cm

62 Lucky Beggar, 1987
Cibachrome, 60 x 40 cm

63 Black Mirror II, 1987
Cibachrome, 60 x 40 cm

64 Black Mirror IV, 1987
Cibachrome, 60 x 40 cm

65 Black Mirror III, 1987
Cibachrome, 60 x 40 cm

66 Black Mirror V, 1987
Cibachrome, 60 x 40 cm

67 Is Mother Teresa Helping Only Herself?, 1987
Cibachrome, 60 x 40 cm

68 Night in Shangri-La II, 1987
Cibachrome, 60 x 40 cm

69 Modern Sleep, 1987
Cibachrome, 60 x 40 cm

70 Untitled, 1987
Cibachrome, 60 x 40 cm

71 Self-portrait, 1987
Polaroid, 70 x 52 cm

72 Self-portrait, 1987
Polaroid, 70 x 52 cm

73 Untitled, 1987
Polaroid, 70 x 52 cm

74 Untitled, 1987
Polaroid, 70 x 52 cm

**75 »Selektion« (Night of 9th November). 100-metre-
long street of images between Cologne Cathedral and
Museum Ludwig**, 1988
Installation
Photo: Farbfoto Harz, Düsseldorf (p. 57 top)

**76 Faces from the »Selektion« Installation, Museum
Ludwig, Cologne**, 1988

**77 Faces from the »Selektion« Installation, slashed by
an unknown attacker**, 1988
Photos: Theresa Froh (upper left) and Roman Mensig
(lower left and right)

78 Work on **Child's Head**, 1991
Oil, acrylic paint and ink-jet on canvas, 649 x 403 cm
Photos: Bernhard Schaub, Cologne

**79 Child's Head, installed in the Minorite Church,
Krems/Stein, Niederösterreichisches Landesmuseum**,
1991
Photo: Bernhard Schaub, Cologne

80 Fire Man, 1991
Oil and acrylic paint on canvas, 192 x 150 cm

81 Self-portrait with Cyril, 1990
Oil and acrylic paint on canvas, 174 x 120 cm

82 Self-portrait with Cyril and Ali, 1990
Oil and acrylic paint on canvas, 174 x 118 cm

83 Mother's Day, 1990
Oil and acrylic paint on canvas, 119 x 80 cm

84 Ali, 1991
Oil, acrylic paint and ink-jet on canvas, 166 x 113 cm

85 Night II, 1989
Oil and acrylic paint on canvas, 118 x 155 cm

86 Night V, 1990
Oil and acrylic paint on canvas, 120 x 167 cm

87 Night IV, 1990
Oil, acrylic paint and ink-jet on canvas, 123 x 165 cm

88 Children and Man without Face, 1991
Oil, acrylic paint and ink-jet on canvas, 120 x 160 cm

89 Turkish Family, 1988
Oil, acrylic paint and ink-jet on canvas, 210 x 310 cm

90 48 Portraits, 1991
Oil, acrylic paint and ink-jet on canvas, each picture
70 x 55 cm

91 MiG 23, 1989
Oil, acrylic paint and ink-jet on canvas, 215 x 600 cm

92 Arno Breker Holding a Picture of Joseph Beuys,
1988
Photograph on bromoil-process paper, 99 x 66 cm

93 Roland Topor, Photograph

94 Sting, Photograph

95 Charles Bukowski, Photograph

96 Keith Haring, Photograph

97 Self-portrait, Photograph

98 Michael Jackson, Photograph

99 Keith Richards, Photograph

100 William S. Burroughs, Photograph

101 Andy Warhol, 1983
Photograph on bromoil-process paper, 99 x 66 cm

102 Stern cover illustration, 1982

103 Andy Warhol Stern cover illustration, 1980

104 Time cover illustration, 1983

105 Roy Lichtenstein Time cover illustration, 1968

106 L'Espresso cover illustration, 1984

107 Francis Bacon Derrière Le Miroir cover illustration,
1966

108 Rolling Stone cover illustration, 1984

109 Zeit magazin cover illustration, 1985

110 Marlene, 1983
Watercolour on cardboard, 71 x 59 cm

111 Joseph Beuys, 1982
Watercolour on cardboard, 32 x 25 cm

112 Before the Crash I, 1988
Watercolour, acrylic paint and oil on canvas, 100 x 70 cm

113 Marilyn, 1991
Oil, acrylic paint and ink-jet on canvas, 70 x 55 cm

114 Nighthawks, 1988
Watercolour on cardboard, 66.5 x 124 cm
Inspired by Edward Hopper's **Nighthawks**, Courtesy of
Art Institute of Chicago/Friends of American Art Collection
© Gottfried Helnwein

115 James Dean I, 981
Watercolour on cardboard, 83 x 69 cm
Inspired by a photograph by Dennis Stock

116 Mick Jagger, 1982
Photograph

117 Mick Jagger, 1982
Watercolour on cardboard, 38 x 28 cm

118 Clint Eastwood, 1984
Photograph

119 Clint Eastwood, 1984
Watercolour on cardboard, 53 x 61 cm

120 Burnt Angel II, 1990
Oil and acrylic paint on canvas, 119 x 156 cm

**121 Macbeth: Choreographic Theatre by Hans Kres-
nik; Set, Costumes and Make-up by Gottfried Helnwein**, 1988
Photos: Andor Graser, Paris

**122 Marat/Sade: By Peter Weiss. Directed by Hans
Kresnik. Set and costumes by Gottfried Helnwein.**
Staatstheater Stuttgart, 1990
Photo: Bernard Widmann, Stuttgart

Légendes

1 Autoportrait avec sourire assisté, 1972
Photographie

2 Autoportrait, 1972
Grattage

3 Autoportrait, 1970
Photographie

4 Opération Toujours Prêt, Vienne, 1976
Photographies
© Photos: Wolfgang Hauptmann, Vienne

5 Opération Café Alt Wien, Vienne, 1976
Photographie
© Photo: Wolfgang Hauptmann, Vienne

6 Autoreprésentation en fillette de six ans, Vienne, 1972
Photographies

7 L'Enfant de lumière, 1972
Grattage

8 Opération Jeunesse éternelle, Vienne, 1972
Photographies

9 Belle victime I, 1974
Aquarelle sur carton, 53,5 x 73 cm

10 Belle victime II, 1974
Aquarelle sur carton, 102 x 73 cm

11 Enfant de lumière, 1976
Aquarelle sur carton, 90 x 60 cm

12 Bouche rouge, 1978
Aquarelle sur carton, 98 x 71 cm

13 La Chanson II, 1980
Aquarelle sur carton, 28,5 x 23,5 cm

14 Mère, c'est toi?, 1971
Huile sur papier et contreplaqué, 40 x 30 cm

15 Petite Correction, 1971
Aquarelle et encre de Chine sur lithographie, 23 x 21 cm

16 Sale gosse, 1970
Aquarelle, crayon de couleur et crayon gris sur carton, 15 x 30 cm

17 Gênant, 1971
Crayon de couleur, crayon gris, aquarelle et encre de Chine sur carton, 60 x 35 cm

18 Bonjour, chers canards, 1972
Dessin à la plume, 50 x 31 cm

19 Martin Kippenberger L'Enfant fichu, 1985
Dispersion, caoutchouc et colle sur toile, 130 x 120 cm

20 Joie et Peine, 1972
Aquarelle, encre de Chine et crayon gris, 40 x 60 cm

21 L'Enfant du Bonheur, 1972
Aquarelle, crayon de couleur et crayon gris sur carton, 102 x 73 cm

22 Toi et Moi, 1972
Dessin à la plume, 19 x 13 cm

23 Easy Rider, 1972
Aquarelle, 21,4 x 19,5 cm

24 Enfants en sang, 1987
Crayon de couleur, 89 x 63 cm

25 Le Baiser de Judas I (détail), 1985
Dessin à la plume

26 Le Péché originel, 1987
Crayon de couleur, 87 x 59 cm

27 L'Immaculée Conception, 1985
Crayon de couleur, 80 x 60 cm

28 Oui, vous deux I, 1972
Dessin à la plume, 19 x 13 cm

29 Oui, vous deux II, 1972
Dessin à la plume, 19 x 13 cm

30 Le Sort du jeune avocat, 1979
Dessin à la plume, 75 x 55 cm

31 Notre évêque des canards, 1977
Dessin à la plume, 75 x 55 cm

32 Le Malheur, 1987
Crayon de couleur, 89 x 63 cm

33 L'Incident, 1979
Aquarelle sur carton, 52 x 63,5 cm

34 Séisme, 1977
Aquarelle sur carton, 36,9 x 54,3 cm

35 Le Médecin railleur, 1973
Aquarelle sur papier et contreplaqué, 86 x 122 cm

36 Bonjour, salope!, 1972
Aquarelle, encre de couleur et crayon gris sur carton, 87 x 62 cm

37 Crocodile Rock, 1978
Aquarelle sur carton, 90 x 60 cm

38 Le Miracle I, 1980
Aquarelle sur carton, 52,2 x 40,4 cm

39 Le Libre-penseur, 1979
Aquarelle sur carton, 54 x 41,5 cm

40 La Mort de Pinocchio, 1988
Crayon de couleur et pastel, 49 x 62 cm

41 Dieu affolé, 1989
Huile et pastel, 90 x 60 cm

42 Modern Sleep II, 1989
Huile et pastel, 90 x 60 cm

43 Dieu en général, 1987
Huile et pastel, 84 x 65 cm

44 Le Surdoué, 1989
Huile et pastel, 90 x 60 cm

45 L'Ange brûlé, 1989
Huile et pastel, 90 x 60 cm

46 Antonin Artaud, 1989
Huile et pastel, 90 x 60 cm

47 Artaud's Song, 1989
Huile et pastel, 90 x 60 cm

48 Autoportrait 1, 1977
Aquarelle sur carton, 88 x 62,5 cm

49 Autoreprésentation, Vienne, 1981
Photographies

50 Blackout, 1982
Aquarelle sur carton, 44 x 40 cm

51 Autoportrait 5 à 13, 1986
Acrylique sur papier et aluminium, huile et acrylique sur toile, chacun 210 x 150 cm

52 Franz Xaver Messerschmidt, 1736 – 1783
Sculpture

53 Autoportrait 14, 1987
Huile et acrylique sur toile, 210 x 115 cm

54 Autoportrait 16, 1988
Huile et acrylique sur toile, 210 x 115 cm

55 Le Dieu des Sous-hommes (triptyque), 1986
Photographie et huile sur toile, 120 x 440 cm

56 L'Elite secrète (triptyque), 1986
Photographie, huile et acrylique, 120 x 340 cm

57 L'Eclat tranquille de l'avant-garde (triptyque), 1986
Photographie, huile et acrylique, 120 x 340 cm

58 It's only Rock'n Roll (diptyque), 1986
Photographie, huile et acrylique sur toile, 210 x 460 cm

59 La Preuve, 1986
Photographie, huile et acrylique sur toile, 210 x 612 cm

60 Une Larme en voyage (diptyque), 1986
Photographie, 120 x 260 cm

61 Les derniers jours de Pompéi, 1987
Cibachrome, 60 x 40 cm

62 Le Veinard, 1987
Cibachrome, 60 x 40 cm

63 Black Mirror II, 1987
Cibachrome, 60 x 40 cm

64 Black Mirror IV, 1987
Cibachrome, 60 x 40 cm

65 Black Mirror III, 1987
Cibachrome, 60 x 40 cm

66 Black Mirror V, 1987
Cibachrome, 60 x 40 cm

67 Est-ce que Mère Teresa n'aide qu'elle-même?, 1987
Cibachrome, 60 x 40 cm

68 Nuit à Shangri-La II, 1987
Cibachrome, 60 x 40 cm

69 Modern Sleep, 1987
Cibachrome, 60 x 40 cm

70 Sans Titre, 1987
Cibachrome, 60 x 40 cm

71 Autoportrait, 1987
Polaroid, 70 x 52 cm

72 Autoportrait, 1987
Polaroid, 70 x 52 cm

73 Sans Titre, 1987
Polaroid, 70 x 52 cm

74 Sans Titre, 1987
Polaroid, 70 x 52 cm

75 «Sélection» (Nuit du Neuf Novembre). Route en images de 100 mètres de long à Cologne entre la Cathédrale et le Musée Ludwig, 1988
Installation
Foto: Farbfoto Harz, Düsseldorf (p. 57 en haut)

76 Visages de l'installation «Sélection», Musée Ludwig, Cologne, 1988

77 Visages de l'installation «Sélection», lacérés par un inconnu, 1988
Photos: Theresa Froh (en haut à gauche) et Roman Mensig (en bas à gauche et à droite)

78 Travaux pour Tête d'enfant, 1991
Huile, acrylique et jet d'encre sur toile, 649 x 403 cm
Photos: Bernhard Schaub, Cologne

79 Tête d'enfant, Installation dans l'église minorite de Krems/Stein, Niederösterreichisches Landesmuseum, 1991
Photo: Bernhard Schaub, Cologne

80 L'Etre de Feu, 1991
Huile et acrylique sur toile, 192 x 150 cm

81 Autoportrait avec Cyril, 1990
Huile et acrylique sur toile, 174 x 120 cm

82 Autoportrait avec Cyril et Ali, 1990
Huile et acrylique sur toile, 174 x 118 cm

83 Fête des Mères, 1990
Huile et acrylique sur toile, 119 x 80 cm

84 Ali, 1991
Huile, acrylique et jet d'encre sur toile, 166 x 113 cm

85 Nuit II, 1989
Huile et acrylique sur toile, 118 x 155 cm

86 Nuit V, 1990
Huile et acrylique sur toile, 120 x 167 cm

87 Nuit IV, 1990
Huile, acrylique et jet d'encre sur toile, 123 x 165 cm

88 Enfants et Homme sans visage, 1991
Huile, acrylique et jet d'encre sur toile, 120 x 160 cm

89 Famille turque, 1988
Huile, acrylique et jet d'encre sur toile, 210 x 310 cm

90 Quarante-huit portraits, 1991
Huile, acrylique et jet d'encre sur toile. Chaque toile: 70 x 55 cm

91 MiG 23, 1989
Huile, acrylique et jet d'encre sur toile, 215 x 600 cm

92 Arno Breker Holding a Picture of Joseph Beuys, 1988
Photographie sur papier oléobromique, 99 x 66 cm

93 Roland Topor, Photographie

94 Sting, Photographie

95 Charles Bukowski, Photographie

96 Keith Haring, Photographie

97 Autoportrait, Photographie

98 Michael Jackson, Photographie

99 Keith Richards, Photographie

100 William S. Burroughs, Photographie

101 Andy Warhol, 1983
Photographie sur papier oléobromique, 99 x 66 cm

102 Reproduction de la couverture du *Stern*, 1982

103 Andy Warhol Reproduction de la couverture du *Stern*, 1980

104 Reproduction de la couverture du *Time*, 1982

105 Roy Lichtenstein Reproduction de la couverture du *Time*, 1968

106 Reproduction de la couverture de *L'Espresso*, 1984

107 Francis Bacon Reproduction de la couverture de *Derrière Le Miroir*, 1966

108 Reproduction de la couverture du *Rolling Stone*, 1984

109 Reproduction de la couverture du *Zeit magazin*, 1985

110 Marlene, 1983
Aquarelle sur carton, 71 x 59 cm

111 Joseph Beuys, 1982
Aquarelle sur carton, 32 x 25 cm

112 Avant la Chute I, 1988
Aquarelle, acrylique et huile sur toile, 100 x 70 cm

113 Marilyn, 1991
Huile, acrylique et jet d'encre sur toile, 70 x 55 cm

114 Nighthawks, 1988
Aquarelle sur carton, 66,5 x 124 cm
Inspiré des **Nighthawks** d'Edward Hopper, Courtesy of the Art Institute of Chicago/Friends of American Art Collection
© Gottfried Helnwein

115 James Dean I, 1981
Aquarelle sur carton, 83 x 69 cm
Inspiré d'une photo de Dennis Stock

116 Mick Jagger, 1982
Photographie

117 Mick Jagger, 1982
Aquarelle sur carton, 38 x 28 cm

118 Clint Eastwood, 1984
Photographie

119 Clint Eastwood, 1984
Aquarelle sur carton, 53 x 61 cm

120 L'Ange brûlé II, 1990
Huile et acrylique sur toile, 119 x 156 cm

121 Macbeth: Théâtre chorégraphique de Hans Kresnik. Décors, costumes et masques de Gottfried Helnwein, 1988
Photos: Andor Graser, Paris

122 Marat/Sade: de Peter Weiss. Mise en scène de Hans Kresnik. Décors et costumes de Gottfried Helnwein. Staatstheater Stuttgart, 1990
Photo: Bernhard Widmann, Stuttgart